U0504529

比较视野下的制度生成及影响

未来社会科学丛书

张静／主编

商务印书馆
The Commercial Press

目　录

序

从 1998 年开始，我陆续主编了几本不同主题的政治社会学文集：《国家与社会》（浙江人民出版社，1998）、《身份认同研究：观念 态度 理据》（上海人民出版社，2006）、《转型中国：社会公正观研究》（中国人民大学出版社，2008）以及《社会组织化行为：案例研究》（社会科学文献出版社，2018）。这本书是第五本，目的是运用历史资料，探讨制度的生成及影响。这些研究文章全部由青年学者写成，他们的工作显示了训练有素的专业分析，尤其是主题价值、目标意识、证据运用以及对公共（非个人）后果的揭示，大大拓展了政治社会学理解社会现象的广度和深度。

在主题方面，文集涉及的研究问题具有拓展性与跨学科性。比如：亲缘网络形态与国家政权建设存在怎样的关系？民族国家兴起与全球制度同构是否有关？国家税收制度如何影响政体延续？革命运动对民族国家的模式形成具有什么作用？社会人口理论如何反映一个国家的产业政策主张？历史上的边疆治理模式怎样影响了族群关系？边缘地带的中间人在改变资源和权力关系配置方面发挥了怎样的作用？在不同社会中，服军役经历对人生发展有何影响？这些提问延续了政治社会学一向关注的社会现象——全球化、民族国家、政体延续、革命运动、社会结构、国族建设、民族冲突、发展战略、治理模式等等，研究议题基础又重要：它们有助于理解其他的社会衍生现象，所以谓之基础；它们不仅关于历史，其揭示的影响关系对认识现今也有裨益，所以谓之重要。

　　在组织材料和运用证据方面，这些研究具有明确的社会科学意识。本文集的作品虽然采用的是历史材料，但是在研究设问的指向上与常见的历史学作品显示出区别来。多数史学研究指向经验事实问题：发生了什么？它是不是真的？而政治社会学希望寻找解释——揭示关键的因果影响关系。这一出发点的差异使得研究者在挖掘事实的同时，更关心理论性问题：为什么会有如此现象？目标不同，历史事实在研究中的作用就存在差异：对于史学，揭示历史真相就是目的本身，但政治社会学需要对证据再进行组织化，因为史实过程不是结论，而是一种展示要点关联的根据。因此，不同于历史探秘或讲一个好故事，政治社会学的研究目标在于通过事实证据发现一般性知识，研究结论不是只揭示一个（历史）现象，而是试图让其关乎对一类现象的解释。

　　在社会后果揭示方面，政治社会学看重非个人的、公共性的后果，所以它们分析事（比如行为模式），而不是具体的人（比如张三如何做），除非这个人具有重要的作用，其做法具有代表性，可以揭示一种势的改变，而且确实产生了重要的社会政治后果。同样是针对制度规则生成，政治社会学不仅追溯它们如何而来，更希望知道其为何而来，以及对社会整体产生了什么实际影响。

　　为何要揭示这些影响关系？因为政治社会学希望发现关于人类行为的理论解释。历史事实常变，但理论关系相对稳定。如果追随这种具体的变，而不是发现更一般的解释，结果常是史无定法，历史"总是被改写"——在不同时代中，历史阐释出现很大不同。这样一来，如何阐释历史就仅仅取决于时代的兴趣或利益影响下的认知，现时代的状况就决定着研究者如何看待"历史"，甚至决定着他视为重要"历史"的东西。人们根据对当代的直接感受（好或坏的东西）从过往的各种事件中进行选择，而对这些残存碎片的拼接组合，很大程度上则听任研究者个人进行处置(诺贝特·埃利亚斯,2020)。这种处置之所以缺乏稳定性,是因为没有相对独立的、系统化的理论。

理论是超越具体事件的一种关系阐述,没有这种超越性,自然缺少相对独立的稳定性:如针对一次事件或一个事实,而不是比较不同事件或不同事实;又如针对个体单一行动的重复积累,而不是对其为何具有如此角色地位的社会支持系统展开研究。显然,如果只通过"同理心"去了解人类行为,我们就永远不能证伪描述性假设,也无法为它们提供自己经验之外的证据。这样的阐释将止步于不断变化的"个人理解"(加里·金等,2014),无益于科学研究的知识积累。

政治社会学试图克服这一点,基本方法包括:由系统而独立的理论——表现为一种分析框架——引导,而非单一的事件引导;采用过程追踪的方法,但不是就事论事地描述进程,而是寻找现象的差异性特征且以此为标准进行比较;不仅描述关联的存在,更要解释关联为何发生(因果)以及怎样发生(机制),这就需要有关研究对象的整体知识。不比较很难看到整体,比较要求将对案例的所知放入整个知识体系中加以观照:试想象我们正面对的事实是一个房间,我虽然可以告诉你房间内的每一个细节,但无法说出房间所处的位置。若要知道这个位置,就必须走出房间了解整体,摆脱偶然和短暂因素的缠绕,从特定史实中寻找普遍性程度更高的知识,即通过反问来评估事实发现的价值:除了该历史材料,它还能解释什么现象?它为何值得揭示?它是否有系统性知识的含义?是否在脱离特定局部经验后,该结论仍具有解释力?总之,理论赋予处理历史信息的眼光,决定了政治社会学可见事实的水平。

张静

2022 年春于双清苑

参考文献

小威廉·休厄尔,2021,《历史的逻辑:社会理论与社会转型》,朱联璧、费滢译,上海:上海人民出版社。

理查德·拉赫曼,2017,《历史社会学概论》,赵莉妍译,北京:商务印书馆。

加里·金、罗伯特·基欧汉、悉尼·维巴,2014,《社会科学中的研究设计》,陈硕译,上海:格致出版社。

诺贝特·埃利亚斯,2020,《宫廷社会》,林荣远译,上海:上海译文出版社。

德里克·比奇、拉斯穆斯·布伦·佩德森,2020,《过程追踪法:基本原理与指导方针》,汪卫华译,上海:格致出版社。

张静,2019,《社会转型研究的分析框架问题》,《北京大学学报(哲学社会科学版)》第 3 期,第 157—163 页。

世界政体理论与民族国家的兴起
——基于面板数据分析[*]

李　雪　（复旦大学社会学系）

亚历山大·希克斯　　（埃默里大学社会学系）

自 19 世纪初以来，民族国家已经取代了帝国、王国和其他政治形式，并最终成为在世界范围内居主导地位的政治组织形式。如何解释民族国家的全球崛起是政治社会学和比较历史社会学的重要课题。那么，全球范围内民族国家这一政治组织形式的流行，究竟是像世界政体理论家宣称的那样，是全球性制度扩散的结果，还是像历史制度主义者强调的那样，是一个更加地方化和区域化的过程？

威默（Wimmer）和范斯坦（Feinstein）的文章《1816—2001 年民族国家在全世界的兴起》（The Rise of the Nation-State across the World, 1816-2001，以下简称 WF［2010］）将民族国家（nation-state）界定为"拥有成文宪法的独立国家，公民人人平等，以民族的名义统治"。基于此，他们建构了一个 1816—2001 年关于民族国家的全球性数据集，并采用历史制度主义理论回答这一问题。他们发现，世界政体理

---

[*]　本文原载于《美国社会学评论》（American Sociological Review）2016 年第 3 期（第 596—607 页），题目为"World Polity Matters: Another Look at the Rise of the Nation-State, 1816-2001"。

论无法解释民族国家的兴起。具体而言,WF(2010)认为,国家间组织(IGO)的成员身份对民族国家的兴起并不重要,而且世界上现有民族国家的数量反而对新的民族国家的兴起产生异常的负面影响。此外,他们也不认为"世界政体"视角强调的国际非政府组织(INGO)是制度扩散的重要工具。他们根据历史制度主义的观点得出结论,认为民族国家的全球兴起源于新兴民族主义者的力量越来越强,这是由民族国家既有政权的弱化所导致的。历史制度主义强调各政治组织团体之间的权力配置和权力平衡,从一种国家类型向另一种国家类型的变迁被视为权力斗争的结果(WF[2010]:769–771)。然而,它无法解释为什么尽管全球各地的情况、历史千差万别,但不同类型的权力斗争最终都会加强民族主义者的力量,并导致 20 世纪民族国家的全球兴起。相比之下,世界政体理论则侧重于被历史制度主义所忽视的全球文化的作用。世界政体是一个由世界文化构成的单一政体,这是一套基础性的、独特的和普遍的原则与模式,推动了各国之间的结构同构(Boli and Thomas, 1997)。因此,民族国家的兴起被看作民族国家这一制度模板(institutional template)全球扩散的结果。该制度模板由一系列关于国家的理念构成,包括宪法、宪制原则、公民平等理念等。在这一制度模板的扩散过程中,国际组织起到关键作用。

　　WF(2010)假定,早在 1816 年,这种民族国家模板就已经在世界政治中占据主导地位。事实上,"二战"之前,民族国家模板面临来自帝国和殖民模式的强大竞争,且后者更具合法性。那时候,民族国家并没有成为最具合法性的制度形式。此外,WF(2010)忽略了国际非政府组织在民族国家制度传播中的作用,而这恰恰是世界政体理论最为强调的地方。为了纠正这两个问题,我们重新分析了 WF

（2010）所使用的数据，并发现国家间组织、国际非政府组织以及现有的民族国家都显著促进了第二次世界大战后的民族国家创建。如图1所示，随着"二战"结束，民族国家数量开始单调、稳步地增长。为了评估世界政体理论是否有助于理解民族国家在全球的兴起，本文专注于"二战"后的时期。

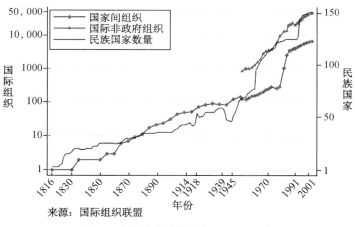

图1　世界政体的发展（1816—2001）

本文安排如下：首先，我们简要描述关于民族国家创建的世界政体理论以及世界政体理论与历史制度主义之间的关系。其次，将整个数据集分为两个子集——一个用于1816—1945年间，另一个用于1946—2001年间，并对每个子集都进行相关的统计模型分析。我们发现，国家间组织的会员资格显著促进了"二战"后世界各国对民族国家这一制度模板的接受。国际非政府组织的数据只涉及1953—2001年的。在这一期间，我们发现国家间组织的成员身份、国际非政府组织的成员身份以及现有的民族国家，都对民族国家的兴起产生积极影响。[①]

一、 理论问题

历史制度主义关注的重心是权力配置（power configurations），并认为民族国家的出现是由地方和地区层面的权力平衡关系的变化所导致的。而且更重要的是，这一权力关系的变化大多朝向有利于民族主义者（nationalists）的方向发展。WF（2010）发现，当民族主义者自身实力不断壮大时，权力平衡更可能朝向有利于他们的方向发展。特别是当现有政治体制日益弱化，同一帝国内和同一地理区域内新兴民族国家开始支持民族主义者时，民族主义者相对于既有统治者的力量优势就更为显著。

然而，历史制度主义无法解释为什么在 20 世纪，那些不是民族国家的政体更有可能被民族国家而不是其他政体形式所取代。为什么它们不会被一些新的或复兴的帝国接管？就像法国殖民地在 1750 年被英帝国接管那样。在这里，世界政体理论认为，民族国家这一制度形式已成为世界文化的一部分，在世界范围内得到广泛接受。这一跨文化的制度模式影响了单个政体如何选择其国家组织形式。随着世界社会以前所未有的速度发展，每个国家/社会都被纳入世界文化的影响范

---

① 国际非政府组织的数据来源于 TSMO（1953—2003）数据集，这一数据来自国际组织联盟发布的《国际组织年鉴》（Smith and Wiest, 2012）。该数据集是唯一提供 1970 年以前国际非政府组织数据的数据集。尽管它排除了宗教和服务类的国际非政府组织，因而有可能低估世界政体的作用，但仍然是目前最可靠的数据集之一。笔者使用这一数据集依旧得出了显著结果。其中，对国际非政府组织的会员身份均取自然对数值，以处理原始数值过大所可能造成的统计估计的偏误。

围,并由世界文化框架来塑造,其中就包括对"成为一个民族国家意味着什么"的共识。在这个框架内,一个拥有主权的民族国家具有对内自治和对外独立的政治宣称,这种政治宣称不是一厢情愿,而是会被其他以同样方式建构的国家所接受,并且其他国家也认为它是合法的(McNeely,1995)。来自其他国家的承认,意味着其他国家都接受并认可该国为独立国家这一事实,意味着其他国家都接受并认可该国拥有对一块特定领土和人口的管辖权,以及正式的不受其他政治组织干预的自主权。因此,其他国家的承认建构并合法化了该国在全球政治体系中的成员身份。

现有的民族国家在推动更多国家采用民族国家模板方面发挥着重要作用(McNeely,1995)。它们与那些有可能成为民族国家的国家和地区进行友好交往并传播民族国家这一制度模板。通过这种方式,它们增强了民族国家这一组织形式的合法性,并转而促进了民族国家样式的传播。

国际组织作为世界社会的重要角色,不仅承认民族国家模板,而且对其进行界定、执行和维护。由于国家间组织的成员主要是世界各国,因此不能加入政府间组织的殖民地会间接受到其宗主国参加的国家间组织的影响。通过接触国家间组织传播的世界文化中的民族国家模板,这些殖民地学会了如何建立民族国家,然后依样画葫芦,以这种方式组织和建设一个民族国家。这就解释了为什么很多民族国家一旦宣布独立,就立刻被各种国家间组织认定为主权国家,因为它们就是根据这些国家间组织所规定的主权国家的定义来建设的。在国家间组织中,联合国具有代表国际社会承认新兴国家是否为合法的民族国家的权力。联合国规定并推广民族国家模板,其中包括常住人口、确定的领土、一个政府以及与其他国家建立官方关系的能力。此外,联合国不鼓励甚至禁止新的国家采取殖民地或其他政体组织形式。加入联合国已成为一国国家地位正式受到国际社会认可的标志,因为这种承认是国际承认的最终象征(McNeely,1995)。简言之,国家间组织掌握着民族国家的标准,这一标准迅速为世界各政权模仿,以便早日获得其梦寐以求的国际承认。

与国家间组织强大的权力、资源和组织能力相反,国际非政府组织由于缺乏资源和权力,既不能制定也不能强制推行民族国家模板。尽管如此,它们却享有作为世界文化载体和传播者的特殊优势——数量上的庞大。大多数国际组织都是国际非政府组织。在整个20世纪,有多达33,315个国际非政府组织成立,但仅有5725个国家间组织成立。此外,进入21世纪以来,共有4888个国际非政府组织成立,而只有597个国家间组织成立(www.uia.org)。国际非政府组织通过与当地非政府组织、政府、国家间组织进行互动,在全球范围内推广了民族国家模板。

事实上,历史制度主义和世界政体理论是互补的理论视角,它们以不同的方式解释了民族国家这一制度模板的兴起。1945年以前,世界政体仍未形成,民族国家的出现主要源于民族主义者在权力平衡中获得了某种优势。但是1945年以后,随着世界政体的形成,民族国家这一世界文化的制度模板传遍了全世界,在权力因素发挥作用的同时,该制度模板也有力地促进了民族国家的出现(Ramirez, Soysal and Shanahan, 1997; Schofer, 2004)。与此同时,这两种理论是相互依赖的。一方面,文化的扩散可能是由武力促成的。如图1所示,两次世界大战和冷战之后,国际组织都迅速地增长,这带来了"二战"以后民族国家的稳步增长。世界大战增强了"世界是一个整体"的理念,并促进了民族国家模板的传播。另一方面,权力的作用方式也会受到世界政体的影响。例如,"二战"中同盟国的几巨头成为战后联合国安理会的常任理事国,它们的军事实力也随之转化为其在联合国中的一票否决权。

鉴于"二战"后国际组织的迅速发展以及联合国作为民族国家模板主要传播者的重要性,我们决定将 1945 年,即联合国成立和"二战"结束这一年作为分界点。在这之后,民族国家模板成为世界范围内最具合法性的政体组织样式,并开始影响新的民族国家以何种方式建立(Meyer, et al., 1997)。

二、 结果

WF(2010: 779-780)的研究发现称,历史制度主义的大多数变量都与预计的一样是正向显著的。他们的发现包括对两个模仿变量——帝国内国家间的模仿和地区性模仿——的支持,每种模仿都沿着已建立的本地和地区性网络进行。这些特定的模仿变量符合权力配置模型,影响了地区性的权力平衡。相比之下,本文关注"二战"之后的时期,并发现对世界政体理论以及历史制度主义的双重实证支持。

模型 1 复制了 WF 文中的回归模型,它同时包含了 1816—2001 年全部历史制度主义和世界政体指标。表 1 中的其他模型考察了不同时期全球扩散变量和历史制度主义变量的显著程度。[①] 实际上,模型 1 支持地区性和帝国内的模仿、国家间组织的力量以及帝国内和疆域内战争的数量。然而,作为世界政体指标,国家间组织和民族国家数量这两个变量都没有在模型 1 中达到显著水平。

---

① 从模型 2 到模型 6,我们按照贝克、卡茨和塔克(Beck, Katz and Tucker, 1998)的方法,基于时间 t 构建自然三次样条变量,其中时间 t 是自上次事件以来持续至今的时间长度。

表1 民族国家成立的 logit 分析："二战"前和"二战"后

	模型 1 1816—2001	模型 2 1816—1945	模型 3 1946—2001	模型 4 1946—2001	模型 5 1953—2001	模型 6 1953—2001
国家间组织（IGO）	0.00705 (0.00518)	−0.0257 (0.0188)	0.0321*** (0.00843)	0.0328*** (0.0084)	0.0496*** (0.0120)	0.0525*** (0.0127)
国际非政府组织 （INGO）						3.454*** (0.664)
世界上民族国家数量	−0.00858 (0.00916)	−0.0319 (0.0185)	0.0413*** (0.00890)	0.0527*** (0.0110)	0.0554*** (0.0133)	
帝国中过去 5 年民族 国家数量	0.115** (0.0384)	0.0219 (0.111)	−0.0828 (0.0485)	−0.0590 (0.0498)	−0.0426 (0.0510)	−0.0448 (0.0526)
本地区过去 5 年民族 国家数量	0.540*** (0.125)	0.276 (0.178)	0.782*** (0.203)	0.703*** (0.192)	0.468* (0.206)	0.456* (0.220)
是否存在全国性 政治组织	0.988** (0.311)	1.050** (0.394)	1.171 (0.668)	1.255 (0.670)	1.001 (0.666)	1.297 (0.713)
第一个全国性 政治组织成立年数	0.00774* (0.00352)	0.00105 (0.00556)	0.0129 (0.00749)	0.0105 (0.00768)	−0.000524 (0.00949)	−0.00973 (0.0105)

	模型 1 1816—2001	模型 2 1816—1945	模型 3 1946—2001	模型 4 1946—2001	模型 5 1953—2001	模型 6 1953—2001
帝国内战争数量	0.292***	0.328***	-0.308*	-0.0454	-0.134	0.0378
	(0.0534)	(0.0655)	(0.154)	(0.194)	(0.185)	(0.230)
虚拟变量 1946—1949				1.639**		
				(0.554)		
虚拟变量 1946—1949× 帝国内战争数量				-1.780*		
				(0.887)		
疆域内战争数量	0.505**	0.644**	-0.466	-0.409	0.155	0.159
	(0.175)	(0.219)	(0.440)	(0.425)	(0.458)	(0.511)
宗主国的世界权力 份额	0.0517	-0.00326	1.149**	1.188**	1.490**	1.805**
	(0.0288)	(0.0467)	(0.362)	(0.388)	(0.495)	(0.666)
殖民地	0.203	0.212	3.051**	2.958**	3.115*	3.756*
	(0.326)	(0.519)	(0.938)	(0.985)	(1.344)	(1.725)
宗主国的世界权力份额× 殖民地	-0.0992***	-0.127*	-1.128**	-1.185**	-1.543**	-1.839**
	(0.0301)	(0.0617)	(0.365)	(0.393)	(0.499)	(0.671)

	模型 1 1816—2001	模型 2 1816—1945	模型 3 1946—2001	模型 4 1946—2001	模型 5 1953—2001	模型 6 1953—2001
中东	-2.334***	-2.194***	0.548	0.456	0.00174	0.123
	(0.536)	(0.590)	(0.945)	(0.909)	(1.178)	(1.094)
东欧	-1.885***	-1.507***	-1.474	-1.096	0.262	-0.135
	(0.412)	(0.387)	(0.835)	(0.806)	(1.037)	(1.107)
非洲	-1.742***	-4.091***	1.479*	1.392*	1.837*	1.915**
	(0.429)	(1.083)	(0.750)	(0.695)	(0.729)	(0.704)
亚洲	-1.032**	-2.328***	2.866**	2.795**	3.336**	3.811***
	(0.396)	(0.592)	(0.967)	(0.913)	(1.024)	(1.068)
大洋洲	-0.0393	-1.313	6.653***	5.591***	—	—
	(0.513)	(1.332)	(1.361)	(1.289)	—	—
拉丁美洲	0.146	0.476	—	—	—	—
	(0.373)	(0.435)	—	—	—	—
三次样条插值 1 (1st cubic splines)	-0.0163**	0.0163	-0.00338	-0.00170	-0.00532	0.00285
	(0.00560)	(0.00969)	(0.00448)	(0.00509)	(0.00746)	(0.0117)

	模型 1 1816—2001	模型 2 1816—1945	模型 3 1946—2001	模型 4 1946—2001	模型 5 1953—2001	模型 6 1953—2001
三次样条插值 2 (1st cubic splines)	0.0491*** (0.0106)	0.0117 (0.0108)	0.0226 (0.0315)	0.0119 (0.0328)	0.0390 (0.0400)	-0.0511 (0.0557)
常数项	24.86* (10.25)	-4.458*** (0.513)	-13.62*** (2.152)	-15.10*** (2.370)	-15.70*** (2.779)	-19.77*** (3.638)
BIC statistics	1589.60	851.31	760.98	766.35	644.44	598.94
N	16,484	14,042	2442	2442	1848	1768

注：括号内为标准差；* p<0.05，** p<0.01，*** p<0.001（双侧检验）。

　　重要的是,模型 1 将世界政体理论置于 1816—2001 年这一整个时段进行考察。为了评估世界政体理论的时间性特征,模型 2 和模型 3 将数据集分为两部分:1816—1945 年和 1946—2001 年。模型 2 肯定了 1816—1945 年间历史制度主义的有效性。全国性政治组织和战争都将权力的均衡转向了民族主义者,从而增加了民族国家成立的可能性。帝国内和地区性扩散仍然是正向关系,但并不显著。

　　从模型 3 开始,关注重心从 1945 年之前转向 1945 年之后。可以发现,全球性的民族国家模板开始显著促进了民族国家的成立,而历史制度主义的影响力似乎有所下降。具体而言,国家间组织的成员身份数量和民族国家数量变得非常重要。[①] 尽管帝国内扩散仍然微不足道,但地区性扩散具有积极的意义。历史制度主义变量中的疆域内战争和全国性组织的力量都不再显著。

　　帝国内战争显示出负向但显著的效果,但这在 1953—2001 年的模型 5 和模型 6 中消失了,表明它可能是 1946—1952 年过渡年份的特殊后果。在模型 4 中,我将 1946—1949 年设为虚拟变量,即在这四年等于 1,在其他年份等于 0,发现帝国内战争的显著效应消失,而虚拟变量具有正向显著性(1.639),其与帝国内战争的交互项则是负向显著的(-1.780)。这表明,“二战”结束后,民族国家体系被重新整合(以德意志联邦共和国、以色列、菲律宾等国的建立为标志),新的民族国家出现。但是,帝国内战争的影响向负面方向转移。事实上如表 2 所示,1946—1949 年观测值的斜率为负向显著(-1.826),而 1950—2001 年观测值的斜率也为负向,但并不显著(-0.045)。前者有助于解释模型 3 的帝国内战争的负面影响,后者则与 1816—1945 年的估计值以及

---

① 需要说明一下“国家间组织成员”的涵盖范围,若宗主国系该组织成员,那么殖民地所拥有的国家间组织成员身份的数量等于其宗主国的成员身份数量。

WF 的发现一致。在战后模型中(范围从-1.128 到-1.839),"宗主国占有的全球权力份额"和"殖民地"之间的相互作用是负相关的。在这里,我们赞同 WF(2010)的处理方式并认可他们的结论:"国际舞台上的强大帝国可以更容易地收买、控制或压制民族主义运动并阻止在其殖民地建立民族国家。"(第 783 页)

表 2　"二战"以来的战争效应(基于表 1 的模型 4 及其他辅助回归方程)

	系数	标准误
(a) 1946—1949 年样本	-1.826[*]	0.863
(b) 1950—2001 年样本	-0.045	0.194
(a)与(b)系数之差	-1.781[*]	0.887
(a)与(b)常数项之差	1.639[**]	0.554

注:[*] p<0.05,[**] p<0.01(双侧检验)。

模型 5 和模型 6 进一步证实了 1953—2001 年间全球扩散显著促进了民族国家的建立。在这里,我们整合国际非政府组织关系数据(世界社会制度化最常用的指标)以克服 WF 分析中的缺陷(如 Longhofer and Schofer, 2010)。[①] 由于世界上现有的民族国家和国际非

---

① 我们通过线性插值(linear interpolation)对国际非政府组织的缺失值进行增补以便增加样本规模。这样做出于以下几种理由。第一,随着世界政体的发展,国际非政府组织的成员身份数量稳步增长。第二,《国际组织年鉴》作为国际非政府组织数据的唯一来源,在 1983 年前其数据都不是逐年收集的,而是隔年或隔数年才收集一次。为了考察 20 世纪 50—70 年代新兴民族国家的建立,我们和诸多分析国际非政府组织在历史发展中的作用的研究者一样,都对国际非政府组织进行了线性插值(Frank, Hironaka and Schofer, 2000; Hafner-Burton and Tsutsui, 2005; Frank, Camp and Boutcher, 2010; Mathias, 2013)。第三,模型所采用的自然三次样条法可以缓解插值可能引起的夸大趋势问题。同时,由于国际非政府组织的变动趋势不是线性的,而是在 20 世纪 90 年代前期达到高峰,随后降低,然后在 2001 年左右再次上升。这种非线性特性也会缓和线性插值法可能带来的过高估计偏差。

政府组织数量之间的相关性非常高（0.96），我们无法同时估计每个国家的"净"效应，所以在模型 5 和模型 6 中分别输入现有民族国家和国际非政府组织两个变量。模型 5 和模型 6 的这两个变量都呈正显著。诚然，每个变量的作用规模和重要性程度在一定程度上会因另一变量的遗漏而存在偏差。然而，现有民族国家数量和国际非政府组织数量的共同效应非常显著（$p < 0.001$）。总体而言，国家间组织的成员身份在模型 5 和模型 6 中的积极意义（连同国际非政府组织和现有民族国家的重要作用）为世界政体理论提供了新的支持。对于历史制度主义的变量来说，只有地区性模仿和宗主国-殖民地之间的权力依赖关系是显著的。

　　总而言之，从 1946 年到 2001 年，来自世界政体理论的理论假设获得了支持。其中，我们可以获取 1953—2001 年的国际非政府组织的数据。引入的这一变量也同样获得了支持。[1] 此外，历史制度主义在 1945 年前后以不同的方式发挥作用。和前一时期相比，在"二战"结束后的时期，战争不再是促进民族国家出现的显著因素，尽管它们在 1946—1949 年这短暂的几年中发挥了作用。在这几年间，宗主国与殖民地之间的权力关系显著影响了民族国家的成立。

三、 结论

　　理解民族国家在全球的兴起是比较历史社会学的一项重要任务，

---

[1]　基于不同时期、民族国家成立的不同阶段进行稳健性检验，我们的上述发现均保持稳定。

大量研究都讨论了这一问题。WF(2010)代表了这一领域重要的最新进展,即使用一个全球性的历时性数据库,检验多种理论的适应性。他们的研究表明,历史制度主义具有跨时期、跨地区的显著解释力。然而,迄今为止,尚不清楚世界社会的制度化是否影响民族国家的成立。我们发现,自第二次世界大战结束以来,世界政体力量以及历史制度主义力量在民族国家的全球崛起中均发挥了持续作用。自第一次世界大战以来,现有的民族国家建立了国际组织来调解冲突和促进合作,并最终制定了以国家为基础的国际规则,从而促使更多的国家以民族国家身份参与国家之间的交流。

民族国家制度模板作为世界文化的一个组成部分,限定了历史制度主义运行的范围和方式。当既定的权力变得不稳定并开始转型时,转型的方向就受到世界文化的引导。用马克斯·韦伯的话来说,民族国家模板就像一个铁道扳道工,使那些不稳定的政体纷纷奔向民族国家的终点。总之,各个政治集团之间的权力转移受世界文化的制约。

通过将世界政体理论置于"二战"后的背景之下,本文揭示了1816—2001年民族国家成立的动态过程。与1816—1945年相比,"二战"结束以来,世界政体的存在显著促进了新兴民族国家的成立。虽然历史制度主义继续扮演着其在联合国成立之前的一部分角色,但民族国家的成立已经不再是由战争导致的权力朝向民族主义者转移而催生出来的。作为世界文化一部分的民族国家模板,增强了民族国家的合法性,并推动了全世界民族国家的成立。该模板不仅使通过战争的方式攫取他国领土变得不再合法,还通过鼓励反殖民化运动,改变了宗主国和殖民地之间的权力平衡。① 更重要的是,现有的民族国家和国际非政府组织极大地鼓励了殖民地地区成立民族国家。总之,民族国家的世界文化模板重塑了权力关系和权力平衡。

世界政体的制度化可以帮助解释民族国家的稳定(Strang,1991)。民族国家一旦建立,便极少走向消亡。尽管这一事实很难用交换和竞争来解释,但它可以用世界政体的制度化来解释。世界政体理论认为,民族国家的基础是对领土和人口的相互承认。这和社会封闭性或约束性剥夺了那些不是国家的行动者夺取政权的可能,并促进了主权国家之间的相互交流和彼此支持。国家体系建立在相互承认主权的基础上,全球制度框架为民族国家的生存权赋予合法性:当民族国家在受到挑战和侵略时,会引起其他民族国家的谴责和干预,这维护了民族国家的制度框架,也保护了受威胁的国家。

---

① 1960 年通过的《给予殖民地国家和人民独立宣言》旗帜鲜明地体现了联合国反殖民主义的立场,意味着 1960 年可能和 1945 年一样,是一个重要的时间节点(Strang,1991)。不过分析表明,1945 年作为时间节点能够更好地分离出世界政体的效应。当 1960 年作为时间节点时,国家间组织仍然显著,但现有的民族国家这一变量则不再显著。在年份与国家间组织的交互效应中(设置年份为虚拟变量,其中对 1946—1960 年赋值为 1,其他年份为 0),交互项的系数对 1946—2001 年是 0.0553,而对 1960—2001 年为 0.0340,这表明国家间组织的效应在 1946—2001 年更为显著。

参考文献

Beck, Nathaniel, Jonathan N. Katz, Richard Tucker. 1998. "Taking Time Seriously: Time-Series-Cross-Section Analysis with a Binary Dependent Variable." *American Journal of Political Science* 42: 1260-1288.

Boli, John, George M. Thomas. 1997. "World Culture in the World Polity: A Century of International Non-Governmental Organization." *American Sociological Review* 62: 171-190.

Finnemore, Martha. 1996. "Norms, Culture, and World Politics: Insights from Sociology's Institutionalism." *International Organization* 50: 325-347.

Frank, David John, Ann Hironaka, Evan Schofer. 2000. "The Nation-State and the Natural Environment over the Twentieth Century." *American Sociological Review* 65: 96-116.

Frank, David John, Bayliss J. Camp, Steven A. Boutcher. 2010. "Worldwide Trends in the Criminal Regulation of Sex, 1945 to 2005." *American Sociological Review* 75: 867-893.

Hafner-Burton, Emilie M., Kiyoteru Tsutsui. 2005. "Human Rights in a Globalizing World: The Paradox of Empty Promises." *American Journal of Sociology* 110: 1373-1411.

Longhofer, Wesley, Evan Schofer. 2010. "National and Global Origins of Environmental Association." *American Sociological Review* 75: 505-533.

Mathias, Matthew D. 2013. "The Sacralization of the Individual: Human Rights and the Abolition of the Death Penalty." *American Journal of Sociology*

118: 1246−1283.

McNeely, Connie L. 1995. *Constructing the Nation State: International Organization and Prescriptive Action*. Westport: Greenwood Press.

Meyer, John W. , John Boli, George M. Thomas, Francisco O. Ramirez. 1997. "World Society and the Nation-State. " *American Journal of Sociology* 103: 144−181.

Ramirez, Francisco O. , Yasemin Soysal, Suzanne Shanahan. 1997. " The Changing Logic of Political Citizenship: Cross-National Acquisition of Women's Suffrage Rights, 1890 to 1990. " *American Sociological Review* 62: 735−745.

Schofer, Evan. 2004. "Cross-National Differences in the Expansion of Science, 1970−1990. " *Social Forces* 83: 215−248.

Smith, Jackie, Dawn Wiest. 2012. "Transnational Social Movement Organiza-tion Dataset, 1953−2003. ICPSR33863−V1. " in Ann Arbor, MI: Inter-University Consortium for Political and Social Research [distributor].

Strang, David. 1991. "Global Patterns of Decolonization, 1500−1987. " *International Studies Quarterly* 35: 429−454.

Wimmer, Andreas, Yuval Feinstein. 2010. "The Rise of the Nation-State across the World, 1816 to 2001. " *American Sociological Review* 75: 764−790.

革命与民族国家的模式建构

周陆洋

（浙江大学社会学系）

民族国家是当今世界的主导政治模式，但如何建立符合本国实际的国族模式并没有统一性方案。由于套用"一族一国"的民族主义原则而造成国族认同薄弱、经济发展不畅、社会秩序动荡的例子，在世界范围内比比皆是。中国的国族模式借鉴了苏联做法，但又和苏联有所区别。两国都没有完全追随"一族一国"的民族自决潮流，放任原有版图解体，而是在政治统一前提下，给予少数民族经济和文化上的扶助。中国也没有建立苏式联盟化的民族国家共同体，而是将所有族群统一在"中华民族"的概念之下，因而在形式上更接近常规的民族国家。为何会出现这些差异？我希望通过中国与苏联的比较，探索革命运动在寻找特定国族模式过程中的作用。

中苏革命的相似性在于，都具有从帝国体系向民族国家转型的世界背景，以及批判旧秩序旧文化、鼓励被压迫群体的革命意识形态。这种共性导致中苏在革命初期的国家建设构想上非常接近，一些共性也由此得到长期保持，包括扶持少数民族、淡化"主体民族"、革命性重构、强调集中性和统一性。但中苏之间也存在很多差异。首先，由于处在帝国体系分崩离析、民族自决的去中心化浪潮之中，俄国革命催生出了民族国家联盟形式的政治结构；而中国革命与两次世界大战之间传统帝国体系的再中心化同步,其他国家的再中心化间接影响了中国。其次,中国革命对本国传统文化经历了一个由激烈否定到创造性和解的过程,革命与国族的关系从早期对立转变成较为融洽;而苏联建国发生于俄罗斯文化与革命之间存在高度紧张关系的革命运动早期,这直接导致了"俄罗斯"被"苏维埃"取代。最后,中国革命在全国胜利前经历了漫长的根据地时期,积累了管理边疆族群的实际经验,这使得革命者对"民族"的定义较为灵活,虽借鉴布尔什维克对语言、宗教等天然差异基础的强调,但没有完全执迷于此。

相比俄国革命,中国革命存在如下清晰特征:处于民族自决短暂退潮的再中心化世界(并且这个世界已经存在一个按照民族国家逻辑行事的社会主义国家),全面的大众革命动员(因面向农民所以需要广泛地采用传统文化符号),获得全国胜利前已具备丰富的实际执政经验(即与边疆少数民族接触的经验)。

一、 民族国家"一族一国"的理想型

民族主义的核心诉求是"一族一国"(Gellner, 1983)。民族国家反映了西方的近代历史经验,对以帝国、普遍主义和部落为传统的亚非地区而言,是必须适应的世界文化范式(Smith, 1998: 99-100)。民族国家有三类代表性的子类型:第一类以族群基础高度单一的日本为代表,其基本无须实施大规模的边界改造或族群清洗,依靠精神上的再发明,在大量保存古代文化的前提下把帝制传统再造为现代民族——当然也包含削弱和消灭地方性文化的国族建构元素。第二类是就转型意义而言的法西斯政体,它通过严厉的族群清洗、族群迁移和强制同化,实现文化同质性,即"族群国族主义",这很大程度上代表了西方现代民族国家的实际构造方式。第三类是以美国为代表的公民国族模式,它在宽容异质性的基础上塑造了超越族群的美国性,同时在正式制度层面保留了隔离和排斥。与法国大革命的公民民族主义不同,美国建国遵循了实用主义和最小变化的原则。

中国和俄国在接受上述任何子类型的民族国家模式方面都有困难。作为幅员辽阔的多族群国家,两国的族群和语言远没有日本、朝鲜和德国那样单一,这意味着很难通过单纯地再发明传统来实现转型,虽然族群基础的异质性并不妨碍中俄可以通过强有力的国家行动来铸造国族。事实上,不论是晚期沙俄、临时政府及其后继的白卫军运动,还是中国北洋政府和国民党,都曾选择了强力同化的道路:通过革命进行现代化。中苏对法西斯模式和美国模式的抗拒都与革命有关。与法西斯主义者不同,中国革命者作为挑战者而不是掌权者,并不把弱小民族当成征服对象,而是首先动员它们一起去推翻统治者。共产主义革命诉诸的激烈社会变迁,排斥渐进改良或者有限革命,使得美国那种继承殖民地时期社会结构的"国族"构建方式很难被容忍,这突出体现在俄共和中共对二月革命和辛亥革命的"不彻底性"批判上。革命和现代化都对原有社会传统进行了改造和颠覆,所以中苏的革命建国,很难模仿德日走自上而下的改良道路。

二、 对主流民族国家模式的批判性适应

作为后发的现代化国家,中国和苏联虽然大幅采用了西方定义的近代民族国家模式,但都只是批判性适应。两个大国都没有照搬"一

族—国"模式重组帝国,而是吸纳了一些民族国家元素为我所用。二者继承了原先的政治传统,结合共产主义革命意识形态,开辟了后发国家适应民族国家范式的独特道路。民族主义这一舶来品尽管形成了诸多社会后果,但在中国与俄国却没有得到全面铺行,这与它在东欧、中东等地的境遇截然不同。

表 1　对民族国家模式的批判性适应:相似与差别

国家 内容	苏联	中国
保持多族群版图的统一性	对新成员开放的 国家联盟	闭合的领土性 民族国家
规避主体民族的文化基要主义	批判和淡化"俄国"	强化和再造"中国"
经济、政治、文化上扶助少数民族	加盟和自治共和国	少数民族自治区

苏联和中国对民族国家模式的批判性适应体现为三点。第一,同处强敌环伺、面临复杂边疆族群问题的社会,两国的革命者都没有迷信民族自决,而是坚持以灵活、进步的形式保持统一的多民族国家。第二,中苏对于文化同质化和发明传统等民族建国要素持谨慎态度,在革命建国年代都规避文化基要主义,不从历史传统、宗教语言等客观角度对主体民族或国族进行官方界定。第三,对于原帝国版图内的边疆民族自决运动,中苏都采取了有条件支持的方针,并没有强制同化其为国族下的普通行省,而是策略性地赋予其政治和文化权利,引导这些运动去打击和制衡其国际国内对手。

中苏对于民族国家模式的批判性适应也存在很大差别。苏联模式的原型对"民族国家"的吸纳呈现出极化特征。在保持统一的前提下,许多少数民族(其中很多是革命后被建构发明出来的)以加盟共和国形式获得了民族国家的政治外壳和相应的文化权利,而单一的俄罗斯族在正式制度层面被文化解构和批判,失去了主体族群和国族的地位。维系苏联统一的是一种奇特的组合:苏维埃国际主义和少数民族的族群民族主义。最重要的是,苏联在初始设计上是一个开放的国际联盟——它可以随着世界革命的扩展不断吸纳新的民族国家,不论是苏联还是其核心加盟国俄罗斯联邦,都只是国际联盟的范例,但苏联本身不是一个民族国家。

相较苏联,中国对民族国家模式的批判性适应有更大的缓冲余地:中国革命有更稳固的起始条件以及和本土传统更丰富的碰撞机会。中国最重要的特点是在保留革命成果的基础上,形式上延续了单一制的中华国族。在这一框架的覆盖下,一些重要的少数民族获得了自治区而不是加盟共和国的地位:少数民族虽被赋予特定的语言、文化、经济权利,但中国模式之下没有国中之国。在"中华"层面,中国延续了新文化运动和五四运动遗产,反对"尊孔复古"等文化基要主义;但在动员层面,有持续不断的文化发明,吸纳了底层民俗和古典文学,尽管这种发明在革命时期不仅很有限,也未充分涉及多族群整合问题。

三、 民族国家建设的结构性特点

沙俄是一个高度异质性的多族群国家,存在建立理想型民族国家的结构性不利因素:作为主体民族,俄罗斯人所占比例勉强过半,不占数量优势,且相对而言自身民族意识并不清晰;波兰、芬兰、波罗的海以及乌克兰和南高加索部分地区的工业化与西化程度高于俄罗斯;斯拉夫核心地区进入历史的时间很晚,而中亚、南高加索等地区即便经济落后,却有悠久的文明历史;俄罗斯版图扩张速度极快,呈现出整合度不足的问题;作为征服者,俄罗斯对于边陲弱小民族有天然"原罪";沙俄的专制政体抑制了发展公民民族主义的可能性。

然而,人口结构并不能完全解释为何苏联在去俄罗斯化道路上走得如此之远。与"东方社会"相比,俄国仍然具有国族建构的特定优势。其一,作为成功的早期现代帝国,沙俄国土的经济整合度较高,不仅建立了发达的交通基础设施网络,而且形成了区域之间的紧密分工。如果没有外部的强力经济替代,分离主义则很难突破基础权力层面的限制。其二,由于追赶战略启动较早,又与西方的文化距离较近,沙俄的政权机器和军事力量都更为现代化,对国土的渗透和防御强于多数亚非国家。因此,列强虽然可以在局部边陲打败俄国,制造民族分离运动,却很难从整体上按照族群界限去分割和肢解俄国。其三,就文化和意识形态而言,俄国在国族建构方面并非没有优势。尽管有迟疑反复,但沙俄总体上长期推行了俄罗斯化政策(趋势上越来越强),塑造了大批精通俄语的边陲精英。纵使这些精英对俄国有所不满,可俄国文化仍然是他们最熟悉也最接近的异族文化,更是他们了解西方文明的最便捷中介。其四,与一些对不同族群实行制度化隔离定居的传统帝国不同,沙俄时期各族群有长期混合居住、共同生活的历史基础。

相比俄国,中国在基础条件方面存在一些弱势。中国比俄国的现代化更迟,人口分布存在地域区隔、语言不同及交通阻隔,各地区的革命运动之间关联微弱。至少在革命初期,跨族群一体化问题并不如布尔什维克那样紧迫。如果说沙俄通过某些边陲地区(乌克兰、波罗的海、阿塞拜疆)的工业化实现了内外整合,中国的边疆和内地则处在截然不同的发展阶段。清末以降,中国的国土整合已经展开,但效果还十分有限。至于中国的"大一统"政治思维在历史上也有不少变异。与中央集权的郡县制思想相对，中国还存在强烈的依托家族、宗族分封而建的地域思想。从清末立宪运动开始，加上民初的政局动荡，地域思想不断产生新的历史回潮。正因为上述因素，中苏之间的差别不能完全归结于族群人口因素，对它的解答还是要回溯革命建政的具体历史过程。

四、 革命进程的重要性

民族概念的宽泛性以及中俄两国实际历史的多样性，均表明国族建构可以具有明显的主观选择性。虽然"一族一国"的原则强调了族群同质性，但如何界定族群、认同和同质，并无绝对客观的标准。一个社会既有的人口结构（包括族群、宗教和语言等静态特征）固然构成了国族建构的重要基础，但这更多的是一种弥散性权力，如何阐释和再造它们，后发的主观努力不可忽视。这种后发再造过程可以是同样的弥散性权力，依靠和平与发展的渐变；也可以是单一中心衍生的集束性权力，由急速暴烈的制度重构奠定国族模式的关键起点。安德烈亚斯·威默（Andreas Wimmer，2018）提到的三大机制——语言同质性、跨族群公民组织、公共产品供给能力，主要涉及的仍然是客观基础与常态性制度能力，对革命的探讨非常不足。而既有革命研究虽然涉及国族，但更多的是从理念上讨论二者的相似和张力（Kumar，2015），就实际革命进程对国族建构的动态影响方面所言甚少。为数不多的作品中最具影响力的是米洛斯拉夫·赫洛克（Miroslav Hroch，1985）关于欧洲小国爱国主义运动的研究。在承认地理、族群多样性、文化基础等给定条件的同时，赫洛克认为革命进程与民族建构之间存在交错关系,在革命不同阶段建构的民族国家会具有不同特征。所谓"革命特征",既包括诉求和动员范围,也包括革命爆发的社会环境和经济发展阶段。由于革命进程的影响,一个国家的民族建构既有可能十分成功,也有可能中断和失败。

研究中国革命的文献浩如烟海,具有比较意识的学者大多已经注意到了其独特进程:它是一场农村包围城市、从边陲攻克中心的革命(Huntington, 1968);它是漫长的内战和自下而上的系统性社会改造,而非转瞬即逝、对社会结构触动不大的单纯政治革命和民族革命(Skocpol, 1979);它是对帝国崩解后已经碎片化的社会进行再重组、再中心化的革命(Arjomand, 2019)。就民族建国模式而言,中国革命最核心的独特性在于它漫长的夺取政权历程。这种漫长性不仅在于其建国时间在俄国革命之后"再中心化"的世代,从而接触到各种各样国族建构的外部参考模型,一定程度上规避了"一战"后风起云涌的民族自决浪潮;而且为内部的精英更迭和学习提供了机会,既通过大众动员(主要针对以农民为主体的底层),实现了与传统文化的创造性和解,又通过长期实际执政,积累了处理族群问题的经验。相形之下,作为中国革命主要参考系的俄国革命,则是一场突然爆发又迅速胜利的短促运动。革命前各种相互冲突的因素缺少一个彼此融合的过程,执政者本身也未能有充足时间对流行的世界趋势进行反思。

五、 从开放的国家联盟到闭合的民族国家

确定边界和成员是民族国家建设的基本问题,革命年代的中俄就此采取了截然不同的道路:俄国成为开放的国家联盟,而中国形似常规

的民族国家。如何在否定沙皇体制后继续保持统一,革命时期的俄国对此并没有清晰的想象。革命前夜的左翼政党普遍拒绝把领土统一性问题作为纯粹民族问题考虑,而是倾向于将俄国的统一性化约为跨地域、跨族群甚至跨国族的联合组织(Sypchenko and Morozov, 2003: 64-79, 386-391),与此同时又反对民族分离运动,认为分离可能造成反革命者盘踞于俄国边疆,阻碍全域性的社会改造(Galili and Nenarokov, 1996: 229-230, 362)。而右翼热衷于寻找文化和族裔上的独特性、公约数。中间偏右翼的"十月十七日党"持君主立宪观点,拒绝联邦化俄国,主张继续保持俄语和俄罗斯文化的统率性,通过发展人民代表制,自下而上地重建君主制权威,强化君主与人民的直接联系(Pavlov and Shelokhaev, 1996: 59-60)。自由派的立宪民主党主张联邦制,但是并不从族群本身入手,而是建立地方自治会,通过阶层平权、赋权,消除族群之间的不平等(Pavlov and Shelokhaev, 1996: 37, 54)。

　　面对"一战"末期欧洲风起云涌的民族自决运动,布尔什维克试图以向外部扩散革命的方式保持俄国统一。革命年代的俄共缺乏稳定的建国意识,未曾考虑建立和维持一个长久存在的国家。俄共对革命过程的想象远不似中国革命者那样复杂。一些长期游走在民粹派和无政府主义边缘的革命家颇具浪漫主义情怀,相信个人英雄主义能够引起旧制度在世界范围内的整体颠覆,而大部分长期接受布尔什维克领导的革命者则是工人动员专家,把自下而上的工农暴动看作砸碎旧制度的关键。这两类人的共同特点,是把革命想象成短促暴烈、毕其功于一役的瞬间过程,否认常备军、官僚制、主权国家等需要持久发力来维持的社会设置是革命的必要工具(Zhou, 2019)。俄共还包含一大批长年穿梭于欧洲与俄国之间的国际主义者和外国人。这些人颇有拜伦、马志尼、布朗基、加里波第等欧洲革命英雄的遗风,坚信外力对革命具有决定性作用。

　　国际主义者的典型代表是列昂·托洛茨基。他认为俄国虽幅员辽阔，却没有内生的整合力，非国有经济分布弥散，所有重要的现代经济资源都是外国资本开发的；俄国社会不具备变迁的内在动力，一切重大社会变革都是在与欧洲国家进行地缘政治斗争后落败所致；俄国正在成为西方资本的经济依附和军事臣属，更加依赖外部因素来制造革命；俄国革命不可能通过依靠分散的农民而获得成功，相反必须在靠近欧洲的工业区域举行武装起义，然后迅速与欧洲革命并轨（Trotsky，1909：10，17-18，35-36）。托洛茨基的盟友卡尔·拉狄克也是一位国际主义者。他是成长在波兰的犹太人，自幼同时接触德国、犹太和斯拉夫民族文化，参加革命运动后则长年旅居欧洲，穿梭于法德社会主义者之间，从文化心理上看是西欧派、亲德派。革命后的拉狄克桀骜不驯，坚信世界革命是苏俄存活的唯一出路。他不顾苏俄官方的外交政策，径自与境外革命组织联系，而且反对经济外交，认为与欧洲的经济一体化会造成殖民化风险。内战期间，拉狄克独自到德奥战俘中秘密宣传，将他们遣送回国发动革命，而他本人也秘密潜回德国，结果被逮捕。虽然身居苏俄，拉狄克却始终不相信社会主义者能在落后的俄国取得胜利——他坚持共产国际的总部应该搬迁到德国，并且以德语为工作语言（Vatlin，2009：252-258）。

　　长期供职于共产国际的匈牙利革命者贝拉·库恩是一位具有代表性的全欧洲主义者，他坚信"社会主义属于欧洲文明而不是野蛮的俄国"。内战期间，流落到中亚的库恩在当地的德奥战俘中积极活动，连同中国人、南斯拉夫人，在土耳其斯坦建立了"外国共产主义者联邦"（Sologubov，1961：23）。苏联正式建立后，库恩的世界革命热情没有丝毫减弱。身在乌拉尔山脉的他不断给列宁写信，要求回到莫斯科去联络欧洲社会主义者(Zhelitski, 1989)。与贝拉·库恩相似的还有长年旅居澳大利亚的革命家卡莫。南高加索三国短暂独立期间,卡莫在当地秘密组织游击部队和进行谍报活动。他表示,革命最终胜利后会去欧洲定居。在欧洲革命幻想破灭后,卡莫出任共产国际驻波斯特使,坚持在当地推行激烈的革命运动,因此与沙俄旧外交官、苏联驻波斯大使费奥多尔·罗施坦因爆发冲突,后者主张帮助波斯推动现代化改革,而非策动革命(Matonin, 2018: 251-257)。

也有一些较为温和的俄国精英,因为欣赏西方在科技和人文上的优越性,主张继续与欧洲保持紧密联系,让苏俄与发达世界融为一体。其中之一是马克西姆·利特维诺夫。对英国工人运动的熟悉让利特维诺夫很早放弃了世界革命思想,但他坚决反对苏联可以和国际社会切割开来这一观点。利特维诺夫主张,必须保持爱沙尼亚的独立完整,将之作为苏俄与西方世界保持经济和技术联系的桥梁(Sheĭnis, 1989)。另一位是"红色工程师"列昂尼德·克拉辛。他长年旅居欧洲,担任过电气公司的高管和工程师。克拉辛直到十月革命才加入布尔什维克。他积极穿梭于旧技术专家和革命干部之间,调和双方矛盾,号召利用资本家的拜金主义心理,积极引入欧洲资本和技术,保持苏俄与西欧的一体化(Matonin, 2018: 153-170)。还有一位不可忽视的重要人物,即著名的女性革命家亚历山大·柯伦泰。柯伦泰在西欧生活多年,热爱欧洲文明。十月革命后,她因为抨击男权复归而被边缘化。斯大林执政后,柯伦泰作为苏联首位女性大使,加入了"荣誉流放"的行列。驻节挪威的柯伦泰再次感怀自己年轻时代就十分熟悉的欧洲文明"洋溢着健康的民主氛围","没有对女性能力的厌恶和不信任"(Kollontai, 1926 [2011]: 40-41)。所有这些革命者的情绪,都表达了拒绝自我封闭、让俄国融入欧洲的早期布尔什维克世界观。

中共革命的历史起点与 1917 年的俄国具有相似性。从中华民国建立到之后的中国革命初期,"中国"这一概念相当混沌。这既有民国初肇的原因,也是制宪危机、复辟、军阀政治以及边疆问题频发的结果,更重要的是还受到"一战"前后世界范围内帝国崩解、去中心化的民族自决浪潮兴起的影响。当时关于中国应当如何重构的观点纷繁复杂,明显受到民族自决、无政府主义、泛亚论等国际思潮影响,和晚清以来中国人在东南亚、日本的广泛活动有着历史延续性。在 20 世纪 20 年代中共成立早期,社会上既有对人类文明的悲观情绪,渲染无政府思想、反民族主义思想,又有各式"大区域主义""省级自治"思想。在民间和地方层面,中国民族主义思想远没有深入人心,它与包括佛教、儒学、民间信仰等各种传统普遍主义结合在一起。

早期中国革命活动家在思想上的反复,反映了这段时间的混沌状态。以李大钊为例,他反对日本大东亚主义,提出建立"新中华主义",认为中华民族的融合已经完成,是有相同法律制度、地缘血缘和历史命运的文化共同体,不需要五族共和的分割性观念(黄兴涛,2017:124)。但与此同时,李大钊又在"平民政治"和"联邦政治"的基础上谈"四族不是一族的分属","分裂和自决是世界潮流",中国要建立苏俄式的自由平等联盟,而不是英国式的强制联盟(中共中央统战部,1991:53—55)。鉴于"中国"观念的模糊,族群、国族、国际往往被革命者作为一个连续体来进行考虑。比如施存统认为,中国革命只能诉诸外部,期待世界革命的成功,或是单独寻求与日本的联合行动。"日本经不起苏俄那样的外部制裁,所以日本革命成功与否取决于中国"(江苏省档案馆,2014:48)。当时地方军阀、北洋政府与外国干涉者之间错综复杂的关系,让"国际主义"成为一种便利的论辩方式。按照向警予的质问,"既然英美资本家能够支持蒙古王国修筑铁路,为什么苏俄对外蒙的经济扶植就不能被国人理解",陈独秀也表达过"蒙古如果收回反而增强军阀力量"的观点(中共中央统战部,1991:67)。

如果中国在1921年完成了民族主义革命,那么我们很难想象彼时会建立一个何种形式的民族国家。中国革命进入了漫长的两次世界大战时期:国际主义的诱惑逐渐呈现减弱趋势,苏联的介入程度和外部整体环境都经历了变化。在苏联的干预下,稚嫩的中共从一开始就与现代民族意识最强、正从五族共和走向中华国族主义的国民党结合在一起,从而与先前各式各样的世界主义者、无政府主义者、和平主义者、泛亚主义者渐次脱离了关系。共产国际在中国的强烈选择性,导致大部分中国革命精英符合以下几个特征:远离族群问题复杂的内陆和边陲,靠近帝国主义进行经济和军事侵略的口岸与中心城市,其中资历较深的还参加过孙中山领导的二次革命、护国护法战争和早期广东革命政府。这就暂时规避了复杂的民族建国细节所导致的选择困难,强制设定了以民族国家方式思考问题。

国际主义减弱与苏俄革命造成的内外变化有关。中国革命曾是一个国际主义的跨国网络,反清革命长年以东南亚、日本和美洲作为后方,中共领袖早期亦多有在欧美、日本和东南亚的游学经历。不过此一背景并未发展出像苏俄国际主义者那样的核心领导集体。布尔什维克的输出革命战略在世界范围内形成了"红色恐惧",不仅欧洲国家纷纷设置"防疫墙",强化对社会主义政党的镇压,近邻中国的日本以及英国和荷兰也在东南亚的殖民地提升了镇压强度。在中国,"四一二"反革命政变前后形成了跨境出逃浪潮,鲜有革命者能在传统革命地区幸存和发展,更不用说形成列宁-加密涅夫-季诺维也夫那样长期存在的海外指挥中心。流亡出境者大多被抓获并移交给南京政权,滞留者或脱党失踪,或沦落加入非政治性的文化团体和学习小组。此后形成的革命精英团体的跨国背景明显削弱,中国革命逐渐进入民族化的封闭空间。

在苏联的干预下,唯一保留"国际主义倾向"的群体是留苏学生。不过,这些人与俄共的"国际主义派"全然不同。他们中鲜有托洛茨基、拉狄克、捷尔任斯基、卡莫、克拉辛那样的跨文化人物。中共的"国际主义者",比如瞿秋白、王明、李立三、博古、张闻天,在民国教育体系已经稳定的年代完成初等教育,而且还亲身经历了五四运动、新文化运动,之后才前往苏联学习。这些国际主义者虽然不同程度地宣扬苏联利益优先,但他们并不是俄共那些一心返回欧洲参加革命和定居的国际主义者。即便短暂居住境外,这些人出于各种原因也定要回到国内。中国共产党的外交人员中,几乎没有像格奥尔吉·契切林、马克西姆·利特维诺夫、亚历山大·柯伦泰那样长年在欧洲生活、希望俄国融入西方的欧洲文明主义者。

如果苏联影响中国的首选地点不是广东而是西北边陲(孙中山和中共都提过这一建议),那么中国革命的背景将会与俄国相似,产生大量捷尔任斯基、拉狄克式的跨国领袖人物。参与三区革命的新疆共产主义者是一个例子。苏联援助下建立的新疆共产主义组织具有鲜明的跨族群、跨国背景。主要领导人赛福鼎·艾则孜、阿卜杜力克木等穿梭往返于新疆和苏联之间,在苏联的中亚地区完成中学教育,又和土耳其、阿富汗、印度的革命者保持着联系。这些领袖的汉语并不流利,但是熟悉包括俄文在内的多种中亚、突厥语言,是一个具有跨族群背景的革命领导团体(赛福鼎·艾则孜,1993)。另两个在中国边陲但同样具有跨国参照性的案例是越南和朝鲜的革命者。

苏联对中国的一系列影响反映的是世界范围内的"再中心化"。第一次世界大战所带来的震荡是有限的:德奥等帝国崩解,但是帝国体系并没有正式衰亡，民族主权不可侵犯的观念也远未深入人心。许多国家稳定下来并且重新开始了扩张，包括德国、日本、意大利，以及土耳其、东南欧等地的新兴独立国家。这些变化影响到了中国各界，一个师法德日、强调民族主义、要求重塑中国传统文化、整合边陲的再中心化运动得以出现。活跃于这场运动中的既有南京国民政府内部的法西斯组织蓝衣社和 CC 系，也有学术界的"战国策派"，以及对边疆进行整合的边政学派。这一整合性的再中心化趋势主要由苏联传导而来。苏联自身已经大踏步融入了国际体系，虽然名号上是主权国家联盟，法理上却与常规的民族国家无异，对各加盟共和国的控制有增无已。苏联与德日英法的互动，还在中苏边界、巴尔干、苏波边界、苏芬边界，催生了一系列带有领土兼并性质的军事外交行动。这些趋势与"一战"末期苏联建国年代的自决浪潮已大异其趣。

六、　从原则性冲突到创造性和解

民族主义关注"唤醒民族"，其重要一环是回溯过去、发明传统，其中还包括重塑语言。然而，对具体案例的分析发现，文化再造离不开具体行动者的意识形态偏好和知识背景。尽管少数领袖精英的偏好不足以支撑持续性的传统发明，[1]但他们暧昧、迟疑和负面的态度却有可能阻滞这一进程。这正是革命时代俄国与中国的最主要区别。就沙俄社会的知识储备而言，缔造"俄国国族"并不是全无准备。革命前，俄国

---

[1]　比如赫洛克所说的止步于第一阶段的弱小民族爱国主义运动。这些运动前期局限在少数知识精英的发明创造上，难以和政治力量联结，终究无法形成大规模的民族建构。

经过长期的欧式学术训练积累,已经发展出了一套始于斯拉夫各族群共同对抗蒙古帝国,以俄罗斯为中心,逐渐将波兰、立陶宛、乌克兰和南高加索直至中亚和巴尔干并入其中的叙事。一些晚近的重大历史事件,如1812年对拿破仑作战,在历史学者那里已被叙述成多民族共同参与保卫俄罗斯国土的光荣事迹(Ungurianu,2007)。

　　然而,早期布尔什维克对俄国的这一知识传统是疏离的,这源于对俄国落后和反动性的恐惧。列宁是一位典型的恐俄主义者,他并非对俄国本土完全没有了解,其中学课本和考试显示,他接受了基础但全面的俄国历史教育,其中涉及库利科夫战役、旧教派分裂、留里克王朝时期的封建经济等诸多议题(Startsev,1970)。参加革命运动后,列宁对俄国历史的阅读一直没有间断,但主要读的是格奥尔格·普列汉诺夫、米哈伊尔·波克罗夫斯基和尼古拉·罗日科夫等对俄罗斯文化持批判态度的马克思主义作家的作品。十月革命后的列宁主张保存俄国的古典文学,将之作为教育人民大众的媒介和基础,并不赞成"无产阶级文化派"彻底否决过去的纲领(Lenin,1956:43-44)。列宁还要求保护俄国古物、文化名胜,回击"苏维埃政权是破坏人类文明的野蛮人"的"资产阶级谣言"(Lenin,1956:12-14)。

　　虽然如此,俄国元素只是列宁庞大思想体系中的一小部分。就革命动员的策略而言,列宁的主要知识源泉是欧洲历史,主要包括法国大革命、1848年欧洲革命和1871年巴黎公社起义(Krupskaya,2015[1933])。即便在狭义的军事理论方面,列宁最主要的阅读和引用也来自《战争论》和西方军事科学著作,而不是苏沃洛夫、乌沙科夫、库图佐夫等俄国名将的事迹。列宁明确要求苏维埃政权只继承革命的俄罗斯文化(Lenin,1956:15-16)。在他的直接干预下,彼得格勒和莫斯科摧毁了大部分沙皇和仆从的雕像,代之以国际共运名人;他还签署命令将俄国首都的珍宝和古物归还给"波兰和乌克兰人民"（Rybak，2009：24-25，34-35，44，80）。对欧洲文明命运的关切始终在列宁思想中占据中心位置。他一面对内战期间出现的俄罗斯民族主义"路标转换派"运动持否定态度，认为它是"坦率的敌人"；一面又颇为欣赏欧洲知识分子提出的"转向东方"建议，通过联合亚洲"未被现代资本主义污染"的弱小民族，重塑健康的革命力量以拯救"精神堕落的欧洲"（Agursky，1987：264）。

围绕在布尔什维克领袖身边的知识分子，也从另一个侧面反映了当时苏俄领导人对"俄罗斯"的态度——这些人不是幕僚和宣传家，而是与革命领袖有思想交流和私人友谊的独立学者。颇受列宁推崇的历史学家米哈伊尔·波克罗夫斯基就是一个例子。波克罗夫斯基在革命前就撰写了有名的通史教科书，将沙皇俄国描写为一个由商业资本在专制政体协助下建立起来的各民族监狱："商业资本"没有特定的族群背景，镶嵌在广泛的国际网络中，其剥削扩张活动也不局限于特定地域、指向特定民族，而是在投机和逐利性地游走（Pokrovskii，1915）。另一位重要人物则是马克西姆·高尔基。与波克罗夫斯基不同，高尔基对如何正面重塑革命的俄罗斯认同有所思考。他把希望寄托在码头工人和混混这样的小人物身上，认为后者由于经济贫困和失业，已与俄国的恶劣传统断绝了关系，同时又因其不羁和洒脱而包含着人类解放的美好潜质（Bykov，2013：17-19）。

对俄罗斯文化的批判性体现在许多苏联文化和意识形态要员的论述中。列宁的夫人娜杰日达·克鲁普斯卡娅广为流传、被早期苏俄官方接受的观点是，俄罗斯文化与旧政权下的自由主义派关系紧密，因为后者远比工人阶级擅长使用文化书写工具，"社会主义教育必须和俄国的懒散民风战斗，培养国民的计划性"（Krupskaya，1957）。受普列汉诺夫影响,托洛茨基对俄国历史文化总体持负面态度,认为俄国社会缺乏内在变革的动力,是一个极端稳定的自我再复制结构,要实现改造必须诉诸外力,与世界革命交融(Baron, 1974)。"党内哲学家"米哈伊尔·布哈林也是一位带有反传统心理的革命家。受皮萨列夫等革命民主作家影响,他坚信俄国是"无法生长出文明之花的贫瘠土壤"(Granat, 1989: 31)。

当然,对俄罗斯的批判情绪远不是革命时期社会文化的全部。俄罗斯民族主义的知识准备并没有被革命打断和破坏,即便是在物质极端困难的内战年代,只是此时的苏维埃政权对此没有兴趣。当斯大林领导下的苏联进行全面社会动员时,所有这些知识准备都将为再俄罗斯化提供素材,然而彼时已经处在苏联的框架之下。俄罗斯化不论如何进行,都只是为"第四罗马"的世界文化宝库提供丰富性,而不是再造俄国民族(Clark, 2011)。

早期的中国社会主义者与布尔什维克相似,怀有对传统文化和文艺的批评态度,把传统文化视作革命对象的一部分。这与五四运动、新文化运动有关,也与迟发展、追赶型现代化的心理投射有关。然而,与布尔什维克不同的是,中国革命开始于大规模的乡村大众动员。随着革命从城市扩大到农村,从知识分子扩大到农民,吸纳传统文化符号逐渐成为必须。既要打破革命与传统之间的藩篱,又要避免革命被传统中的"糟粕"部分污染,构成了中国革命文化发展的主要张力。这一变动远远早于日本全面侵华,因此不仅仅是民族战争驱动的结果。

面对日益增大的大众动员压力,革命者和传统文化实现了创造性的"和解":避免对"中华民族""中国文化"做任何具体和固定化的内容概括,强调它在历史长河中的灵活性和可变性——如艾思奇所说,不承认"任何超越社会历史情境的绝对伦理观"(黄延敏,2014:60)。在实践中,中国积极通过多种方式在革命中渗入传统文化元素。常用手段

是发掘下层、民间和大众文化,以之稀释和改造备受五四运动批判的旧
精英文化。大批知识分子被组织起来改造旧剧、旧文艺,学习农民语言
和风俗,以他们熟悉的形式宣扬革命内容,即"地摊子文艺"口号,强调
创作不能局限于文人的狭窄圈子,要学习人民群众的语言和生活劳动
细节(李雪峰,1998:193—194)。

　　与传统文化的和解也出现在高层级的知识研究中,比如发掘古典
思想的进步价值,指出孔子的有教无类思想值得学习,其是民主化,而
非独断专行(黄延敏,2014:46—48,50)。墨家的隐忍自制、刻苦劳动和
自我牺牲精神也得到肯定,被认为是革命者需要学习的品质。陈伯达
等人则开展了对先秦经典的系统性研究,寻找这些思想对于中国革命
的价值(黄延敏,2014:86)。历史学是重塑中国过去的发力点,围绕着
对"中国社会长期停滞"的解释展开。从 20 世纪 20 年代起,左翼知识
分子运用民国社会已有的考古和考辨成果,提出中国和西方一样,长时
段内具备内生性的自我跃迁能力,而不是一个只会自我封闭、恶性循环
的"东方社会"(桂遵义,1992:40)。

　　传统文化更以策略性、符号性的方式被革命接纳。陈毅在反摩擦
斗争时曾告诫干部,注意知识分子、传统士绅对"朋党文化"的反感,不
要让人把国共摩擦和东汉、南宋、明末的党争联系起来(陈毅,1996:
77)。他和朱德都擅长使用传统文化符号作为统战社交手段,发掘和保
护辖区内的文物古迹,以消除地方精英对革命者"不通诗书""破坏传
统"的刻板印象(黄丽镛,2016:95,115,119—120,142)。毛泽东、刘伯
承都提出,要整体性地研究古代以少胜多、以弱胜强的战例,用历史故
事宣讲内部统一对于战胜强敌的重要性(黄延敏,2014:97—98)。根据
这一思想,郭化若、范文澜等人撰写了一些批判性运用古代历史知识来
解释中国现代革命进程的著作(郭化若,1995;桂遵义,1992:377);抗日

根据地还出版了若干种通俗的简编中国历史读本,运用历史类比手段来控诉日军暴行,歌颂抵抗意志(桂遵义,1992:440—441)。

中国革命具有苏联所没有的特殊优势:革命本身提供了一个新的中国形象。通过书写革命历史、歌颂英雄主义和控诉暴行,一个崭新的中国形象在革命中后期就已经形成。相比之下,布尔什维克夺取政权时几乎没有自己的历史阐述。十二月党人起义、革命民主作家、1905年革命和二月革命,都与俄共关系不大甚至完全无关,它缺少正面历史素材来切断"俄国"与罗曼诺夫王朝、俄罗斯扩张主义的关系。这一历史难题直到斯大林时期才逐渐得到解决,那时苏联取得了工业化成就和卫国战争胜利。就中苏比较而言,与传统文化的逐步和解十分重要,虽然它在中国的发展尚为有限,但在面对复杂族群问题时,中国的建国者避免了布尔什维克对"俄国"的那种恶感。

七、 边疆少数民族:从极化到柔化

对有志于维持版图再统一的中俄革命者而言,如何在传统王朝合法性已经崩溃的情况下,说明某个或某些少数族群是整体版图的一部分,是一项巨大挑战。在这一方面,俄国与中国分别呈现了"极化"和"柔化"的思维。布尔什维克与最主要的政治对手俄罗斯白卫军做了截然不同的选择,二者都十分极化:前者基本否定了俄国国族方案,支持国际主义、少数民族自决,把原沙俄版图变成民族国家联盟,而后者顽强坚持"俄罗斯的统一和不可分裂"。这种对立背后的极化思维高度相似,显示了俄国政治力量的共性:面对沙俄帝国的突然崩解,在没有准备的情况下,先前全无执政经验的军队和革命者被瞬时推向了历史前台,只能凭借头脑中最为抽象的想象来决定国家的建构方案;俄国内战的快速结束,没能让双方在极化方案之间探索出足够的缓冲和折中空间。

作为布尔什维克唯一具有政治军事实体的对手,"白色运动"是一个庞杂的民族主义体系。白卫军派系繁多,以俄罗斯籍的原沙俄军队将领为主。白卫军的主要将领在十月革命前大多具有在边疆民族地区驻防和作战的经历,是俄罗斯民族意识相对清晰的一个社会团体。但是,军事履历不等于政治建国能力。作为后帝国时代的执政者,如何把少数族群合法化为"大俄国"的一部分,对白卫军政府来说是前所未有的挑战。在内战过程中,白卫军采取了单纯的大俄罗斯沙文主义立场——这一立场来自日俄战争后俄军开始的以东正教和沙皇为中心的俄罗斯民族主义教育,以及"一战"期间的反德宣传。尽管身处边陲,白卫军却拒绝承认任何二月革命后兴起的民族自决运动,坚持在"俄罗斯的统一和不可分裂"框架下讨论联合问题。然而参与合作的库班领袖反对乌克兰独立,白卫军与当地哥萨克人的谈判并不顺利,双方在合作隶属关系上的分歧导致哥萨克产生了与布尔什维克单方面媾和的意愿(Karpenko,1992: 118,203-204,240-241)。类似的情况还发生在爱沙尼亚。白卫军将领尼古拉·尤登尼奇拒绝了爱沙尼亚的独立要求,为此与波罗的海国家、英国生出龃龉(Venkov,2000: 406-407)。这种极化处置,与白卫军缺乏民政经验、"先反共后建国"、跑马圈地又统而不治的内战方式极为相关。

十月革命前,布尔什维克对边陲的直接接触同样十分有限。在工人运动中,他们秉持了简单的国际主义跨族群团结原则。革命夺权真正开始后,这种原则虽遭受考验,但没有发生巨大改变。苏俄内战是一个极化过程:革命和反革命阵线之间壁垒清晰,双方人物鲜有历史交集;战争形态以在广阔空间内急速移动、歼灭对手主力的机动战为主;布尔什维克作为全无行政和军事经验的革命者,短时间内立即占有和掌握了铁路、运河、军工后勤等全国性、现代化国家机器。与这些关键要素相比,在妥协、统战、蹉跎中实行模糊化等策略在苏俄内战中被极其边缘化。苏俄战争的方式并不像地域性游击政权那样依赖本地资源,而是寻求速决。

这样的战争性质使苏俄对民族元素采取了一和简单极化的处置方式——民族军。一方面用语言、族群身份等客观化醒目标志来彰显其民族性,另一方面通过协同作战、思想政治教育、高度集中的后勤供给,保持对它的绝对领导。这也就是后来苏联模式的雏形:客观族群界定加上无产阶级国际主义。民族军随着最大战略单位"战线"的调整,在全俄境内快速移动,与原先的民族定居领土并无固定关系,甚至不由冠名的民族组成。这些民族称谓的符号象征性作用是首要的,以之塑造弱小民族解放的范例:两个拉脱维亚步兵团参与了乌克兰顿涅茨克附近对白卫军将领阿列克谢·卡列金的进攻(Antonov-Ovseenko, 2016: 122);伏尔加河区舰队精选了三百名乌克兰籍水兵,派往乌克兰南部参加陆战(Fedorova, 1979: 184-185);普提洛夫骑兵团在名义上是哥萨克部队,实际上由西伯利亚少数族裔构成,在参与了对波兰的进攻后,他们又进入乌克兰,打击当地民族主义者(Grenaderov-Tenishchev, Semchuk and Popov, 1930: 12)。

与忽生忽灭的白卫军相比,布尔什维克的族群思想不是完全没有变化的。比如"大俄国"思想,其主要坚持者是斯大林。斯大林很早就意识到"民族"的界定可以非常灵活。他的成名作《马克思主义与民族问题》隐晦否认了不少族群独立存在的合法性:用"共同地域"否认了犹太人的民族性,用"共同经济生活"否认了亚美尼亚。这一立场在

1917 年后延伸为他的重要主张,即非俄罗斯族群只能获得文化或行政层面的有限自治,而不是建立民族共和国。斯大林尤其反对"不建立共和国就会引起民族抗争"的说法。他指出,民族共和国实际模仿了奥匈帝国的二元分治模式,已经被第一次世界大战证明是过时和破产的。在苏联正式组建前夕的 1922 年秋季,斯大林致信列宁,指出民族共和国已经造成了经济外交上的乱象,应该将之全部取消(Gatagova, Kosheleva and Pogovaia, 2005: 78-79)。他还认为必须给乌克兰的民族语言运动降温——剥削阶级已被铲除,农民不关心民族主义,反动势力残余也无力动员大众叛乱(Gatagova, Kosheleva and Pogovaia, 2005: 76-77)。

　　综上所述,俄国革命的突然性、快速性及其所处的整体国际环境,使得布尔什维克缺少机会来消化粗放的国际主义观念,而是将其视作对于帝国解体危机、族群纷争、革命输出难题的一揽子解决方案。这就使得苏联的建国情况与马克思主义的理想型比较接近。当然,俄国革命作为一场伟大革命,本身又掺杂了许多"异数",并没有真正消除俄罗斯中心主义,只是将其以隐蔽和曲折的方式后置。在苏联接下来的七十年中,苏共有充分的时间弥补俄国革命的缺憾,不断在联盟框架与俄罗斯化之间寻找最优动态平衡。

　　而中共的漫长革命在所有方面不同于苏联,不仅外部环境更迭、人员更换,自始至终参与革命者也通过根据地的实际执政获得了大量经验。这些都为采取一种更柔化的社会主义国族模式奠定了基础。与苏俄相似,中国并未无条件支持少数族群自决运动以及任其分裂组建新的国家,而是采取了策略性支持的态度。与苏俄不同,中国革命者有更多的实际执政经验来探索这一问题。在基本接受民族国家转向的必要性和苏联模式民族自决理论的基础上,中国得出了几个对主流民族国家模型和苏联理论带有批判性认识。首先,族群身份与民族认同之间并没有不可改变的决定性关系,族群之间的情感亲疏可以透过特定社会过程来调节。这种调节包含阶级关系,但远不止于此,而是一个综合了早期语言教育、政治社会化、革命经历、经济共生与扶助、军事力量对比、地缘、现代化等多重因素的复杂过程。中国革命者还相信,民族的定义是多样化的。除了语言、宗教、风俗等难以短期改变的因素外,还可以通过历史叙述、自我忏悔、强调共同敌人、展望未来、重点否定某些负面元素等方式来模糊处理民族的定义。此外,个体不仅可以有阶级和民族的双重认同,还可以有多层次的民族认同,且多层次的民族认同的重点可以因时因地而异,保持充分的灵活性和流动性。这些批判性思考强调了国族建构和族群边界的主观性、建构性和可变性。

从建立江西革命根据地时开始,中共就吸纳了大批非汉族干部。这些人虽不是汉人,但在语言、基础教育和革命经历方面与汉族无异,参与了护国护法战争、新文化运动、大革命和建立根据地的武装起义,其少数族裔自豪感并不妨碍对共和中国的认同,即便后来革命拓展到了边疆,吸纳了内蒙古、东北、云南等地干部后也是如此。如果说国民党追求从人种、考古起源来论证各民族的同一性,中共则并不苛责概念的自洽性,而是看重各种看起来不一致的民族所长期融合的共同生活。延安时期,中共一方面鼓励汉族祭拜炎黄,另一方面也允许少数民族公祭各自的祖先,通过推动多族群文化发展来再造"中国"(黄兴涛,2017:179—180)。中共还公开纪念岳飞、文天祥等历史人物,并不因为他们的战斗对象是古代北方少数民族而否认其为民族英雄,并且由此驳斥国民党"中国一切战争都是族群之间内战"的历史叙述(中共中央统战部,1991:946)。

对民族自决口号的谨慎,源自中共在局部地区形成的执政经验,这在陕甘宁和附近地区的表现最为显著。作为抗战爆发后的新到者,中共在这一地区并不占据力量优势,而是处在日本、国民党和民族主义者的包围中,既无能力同化蒙古族,也要考虑蒙古族"自决"背后的排汉风险。因为地形特殊,没有骑兵的中共游击组织极度依赖当地人提供马匹、马具和骑射训练(黄厚,1962)。中共对蒙古族采取了上下层并重的策略,通过威胁喇嘛提供医疗和安全服务,取得情报运送方面的支持(苏振兰,2006)。鉴于国民党和日本都支持自治,中共在当地灵活采用"自决、自治、联邦"等口号,并不要求所有的蒙古王公就同一政治立场表态(裴小燕,1990)。而在中共政权并不稳定的地区,苏式思维则占据上风。中共在海南岛少数族群中的处境十分艰难。尽管多次选择地点,游击队却始终无法在客家话聚集区建立稳固根据地,只能折回闽语区去继续支持少数民族起义。中共中央在1940年特别指示海南游击队做好侨胞和少数民族的工作,不得对黎族采取过激政策,不能破坏黎族的庙宇和宗祠财产(中共海南区党委党史办公室,1988:17—19)。而在东北和新疆,中共所面临的局面与苏俄内战起点的俄共有相似之处。

与苏联模式相比,中共在革命年代对民族的认识比较灵活。建国初期编写的《中国少数民族简史》虽然是民族识别的产品,但对民族的定义并不拘泥于"公民""族群""文化""阶级"或任何一种单一维度。人种起源、历史定居点、汉语能力、阅读经典、节日和习俗、生产生活方式、反帝反封建斗争,都是特定民族作为中华民族一部分的证据。中国革命最重要的成就是承认双重族群认同,通过漫长的探索在中华国族与各民族之间寻找联系。

八、 族群结构与民族模式的匹配

中苏的建国过程包含着对世界历史的普遍性困惑。一个社会的族群结构并不能自动决定其制度模式,锻造现代民族国家本身就与差异性人口结构存在张力,于是采取什么样的国族模式就成了一个问题。转型本身产生了认知不确定性(而不是事后观察的"自然选择"),进而将转型实施者置于多种方案路线的选择之中。许多国家曾在族群结构基本稳定的条件下多次更换过民族模式。尽管模式的建立和维持过程不无冲突和挫败,但只要经历过一段时期的稳定,就能产生相应的社会后果。在这一"选择"过程中,革命往往扮演着重要角色。

大部分近现代革命都对国族建构产生了关键影响。时间较早的英国革命发生于民族概念诞生的前夜。划时代的英国革命内有苏格兰、威尔士和爱尔兰的地域矛盾,外有与欧洲王室体系、天主教和新教的复杂关系,只是当时民族观念并不成形,君主制也没有被彻底撼动,革命与国族建构的关联并不显著。百余年后,美国和法国革命则进入了下一个世代。这两大革命爆发正值民族主义诞生,全民一体、不分等级的革命观念,恰好通过主权在民的共和原则获得了前所未有的制度化,形成了启蒙运动后最早的现代民族国家。两大革命也都经历了外国武装干涉,这进一步强化了参与者的民族意识,并分别引发了美洲和欧陆的民族主义浪潮。

革命在非西方世界更是锻造国族的常见手段。现代伊朗是多次更换国族建构模式的典型国家。和绝大多数前现代传统帝国一样,波斯帝国满足于悬浮在部落和酋邦之上,并不追求同质性。建立"伊朗民族"的系统性努力则始于巴列维王朝。在波斯裔占总人口约一半的情况下,巴列维王朝一方面更改国号,将"伊朗国族"作为更具包容性(但也更世俗)的民族模式,另一方面把波斯文化上升为国家文化。但这一模式并不"适合"伊朗的族群结构,在少数族群地区强制推行语言同化政策引起了反抗,造成了库尔德分离主义,并引发了来自英俄的干涉。霍梅尼政权将多族群整合的框架从"伊朗国族"变成了伊斯兰,从而显示了革命对国族模式激烈调整的可能性(Mojab and Hassanpour, 1996)。

奥斯曼帝国晚期的土耳其也经历了多次革命性调整。面临"民族国家化"和世俗化双重压力的王室,试图找到某种能够覆盖整个帝国疆域的同质性,为此先后尝试过"奥斯曼主义""伊斯兰主义"和"土耳其主义"(Sohrabi, 2018)。奥斯曼主义,即所有臣民不分族裔和宗教信仰,都是无差别的奥斯曼公民。这一试验尤其能显示改革者之于族群结构的能动性:在一个高度伊斯兰化的人口结构中,制造出宽泛的超越性国族概念。相比之下,更符合族群结构特点的是伊斯兰主义。虽然伊斯兰主义的民间认同基础强于人造感的奥斯曼主义,但它对于非穆斯林具有排他性,而且与现代化张力过大。最后一个方案是土耳其主义。这一方案明显窄化了国族的认定范围,一定程度上是对帝国版图日益缩减、族群结构逐渐简化的回应。然而,最终取得成功的是凯末尔革命所造成的土耳其主义。

印度的国族建构同样表明,一个看起来与族群结构并不匹配的国族模式有可能长期存在。虽然印度的族群和宗教复杂性远远超过沙俄、伊朗和土耳其,印度却采取了国大党的"印度主义",即一种弱化宗教性而强调印度悠久文明、以"印度性"覆盖非印度族群的同质化国族性。这一方案遭到很多反对:激进的穆斯林马克思主义者主张印度像奥匈帝国那样解体,境内各民族自决,建立新的国家,形成某种形式的联邦制,或直接分立为不同国家(这体现在了印巴分治);而自由主义者反对印度从英国

独立,主张借助英式自由主义体系,缓慢而渐进地解决族群问题
(Sathyamurthy, 1997: 715-716)。这些方案不同程度地在国大党内部呈
现出来,尽管有分歧,但始终没有动摇"印度国族"这一基本概念,比如尼
赫鲁既反对宗教性也反对苏式社会主义(Haithcox, 1971)。

埃及的国族建构同样面临多重选择,而革命过程极大地塑造了埃
及国族模式的形成。与奥斯曼帝国相似,作为文明古国的埃及可以在
"埃及""阿拉伯""伊斯兰"三个层次上界定自身的民族性。第一代建
国者如纳赛尔,早年受埃及主义思潮影响,对阿拉伯民族主义并不接
受,也拒斥带有宗教色彩的泛伊斯兰运动,因而在形式上仍然建立了埃
及民族国家。然而,随着革命的扩大,特别是与苏联关系的加深,埃及
的建国过程逐渐带有阿拉伯主义色彩,最终通过与叙利亚和北也门的
联合,短暂地建立过阿拉伯联合共和国(Jankowski, 2001)。

九、 结论:革命与国族建构

民族国家作为一种观念和构想起源于西方,但是如何化为政治实
体,世界范围内并无统一模式。不仅被迫融入民族国家体系的迟发展
世界,时常对此感到手足无措,即便是作为民族国家先行者的英法等
国,在国族构建上也面临重重难题(虽然它们在对外推行民族国家模
式时经常采取简单的定义)。就此而言,民族国家并不是一件现成的
舶来品,而更像是处于不断发明中的"接力火炬"。粗疏宽泛的民族定
义保留了实践上的灵活性——它能够以不可思议的巨大弹性与各种各
样的意识形态相结合,包括帝国主义、世界主义、国际主义这样在理念
上反民族主义的思想。但凡保持着地缘政治行动的主体性国家都在积

极探索,试图找到既顺应世界潮流又适合本土国情的国族建构模式。漫长又全面的社会革命是寻找这种匹配的重要方式之一。

苏联模式是非西方帝国对民族国家形成浪潮的一次回应和试验。面对第一次世界大战末期风起云涌的民族自决运动,俄国革命者采取了主动适应的方针,积极帮助原沙俄境内的弱小族群建立民族国家,并通过疏远和批判传统俄罗斯文化将俄罗斯主体联邦化,以退为进地保持原俄国版图的统一完整。苏联模式的背景是俄国革命的突发性、短促性以及欧洲范围内的帝国崩溃。不论是布尔什维克政权、俄国国内其他政党,还是世界上的新兴国家,对于民族自决的浪潮都还没有应对经验。因此,苏联模式看起来是多个元素的生硬组合:以语言和地域为基础的民族国家,淡化民族地域的苏维埃国际主义,以及否定俄罗斯主导地位的去国族化。对这种组合的柔化主要发生在苏联建国之后,这种模式也是中国国族建构的起点和参照物。

中国的国族建构模式是长期革命的产物,通过漫长的革命过程,渐次将苏联模式、本土文化传统和实际边疆治理经验融为一体。它反映的是第一次世界大战结束到 20 世纪 50 年代反殖浪潮开启之间的全球再中心化趋势,是对民族国家模式的一种批判性适应。与苏联相比,中国对民族基础的理解更加主观和灵活,也更强调弱小民族在大国族下的聚合性。这种差别是长期形成的,不能简单归结为中国的族群结构、战争经历,也不是单纯的意识形态传导、外部模板示范效应的结果。漫长的革命本身培养了代际差异的革命者,他们对"什么是中国"以及"为何需要完整的中国"的想法在持续变化。中国的国族建构模式现今仍在探索阶段,但它的历史起点包含了值得借鉴的重要考量:如何在符合世界潮流、保持自主性以及实现社会革命性改造之间取得平衡。这些历史经验值得记取和研究。

参考文献

陈毅,1996,《陈毅军事文选》,北京:解放军出版社。

桂遵义,1992,《马克思主义史学在中国》,济南:山东人民出版社。

郭化若,1995,《郭化若回忆录》,北京:军事科学出版社。

黄厚,1962,《大青山上建骑兵》,《中国民族》第 8 期,第 1—5 页。

黄丽镛,2016,《共和国元帅读古书实录》,北京:人民出版社。

黄兴涛,2017,《重塑中华》,北京:北京师范大学出版社。

黄延敏,2014,《黄土与红旗:延安时期中国共产党与传统文化研究》,北京:
　　学习出版社。

江苏省档案馆,2014,《红色记忆:江苏省档案馆馆藏革命历史报刊资料选
　　编》,南京:东南大学出版社。

李雪峰,1998,《李雪峰回忆录(上):太行十年》,北京:中共党史出版社。

裴小燕,1990,《〈关于抗战中蒙古民族问题提纲〉的历史地位和意义》,《内
　　蒙古社会科学》第 6 期,第 37—41 页。

赛福鼎·艾则孜,1993,《赛福鼎回忆录》,郭丽娟等译,北京:华夏出版社。

苏振兰,2006,《姚喆中将:坚持奋战大青山》,《党史博采(纪实)》第 6 期,第
　　46—50 页。

中共海南区党委党史办公室,1988,《冯白驹研究史料》,广州:广东人民出
　　版社。

中共中央统战部,1991,《民族问题文献汇编》,北京:中共中央党校出版社。

Agursky, Mikhail. 1987. *The Third Rome: National Bolshevism in the USSR.*
　　Boulder: Westview Press.

Antonov-Ovseenko, Vladimir Aleksandrovich. 2016. *Zapiski ograzhdanskoi voine 1917–18*. Moscow: Kuchkovo pole.

Arjomand, Said Amir. 2019. *Revolution: Structure and Meaning in World History*. Chicago: The University of Chicago Press.

Baron, Samuel H. 1974. "Plekhanov, Trotsky, and the Development of Soviet Historiography. " *Soviet Studies* 26: 380–395.

Bykov, Dmitrii. 2013. *Sovetskaia literatura: kratkii kurs*. Moscow: Prozaik.

Clark, Katerina. 2011. *Moscow, the Fourth Rome: Stalinism, Cosmopolitanism, and the Evolution of Soviet Culture, 1931 – 1941*. Cambridge: Harvard University Press.

Fedorova, T. S. 1979. *Volzhskaia voennaia flotiliia v bor'be za vlasti sovetov 1918–1919: sbornik dokumentov*. Gor'kii: Volgo-Viztskoe kn. izd-vo.

Galili, Z. , A. Nenarokov. 1996. *Mensheviki v 1917 godu tom 3: ot kornilovskogo miatezha do kontsa dekabria chast' pervaia*. Moscow: Rosspen.

Gatagova, L. C. , L. P. Kosheleva, L. A. Pogovaia. 2005. *TsK RKP(b)-VKP (b) i natsional'nyi vopros (1918–1933)*. Moscow: Rosspen.

Gellner, Ernest. 1983. *Nations and Nationalism*. Ithaca: Cornell University Press.

Granat. 1989. *Deiateli SSSR i revolyutsionnogo dvizheniia rossii: entsiklopedicheskii slovar*. Moscow.

Grenaderov-Tenishchev, Semchuk, Popov. 1930. *Istoriia 9-ogo krasno-putilovskogo xthvonnogo kazachestva kavaleriiskii polk*. Shepetovskaia gostipografiia.

Haithcox, John Patrick. 1971. *Communism and Nationalism in India: M. N. Roy and Comintern Policy 1920–1939*. Princeton: Princeton University Press.

Hroch, Miroslav. 1985. *Social Preconditions of National Revival in Europe: A Comparative Analysis of the Social Composition of Patriotic Groups among the*

Smaller European Nations. Cambridge: Cambridge University Press.

Huntington, Samuel P. 1968. *Political Order in Changing Societies*. New Haven: Yale University Press.

Jankowski, James P. 2001. *Nasser's Egypt, Arab Nationalism, and the United Arab Republic*. Boulder: Lynne Rienner Publishers.

Karpenko, Sergeĭ. 1992. *Beloe delo: izbrannye proizvedeniia v 16 knigakh*. Moscow: Golos.

Kollontai, Alexandra. 1926[2011]. *The Autobiography of a Sexually Emancipated Communist Woman*. NYC: Prism Key Press.

Krupskaya, Nadezhda. 1957. *Pedagogicheskie sochineniia v desiatki tomakh, 1918-1925*. Moscow: Izdatel'stvo akademii pedagogicheskikh nauk.

——. 2015 [1933]. *Reminiscences of Lenin*. Anarcho-Communist Institute.

Kumar, Krishan. 2015. "Nationalism and Revolution: Friends or Foes?" *Nations and Nationalism* 21: 589-608.

Lenin, Vladimir. 1956. *Lenin o literature i kul'ture*. Moscow: Iskusstvo.

Matonin, Evgenii. 2018. *Krasnye*. Moscow: Molodaia gvardiia.

McGuire, Elizabeth. 2018. *Red at Heart: How Chinese Communists Fell in Love with the Russian Revolution*. New York: Oxford University Press.

Mojab, Shabrzad, Amir Hassanpour. 1996. "The Politics of Nationality and Ethnic Diversity." in Saeed Rahnema, Sohrab Behdad (eds). *Iran after the Revolution: Crisis of an Islamic State*. London: I. B. Tauris.

Pavlov, D. I., V. V. Shelokhaev. 1996. *Rossiiskie liberaly: kadety i oktiabristy*. Moscow: Rosspen.

Pokrovskii, Mikhail. 1915. *Ocherk istorii russkoi kul'tury*. Moscow: Mir.

Rybak, K. E. . 2009. *Kul'tura v normativnykh aktakh sovetskoi vlasti 1917-1922*. Moscow: Ministerstvo kul'tury RF.

Sathyamurthy, T. V. 1997. "Indian Nationalism: State of the Debate."

Economic and Political Weekly 32: 715-721.

Sheĭnis, Z. 1989. *Maksim Maksimovich Litvinov: revoliutsioner, diplomat, chelovek*. Moskva: Izd-vo polit. lit-ry.

Skocpol, Theda. 1979. *States and Social Revolutions: A Comparative Analysis of France, Russia and China*. Cambridge: Cambridge University Press.

Smith, Anthony D. 1998. *Nationalism and Modernism: A Critical Survey of Recent Theories of Nations and Nationalism*. London: Routledge.

Sohrabi, Nader. 2018. "Reluctant Nationalists, Imperial Nation-State, and Neo-Ottomanism: Turks, Albanians, and the Antinomies of the End of Empire ."*Social Science History* 42: 835-870.

Sologubov. 1961. *Inostrannye kommunisty v Turkestane*. Frunze: Государственное издательство Узбекской.

Startsev, V. I. 1970. "Rabota V. I. Lenina nad istochnikami po russkoi istorii. " *Voprosy istorii* 4: 152-164.

Sypchenko, A. V. , K. N. Morozov. 2003. *Trudovaia narodno-sotsialisticheskaia partiia dokumenty i materialy*. Moscow: Rosspen.

Trotsky, Leo. 1909. "1905. " in *Marxist Archive*.

Ungurianu, Dan. 2007. *Plotting History: The Russian Historical Novel in the Imperial Age*. Madison: The University of Wisconsin Press.

Vatlin, Aleksandr. 2009. *Komintern idei resheniia sud'by*. Moscow: Rosspen.

Venkov, A. V. 2000. *Belye generaly*. Rostov-na-Dony: Feniks.

Wimmer, Andreas. 2018. *Nation Building: Why Some Countries Come Together while Others Fall apart*. Princeton: Princeton University Press.

Zhelitski, B. I. 1989. "Bela Kun. " *Voprosy istorii* 1: 58.

Zhou, Luyang. 2019. "Historical Origins of the Party-Army Relations in the Soviet Union and China. " *Communist and Post-Communist Studies* 52: 197-207.

马尔萨斯在东亚

——中日人口政策与发展型国家

周浥莽

（纽约州立大学奥本尼分校社会学系）

历史上，中国和日本的人口政策都曾鼓励生育，又都曾在短短十余年时间内从鼓励生育转向鼓励节育。日本在 20 世纪 60 年代初确立了"家庭计划"政策，中国在 70 年代初建立了"计划生育"政策。"家庭计划"政策的主要特征是以核心家庭为对象，自下而上地进行母婴保护、儿童福利、家庭理性化等社会工作，以提高劳动力素质为目标，强制性较弱；"计划生育"政策的总体特征是以人口总体为对象，自上而下地制定和执行分时段、分地区的人口规划，以协调人口与资源为最终目标，具有总体性、计划性、强制性的特征。事实上，不同的人口政策体现了国家看待人口的不同视角（Togman，2019）。

那么，国家的人口视角是如何形成的？本文引入了一对理想型概念来刻画两种不同的生育控制政策。中国强调人口与资源的对立关系，认为人口过快增长将过度消耗自然和社会资源，减缓经济的积累与发展。这一思想与（新）马尔萨斯主义的主旨相接近，本文将这一政策范式称为"马尔萨斯范式"。日本虽然也提倡节育，但主要理由是人口过快增长将扩大家庭规模，降低青年夫妇的工作效率和家庭消费水平，最终威胁经济发展。本文称之为"人力资源范式"。两种理想型概念也可以在其他国家找到证据,但本文暂以日本(1945—1962)和中国(1954—1973)为典型,讨论上述两种政策范式的形成条件。

本文将这一经验问题拆解成两个理论问题:(1)国家治理为什么需要人口政策?(2)特定人口观念为什么能够成为人口政策?对于第一个问题,既有文献存在两种主要路径:发展主义研究认为,人口论述是一种"去政治化的机器",如果发展困境可以通过节育技术解决,就无需诉诸社会改革,因此人口政策容易出现在淡化意识形态的政治环境中(Mitchel,2002);治理术脉络下的研究则认为,人口政策是国家介入个体日常生活的方式,国家通过人口政策实现了更广泛的治理需求,人口政策因而容易出现在国家建构阶段(福柯,2005,2010a)。在这里,"发展"和"治理"的意涵较为抽象,无法解释人口政策范式的内在差别。本文将"发展"拆解为"经济增长"和"经济自主"两种导向,而将"治理对象"拆解为"作为消费者的人口"和"作为生产力的人口"两个维度,由此在分析层面上将上述两条脉络联系起来,观察人口论述与发展-治理之间的关系。

然而,并非所有的人口论述都能自动成为政策。对于什么观念能够成为政策,既有研究多采取国家中心视角,将观念转变为政策过程,视之为国家在特定制度约束或利益博弈之下的权衡与选择过程(韦尔、斯考切波,2009;Blyth,2002)。本文认为,人口论述作为一种本质性叙事,能够为长期性和广泛性的发展策略提供合法性。在发展型国家中,侧重"经济增长"还是侧重"经济自主"是国家精英之间长期存在的争论。不同导向的国家精英通过对人口政策范式的竞争,为更为广泛的政治行动争取合法性。因而,人口政策的演变受制于国家精英的斗争。

本文的理论主张可以概括为三个论点:(1)不同的人口理论是对

不同的发展与治理关系的论述,其背后是产业政策主张;(2)"增长导向精英"和"自主导向精英"的竞争推动人口政策的演变;(3)特定类型的精英是否支持生育控制,取决于经济体的工业水平与贸易环境。日本的人口政策在20世纪50至60年代逐渐转向人力资源范式,是主张保护主义和发展重工业的"统制派"与发展出口经济的"贸易派"相竞争的结果。中国的人口政策在70年代初采纳马尔萨斯范式,则与自主导向的行政官僚和增长导向的技术官僚的竞争密不可分。同一理论也可以解释为什么马尔萨斯范式在40年代末的日本和50年代末的中国都失败了。综合来看,东亚发展型国家对人口问题的特别关注是后殖民主义政治与赶超型工业化相交织的结果。

一、 比较中日人口政策的形成过程

日本在"二战"期间禁止节育,在"二战"结束后,人口政策的形成过程经历了从"节制生育(产儿制限)"到"家庭计划(家族计画)"的转变(广嶋清志,2020)。在战后物资匮乏、人口激增的环境下,日本政府有意推动政府主导的生育控制运动,却迟迟没有成形的政策出台;五六十年代,在出生率下降的背景下,日本政府转而以"家庭计划"这一概念将生育控制与家庭福利政策和劳动政策结合起来,形成了新的人口政策范式。

奥克利(Oakley,1977)认为,日本人口政策的发展是演进性的学习过程。根据她的论述,在1949年以前,推动人口控制政策的主要力量是社会运动,尤其是家庭计划运动及其在国会中的活动;内阁与厚生省官僚对出台生育控制政策相对谨慎;而以麦克阿瑟为首的盟军司令部则持消极态度。美国社会科学家访问团在 1949 年论述了人口过剩问题对日本未来发展的威胁。这些研究改变了盟军司令部和日本政府的看法,日本政府从此将经济恢复视为"与人口作斗争",并扩大了对节育的财政补助,这也同时获得了盟军司令部的支持。后来的部分研究者也赞同这一立场,强调美国学者的统计学和公共卫生等专业知识对改变政策方向的作用(如 Homei, 2016)。

奥克利论述的缺陷在于日本政府初期的谨慎并非由于对人口问题缺乏认识。相反,有学者指出,日本政府对人口过剩的焦虑由来已久,自明治时代开始,并与日本的工业化相始终(郑亚楠, 2014; Lee, 2017)。战后,日本政府对人口过剩的焦虑更甚于前,因为日本对进口的依赖加剧了政府对国家安全的隐忧(Dinmore, 2006)。因此,日本政府对人口问题的态度逐渐变得积极并非"学习"的结果。另外,这种观点也忽视了日本政府的人口论述在战后与五六十年代这两个时期中的差异。有学者甚至认为这种差异反映了日本从民主化时期到福利国家时期的制度转型,体现了国家治理术的整体演变(Takeda, 2004)。

中国的人口政策则经历了从"节制生育"到"计划生育"的演变(孙沐寒, 1987)。"节制生育"体现了五六十年代人口政策的特征,即主要针对城市,以倡导性和辅助性政策为主,而且多次被政治运动打断。"计划生育"则形成于 70 年代初,特征是总体性(生育政策被推广到农村)、计划性(在五年计划中制定人口增长率目标)、强制性。

在中国人口政策的研究中,两个问题尤其重要。第一个问题是为什么人口控制在 50 年代中后期日益变得政治化。既有文献对此的解释截然相反。怀特(White, 2006)将计划生育视为"生产性的政治运动",认为 50 年代末毛泽东之所以批判人口过剩理论,是因为他相信在计划经济体制下,生育也是可计划的,因此排斥人口失控的悲观论调。

梁中堂(2014)的解释恰恰与之相反,强调毛泽东的人口观具有人本主义的特征,反对以计划的方式看待人口。前一种看法忽视了毛泽东的主张与苏联式计划经济之间的差异,而后一种看法又夸大了二者之间这种差异,以至于无法解释全国性的计划生育政策为什么开始于"文革"中期。

第二个问题是为什么中国在70年代开始实行严格的生育控制政策。对这一问题的解释以格林哈尔希(Greenhalgh,2008)的研究最为典型。她发现,在70年代末,三组具有政策影响力的研究者提出了竞争性的政策主张,即主张严格一孩政策的控制论学者、主张渐进一孩政策的马克思主义统计学者、主张间隔二孩政策的马克思主义人文学者。在改革开放初期特殊的政治和文化环境下,控制论凭借其科学修辞取得了更大的合法性,从而在高层赢得了更多的支持。不少中国学者采取了相似的方法,他们多从政治决策者角度入手,强调"文革"后政治高层中的危机意识对人口政策转变的影响(刘骥、德新健、熊彩,2014;孙超、涂鹏,2018)。虽然这一类研究有力地解释了一胎化政策的出台,但全国性的计划生育政策实际上在70年代初就已经成形。在格林哈尔希研究中,三组学者的差异是限制一孩与限制二孩之别,没有能够解释这一政策范式在70年代初的形成。

上述研究勾勒了两国人口政策的大致脉络。这些研究表明,特定类型的人口政策并非对人口动态变化的单纯反映,而是嵌入于具体的社会结构与历史情境。"马尔萨斯范式"和"人力资源范式"这对理想型概念,有助于我们理解两国人口政策形成过程的异同点。日本人口政策从"控制生育"到"家庭计划"的转变,反映了日本政府在尝试马尔萨斯范式没有成功之后,转向人力资源范式的人口政策。中国的人口政策从"节制生育"到"计划生育"的发展,则反映了从50年代开始,中国屡经挫折和争议之后逐步建立马尔萨斯范式的过程。分析不同人口范式在两国的成败经历,有助于我们理解为什么国家会形成不同的人口观。

最后,对本文的案例选择作简要说明。本文选取 1945—1962 年作为观察日本家庭计划形成的时期。日本自战败后开始转变鼓励生育的既有政策,初期以控制人口为目标,但只见于政府文件而缺乏具体政策;直到 60 年代初,以 1962 年厚生省人口问题审议会通过《关于提高人口素质的决议》为标志,建立了以劳动力素质为核心、政府与企业相配合的人口政策模式。将 1945—1962 年视为政策形成时期,与既有研究中对日本人口政策的分期是一致的(Takeda,2004;杉田菜穗,2015;广嶋清志,2020)。同时,本文选取 1954—1973 年作为中国计划生育政策的形成时期。中国在 1954 年正式取消了节育禁令,将生育纳入计划的政策则直至 70 年代初才确立。多数研究(孙沐寒,1987;Scharping,2013;White,2006)也以 70 年代初作为生育政策转型的节点。本文既关注中日两个个案内部(within-case)的时期变化,也将中日视为两个相对独立的个案进行案例间(inter-case)比较。由于本文将中日人口政策的形成视为长期连续的过程,因而认为两者基于相似的时代背景,可以忽略其相互之间的影响(Lange,2012):在中国人口政策开始酝酿时,日本人口政策尚未形成可供借鉴的成熟经验,并且两者都根植于"二战"结束、冷战开始时期东北亚特殊的政治格局。

二、 发展主义、治理术与人口论述

索林格(Solinger)和纳卡其(Nakachi)在 2016 年的一篇综述中,总结了为什么 20 世纪人口较多的国家都执行了人口政策。他们提出五点主要理由:(1)冷战。资本主义和共产主义两大阵营形成了截然不同的人口观念,使人口政策成为冷战的重要一环。(2)美国的全球影响。美国通过专家、组织、资本、意识形态向全球输出了家庭计划观念。(3)技术进步。技术的发展使生育政策成为可能。(4)女权主义兴起。20世纪60年代女权主义运动关注生育政策,将节育与女性解放联系起来。(5)国家形成。新兴国家将人口政策作为建立和展示国家权力的手段。这五个因素可以概括为两条脉络,即"发展主义"(冷战、美国影响)和"治理术"(技术进步、女权主义、国家形成)。发展主义将人口话语视为"去政治化的机器",认为人口话语提供了基于技术而非制度的发展路径;治理术则视人口话语为国家的治理手段。两类文献不约而同地指出,国家对人口话语的使用是策略性的,而非仅仅对"社会事实"的描述。

(一) 发展主义

发展研究的学者指出,"人口过剩"之所以在冷战时期成为普遍存在于第三世界的"发展问题",是因为人口问题是能够通过技术性手段得以解决的"去政治化的机器"(Ferguson, 1990; Mitchel, 2002)。如哈特曼(Hartmann)所说,人口控制是一次性解决"分配土地、创造就业、普及教育和医疗、解放妇女"等问题的政策方案(Hartmann, 1995: 37)。冷战背景下,西方国家和国际组织在援助中将发展困境归咎于人口问题,通过节育技术普及、生育制度改革、社会整体进步等方式控制人口、实现发展,而不必诉诸工人运动和社会革命(Bashford, 2014; Mitchel, 2002: Ch. 7; Hartmann, 1995: Ch. 8; Homei, 2016; Briggs, 2002: Ch. 4)。因此,这一脉络的经验研究往往强调西方国家与第三世界国家政府

"合谋"塑造人口问题的具体机制,如国际组织、专家网络、观念与知识等(Homei, 2016; Takeuchi-Demirci, 2018;郭文华, 2012;蔡宏政, 2007)。

许多日本研究强调美国学者访问日本并支持人口控制,对改变盟军司令部和日本政府的态度起到了重要作用;另外,在洛克菲勒基金会和福特基金会联络下形成的日美专家网络,也促使日本的家庭计划实践以特定方式被组织起来(Oakley, 1977; Norgren, 2001: 87–88; Homei, 2016)。在对中国的研究中,格林哈尔希虽然没有详细探讨西方国家对中国计划生育的影响,但她的论述也是发展主义的:控制论利用专业知识和计算机技术提供了一种去政治化的人口论述,这种论述与"文革"后淡化意识形态、突出现代化发展的政治氛围相契合,使之从不同的方案之中脱颖而出(Greenhalgh, 2008)。

这些解释虽然具有合理性,但无法回答本文所提出的问题。首先,日本的人口政策并不是美国推动的结果;相反,盟军司令部领导人麦克阿瑟对政府主导下的生育政策表达了顾虑。为什么美国对日本人口问题的态度与对其他国家不同?这是一个需要回答的问题。其次,中国的马尔萨斯范式并不形成于70年代末,而是确立于70年代初。这些解答缺陷也说明,发展主义与人口控制的关系并不是单维度的,发展主义未必主张控制人口,人口控制也未必服务于发展。格里菲和怀曼(Gereffi and Wyman, 1990)指出,发展具有多种模式和策略。查默斯·约翰逊(2010)指出,国家的发展策略是基于对民族利益的理解所做出的。在"发展主义"对人口政策的解释中,发展策略与人口政策之间的具体关系付之阙如。为了弥补这一缺陷,我们需要讨论在典型的发展型国家中,"发展"的不同面向如何使"人口"在不同时期具备不同的意涵。

（二）治理术

治理术文献描述了人口政治与国家形成的交缠关系。福柯（2005）将"人体的解剖政治"与"人口的生命政治"视为"管理生命"权力的两种基本形式，规训身体和调整人口构成生命权力的两极。"生命政治"是指"通过一连串的介入和'调整控制'干预人口规模，使之与资本积累和生产力发展相适应"。"解剖政治"是指对人体进行规训，使之被有效整合进经济控制系统之中。人口作为治理目标的兴起，与"国家"概念的形成是同步的，国家在形成过程中也形塑了自己的治理对象，并将统计学、公共卫生学、医学等知识作为干预和治理人口的工具（福柯，2010a，2010b；Murphy，2017）。在象征层面上，人口普查和人口政策是国家权力的象征，也标识了"想象的共同体"的边界（Cohen，1982；安德森，2016：第十章）。在制度实践上，人口话语的发展过程是国家治理劳动力、阶级、族群的制度发展史（Rodriguez-Muñiz，2021；Togman，2019；Anderson，2015；Curtis，2002；Anderson and Fienberg，1999）。

前文提及的武田宏子（Takeda，2004）的著作延续了这一脉络。她将生育政策在 20 世纪日本的演变视为"国家治理演进"。在这一过程中，生命权力逐步渗入政府实践，规训个体的日常生活。她区分了三种不同的再生产机制：生育（生物）、儿童教养（社会-政治）、劳动力的维持和更新（经济）。在军国主义时期、民主化时期、福利国家时期，日本政府对人口的基本态度在这三个机制之间依次转变，人口政策也因此由战时的鼓励生育转向战后的抑制生育，最后建立了劳动力再生产体制，使之成为福利国家的一部分。在这一过程中，国家的生命权力得以强化。需要指出的是,人口政策不会自动服务于国家的整体目标,而需要经历话语建构和权力竞争的过程。

这些研究的意义在于指出人口观念的演变与国家形成的过程是相互缠绕的。但经验研究往往是描述性的,甚至带有目的论的嫌疑。这些研究机械地将由控制人口到控制个体、由"生命政治"到"解剖政治"的转变视为线性过程。这种目的论的论述,使得人口政策的演变被理解为国家权力发展的直接后果:随着国家基础权力的发展,人口政策会天然地从"控制人口"转向"控制身体"。这种简化的论述,忽视了"马尔萨斯范式"和"人力资源范式"不仅在政策技术上存在差别,更在政策目标上存在差别。

(三)重新理解人口与发展

为填补上述文献中的缺陷,本文提出一个框架,将不同的人口范式对应到不同的发展策略。本文考虑了"发展目标"和"治理对象"两个维度。"发展目标"分为"增长导向"和"自主导向"(查默斯·约翰逊,2010;Gereffi and Wyman, 1990; Gereffi and Fonda, 1992; Chibber, 2011)。"增长导向"的首要目标是经济的高速积累,国家希望借助出口替代策略,高效地扩大经济规模并完成资本积累,因此"增长导向"往往偏好中小企业、金融行业、出口产业。而"自主导向"的首要目标是经济独立,国家往往主张进口替代型经济、适度的保护主义和限制竞争,在行业方面偏好垄断性企业、国防产业、重化工业。"治理对象"则体现国家看待人口的不同视角。"生命政治"的视角将人与生产割裂开,将人口视为资源的消费者;"解剖政治"的视角将人本身视为生产的一部分,强调人口的生产能力。不同的人口政策回应了不同的发展策略,也就是不同的"发展目标"与"资源观念"的组合。本文由此总结了"马尔萨斯范式""民族主义范式""重商主义范式""人力资源范式"四种国家看待人口的方式。表1展示了这一框架。

表1 人口论述、发展目标、治理对象的分析性关系

资源观念 ＼ 发展目标	经济增长	经济自主
人口作为资源消费者	马尔萨斯范式:主张本国资源的有限性,人口过多加速资源消费,为此主张控制人口总量。	民族主义范式:主张民族自立是有效利用本国资源的前提,因而不主张空制人口总量。
人口作为资源生产者	重商主义范式:主张本国市场过小,需要通过扩大出口以维持经济增长,继而主张维持廉价劳动力优势。	人力资源范式:主张减少出口依赖、淘汰落后产能、提高消费能力,继而主张提高劳动力素质。

上述框架表现了人口范式与国家治理需求之间的联系,但特定的治理需求并不天然地成为人口政策,政策的形成依赖于政治行动者的推动。本文还需要回答这一问题:在什么情况下,"人口过剩"的论述会被合理化为某种发展策略?

三、 人口政策与精英竞争

人口科学的发展与现代国家的形成密不可分:国家需要将人口的知识作为其基础权力的一部分,而人口学者也需要借助国家机器来收集人口的基本数据;在这一关系中,国家对知识的利用往往是工具性的

（Schweber, 2006; Greenhalgh, 2008）。这一点支持了观念对政策制定过程的广泛重要性（Hirshman and Berman, 2014; Campbell and Pedersen, 2011; Berman, 2013）。

近年来，观念—政治研究的侧重点，从"观念是否重要"转向探讨何种观念能够最终成为政策（Mehta, 2010）。制度主义者认为，成为政策的观念必须能够统合国家、利益集团与制度偏好（Blyth, 2002; Hall, 1993; 韦尔、斯考切波, 2009）。但如果特定观念之所以成为政策，是因为国家策略性地选择了最具可行性的观念，那么必须预设国家是在先验地理解观念可行性的情况下使之成为政策的。在分析层面上，这种推理有循环论证的嫌疑。因此我们仍需要回答的问题是：具备可行性的观念究竟是借助何种行动者和社会行动成为政策的？

本文引入"精英"的概念来刻画承载不同观念的行动者。精英能够集中经济、政治和意识形态权力，通过控制特定组织而成为行动者（Mills, 1956; 理查德·拉克曼, 2013）。本节延续前面对"发展目标"的理想型分析，将精英分为"增长导向精英"和"自主导向精英"。在不同的发展困境之下，增长导向精英和自主导向精英具有不同的人口主张（见表2）。当贸易受限、产能不足、经济发展面临原料短缺问题时，增长导向精英主张打破贸易限制，扩大进口；而自主导向精英认为，这种做法加大了对国际贸易的依赖性，因而主张充分开发本地资源，独立自主地推进工业化。在这种对立中，增长导向精英借助马尔萨斯范式，强调人口与资源的矛盾是内在的发展困境，论证扩大资源进口的必要性；而自主导向精英则否认这一论述。

相反，在贸易自由、市场不足、产能过剩的条件下，资源被视为贸易品。增长导向精英主张扩大出口，消化过剩产能；为了支持这种看法，他们不主张控制人口，而希望维持廉价劳动力优势。而自主导向精英认为,这种方式无益于产业结构升级,因而主张减少出口依赖,淘汰落后产能,开拓国内市场。他们支持人力资源范式的人口控制,目标是提高劳动力素质,提高家庭消费能力。

人口政策在自主导向精英和增长导向精英的竞争中出现,并随着国家工业化发展和精英关系的演变而变化。虽然不能说人口政策绝对是由精英力量对比决定的,但人口话语作为意识形态,往往在精英竞争时期得到强化,表现为不同精英借助人口话语支持其产业政策。

表 2　人口论述、发展困境、精英竞争的历史性关系

精英类型／发展困境	增长导向精英	自主导向精英
贸易受限,产能不足	马尔萨斯范式:主张打破贸易限制,扩大进口,缓解人口-资源矛盾。	民族主义范式:主张充分开发既有资源,甚至对外输出人口压力。
贸易自由,产能过剩	重商主义范式:主张维持劳动力价格优势,扩大工业制品出口,消化过剩产能。	人力资源范式:主张减少对出口的依赖,提高人口的劳动能力和消费水平。

四、 日本人口政策的形成（1945—1962）

本节围绕日本的人口政策解释两个经验问题。在朝鲜战争爆发之前的 1945—1950 年间,日本政府受到马尔萨斯范式的主导,但为什么没有最终将其转化为政策?为什么在 1951—1962 年,日本逐步建立了人力资源范式的人口政策?

（一）日本何以无法建立马尔萨斯范式（1945—1950）

日本在"二战"中无条件投降后，丧失了海外殖民地，物资出现严重短缺，生产陷于停滞（Dinmore，2006：Ch.2）。与此同时，政府支出过重、通货膨胀、黑市等现象严重（中村隆英，1992：第四章；约翰·W.道尔，2015：第三章；都留重人，2020：第一章）。此时，日本政府希望能尽快恢复经济增长，而盟军司令部则希望对日本实现"民主化和去军事化"，实现日本的经济自主性（都留重人，2020：第一章；约翰·W.道尔，2015）。

这一时期，由于战后婴儿潮、海外移民回流、退伍士兵回乡三重因素的共同作用，日本人口急剧增长，战后五年间（1946—1950），日本人口增长超过 1000 万，增长近 12%（Takeda，2004；Connelly，2009：135），粮食短缺一直持续到 1950 年（吉田茂，2019：第十五章）。而在侵华战争期间，日本实行《国民优生法》，以增加人口数量为目标，严格限制节育（广嶋清志，2020）。如何对这一政策做出修改，成为日本政府和盟军司令部需要解决的问题。

日本政府对生育控制的支持态度比较明确。1945 年 10 月，内阁成立新人口对策委员会，厚生省成立人口问题研究会（以下简称"研究会"）。1946 年 11 月，研究会提交了《关于新人口政策基本方针的建议》，建议围绕生育控制和优生学制定日本的人口政策。1948 年吉田茂上台后，对生育控制的态度更为积极。1949 年，吉田内阁关于"加速日本恢复的十点方针"之一，即"建立制度解决人口问题"（Oakley，1977），并成立人口问题审议会（人口问题审议会，1953；Connelly，2009：139）。同年 5 月，众议院通过《关于人口问题的决议》，称"当前我国人口显著过剩……希望对人口自然增长的速度加以抑制"。

日本政府对人口资源的焦虑,源于盟军司令部管制下的进口受限和产能不足。日本的工业原料供应既已短缺,而盟军司令部的经济制裁更使日本情况雪上加霜。1945—1946 年,盟军司令部计划极大地削弱工业产能,同时强令拆散掌握日本经济命脉的财阀(都留重人,2020:6—10;中村隆英,1992:133—141)。日本企业的进口必须通过通产省贸易厅向盟军司令部申请,受限严重。1947 年,日本进口额只有1930—1934 年的 28.4%,其中超过一半的进口额还是粮食(Dinmore,2006:119-120)。战后初期,日本煤炭月产量从 400 万吨下降到 55.4万吨(查默斯·约翰逊,2010)。1946 年底,稻叶秀三等经济官员提出"三月危机论",即三个月内由于原料短缺,日本将无法生产任何产品。

日本政府以恢复生产为优先,贸易和财政政策都较为激进。1948年,吉田内阁提出"倾斜生产方式"的经济政策。这一思想的核心是从美国进口战略物资(比如重油),以此为杠杆盘活经济(中村隆英,1992:154)。"倾斜生产方式"引起了日本经济的严重入超,而这一差额需由美国财政承担(查默斯·约翰逊,2010:205)。此外,日本政府采取了扩张的财政政策,以"充分就业"为目标,通过复兴金融银行的形式向企业注资(中村隆英,1990:77—78,1992:153—154;查默斯·约翰逊,2010)。

而盟军司令部则以经济稳定为圭臬,与日本政府的矛盾日益突出(高柏,2008:120—135)。1948 年 12 月,美国政府明确命令盟军司令部,将日本经济自立作为首要目标。盟军司令部随后发布九点稳定经济计划,要求平衡预算、限制贷款、加强外汇管制、利用本地原料等。1949 年初,美国银行家道奇(Joseph Dodge)作为大使与大藏省合作,在稳定经济的原则下制定了紧缩的财政预算方案,停发补贴和复兴债券

（中村隆英，1992：163—164）。

在这一背景下，日本经济官僚普遍将人口过剩视为经济恢复的障碍。长期担任政府经济顾问的中山伊知郎对人口与进出口的关系有明确的论述，认为生产力发展建立在原材料进口的基础上，而进口需要靠出口维持，因此出口增长必须跟上人口增长（Dinmore，2006：134，150-151）。经济安定本部的经济学家美浓口时次郎提出，日本人口已经不成比例地超过了资源与资本的数量（Dinmore，2006）。其他对经济政策较为重要的经济学家，如有泽广巳和东畑精一，也各自表述了人口过剩与经济发展的关系（Dinmore，2006）。之所以要在人口过剩与经济恢复（尤其是进出口贸易）之间建立关联，是为了给战后经济困难提供一个结构性解释：日本经济所面临的困难，不仅反映了战后局面所造成的暂时性困境，更暴露了地狭人稠这一本质性问题；因此，不通过贸易进口资源，很难实现日本的经济自立。

与之形成鲜明对比，盟军司令部则倾向于认为人口问题是战后的暂时性现象，其将随着日本经济的恢复而得到改善。最高司令麦克阿瑟提出，人口变化有其自然规律，不应人为加以干预（Norgren，2001：81）。公共卫生和社会保障部主任萨姆斯（Crawford Sams）将军虽然承认日本人口过剩问题严重，但也认为人口趋势无法由政府干预来调节，而是归根结底取决于城市化和工业化（Connelly，2009：135；Takeda，2004：84；Oakley，1977）。1949年，著名的美国节育运动领导者桑格（Margaret Sanger）就访日问题致函正在日本的学者麦考伊（Oliver McCoy），麦考伊回复她，盟军司令部中没有一位官员会批准其来访（Takeuchi-Demirci，2018：129）。在这种环境下，日本政府显然无法实施强有力的国家计划来控制人口。

两个个案可以佐证日本政府和盟军司令部不同的产业政策主张与

人口政策的关系。首先,1948 年吉田内阁拟定《经济复兴计划》草案,四个主要方面中包括"尽最大努力扩大出口"和"采取有力措施,限制人口增长"(都留重人,2020:114—115)。这一草案清晰地展现了生育控制与经济扩张之间的关系。由于道奇计划的压力和吉田内阁配合美方的态度,这项计划最终被抛弃。其次,1947 年提交议会的《优生保护法》,草案原本以自愿节育、控制人口为核心,但为了争取盟军司令部的配合,刻意淡化了行文的经济色彩,突出了生育权的重要性,删去了节育内容,以"没有节育权的堕胎权"的奇怪形式得以通过(Norgren,2001: Ch. 4)。

简言之,在战后产能不足的经济环境下,日本政府之所以持有马尔萨斯范式,是借人口过剩论述为争取扩张的财政政策和宽松的进口管制提供正当性;而盟军司令部之所以反对这种论点,则是为了支持其收缩财政政策和抑制通胀的目标,以尽快恢复日本经济自立,减少日本对美国援助的依赖。这一案例反映了在产能不足的背景下,增长导向精英和自主导向精英借助人口论述来进行产业政策竞争的情况。

(二)日本家庭计划政策的建立(1951—1962)

随着冷战格局逐渐明朗,盟军最高司令部的政策方向在 20 世纪 40 年代末期开始发生变化。自 1949 年起,美国对日本的经济制裁逐渐结束,日本的赔偿责任大为减轻,解散财阀的数量锐减(都留重人,2020:41—47)。朝鲜战争爆发之后,出口"特需物品"使日本产能得以恢复,进出口得以平衡(中村隆英,1990:95—106)。1952 年盟军占领时期结束后,日本相继加入国际货币基金组织、世界银行和关贸总协定,其国际贸易环境大为改善。

　　由于盟军司令部立场转变和经济好转,日本政府内部贸易派和统制派的矛盾逐渐凸显。贸易派以大藏省、外务省、公平贸易委员会等机构为核心,得到银行和中小企业的支持。他们认为应当充分发挥日元汇率偏低的优势,鼓励自由竞争,形成出口的成本优势,建立出口导向经济。日本"在狭长的国土上拥有罕见的稠密人口。为了养活这些人口,扩大海外贸易是必需的"(吉田茂,2019:第三章,125—126)。中山伊知郎是贸易派的经济学家代表,他认为由于日本产业极度依赖进口,而进口必须由出口来保障,因此日本市场必须向世界经济开放(高柏,2008:194)。

　　与之相对,以通商产业省和经济企划厅为核心的统制派主张在国家适度保护之下发展重工业和化学工业,他们主要得到财阀的支持。支持统制派的经济学家如有泽广巳和都留重人,都认为与国际市场过分密切的联系会对日本弱势产业的发展形成威胁。盟军占领结束后,统制派积极谋求修改反垄断法,促成了一系列大财阀的重组和合并。1954 年之后,反对吉田茂的鸠山一郎、曾任通产大臣的石桥湛山和岸信介相继担任首相,统制派逐渐主导了 50 年代后期的日本政坛。1955 年,鸠山内阁制定了《经济独立的五年计划》,提出了两个主要目标:第一,不再依赖美国实现国际收支平衡;第二,实现充分就业(高柏,2008:164)。

　　统制派所推行的"生产合理化运动"主张淘汰落后产业,实现产业升级,但这一运动将不可避免地造成低素质劳动力的大量失业。统制派必须在理论上回答,如果要淘汰落后产业,那么应如何解决可能的失业问题。但有泽广巳等统制派经济学家提出,在日本经济的"二元结构"下,大部分劳动力由产能落后的小企业吸收,其生产力无法得到充分释放,因此失业率貌似很低(20 世纪 50 年代,日本失业率长期维持

2%的低水平），实际上却处在不充分就业的状态（高柏，2008：168—169）。根据这一论述，"生产合理化运动"非但不是加剧失业的原因，反而是解决"不完全就业"的方法。如 1955 年经济企划厅发布的《人口白皮书》指出，就业是日本经济最薄弱的一环（O'Bryan，2009：152）。

1953 年成立的厚生省人口问题审议会（以下简称"审议会"）是人口问题的主要决策机构。审议会积极参与了统制派的"生产合理化运动"，以"人力资源"概念重新论述了人口问题。"人力资源"受到重视的原因在于：第一，审议会与产业界关系密切，审议会委员既包括银行和中小企业团体联盟等机构的代表，也包括经济团体联合会和各财阀的代表（人口问题审议会，1953；永井亨，1960）。第二，审议会实现了生育控制与优生学的合流。战前主张生育控制的多是左翼学者，优生学家多持反对态度；但战后由于堕胎率居高不下，许多优生学家转而支持以节育降低堕胎率（Takeuchi-Demirci，2018；Homei，2016；杉田菜穗，2015）。正是这一时期，"家庭计划"这一概念逐渐在正式文件中取代了早期的"限制生育"等概念。武田宏子（Takeda，2004：106）指出，"计划"这一概念本身就具有"合理化"的意味。

在"生产合理化"观念的影响下，厚生省从 50 年代初期开始将"人口问题"与"不完全就业"联系起来。如 1955 年人口问题审议会通过《关于人口收容力的决议》，指出："就业人数表面看增加了……［但］推算这种不完全就业者达到了七百万人，七十万人的完全失业者只是冰山一角。"（人口问题审议会，1955）50 年代初，厚生省在大企业中推行"新生活运动"，将节育工作与企业劳动政策、福利政策、家庭主妇培训等社会工作结合起来。1955 年之后，"新生活运动"成为旨在建设"民主的福利国家和文明国家"的全国性运动（Takeda，2004：Ch. 5；Gordon，1997）。

50 年代中后期,日本人口政策中人力资源的色彩更为明显。1959
年的《厚生白皮书》主张人口政策以"人口素质论"为中心。1962 年,审
议会通过《关于提高人口素质的决议》,以培养"体力、智力和精神力都
很优秀的人"为宗旨。60 年代后,防止婴幼儿遗传病成为厚生省的重
要工作(Takeda,2004:112)。1959 年审议会发布的《人口白书:转型
期日本的人口问题》很好地概括了这一时期日本政府所理解的人口问
题:"第一,劳动力快速增加导致的雇佣问题;第二,应对严格节育的正
确普及家庭计划的问题;第三,与贫困问题交织而日益严重的人口素质
问题。"(人口问题审议会,1959)

总之,在 50 年代日本经济恢复、市场竞争加剧甚至产能过剩的情
况下,贸易派主张充分利用廉价劳动力优势,发展出口替代型经济,因
而弱化了马尔萨斯范式的人口论述。而统制派则主张通过行政指导和
"生产合理化运动",发展薄弱的重化工业,尽快实现经济独立。统制
派将人口问题论述为产业升级所导致的不完全就业问题,因此将人口
政策引入重视劳动力再生产、重视家庭和儿童福利的优生学式道路。
这一案例反映了在产能过剩的背景下,自主导向精英与增长导向精英
借助人口论述来进行产业政策竞争的情况。

五、 中国的人口政策形成（1954—1973）

本节着重回答两个经验问题:中国在 20 世纪 50 年代为什么要否
定"人口控制论"思想? 60 年代平缓的"节制生育"政策为何在 70 年代
升级为"计划生育"政策?

（一）人口政策的早期探索（1954—1959）

在 1953 年实行"一五"计划后,中国持续面临物资短缺的情况(如中共中央,1954;李富春,1955;陈云,2005),对人口进行计划逐渐提上日程:"我国人口大概每年平均要增加一千万……这样一个增长率的供应问题,确实是我们的一个大负担。"(周恩来,1953)1954 年,邓小平批准医药公司提供避孕药品(孙沐寒,1987:92)。刘少奇(1954)表示,"不节育是无法解决困难的"。1955,中共中央发出了《关于节制人口问题的指示》。尤其到 1957 年上半年,陈云、李先念、刘少奇等领导人都表示支持"节制生育"(见《中国计划生育全书》第一部分)。这一时期,毛泽东也发表过不少支持节育的观点,比如"夫妇之间应该订出一个家庭计划,规定一辈子生多少孩子""要提倡节育,少生一点就好了"等。

但到了 1958 年,人口控制论却被看作马尔萨斯主义而受到政治批评。最突出的事件是对马寅初"新人口论"的批判(北京大学档案,1959;李建新,2019)。许多支持人口控制的社会科学家(如陈达、费孝通、吴景超、李景汉、陈长蘅、许仕廉)被划为"右派"。在"大跃进"之后十余年内,都没有人口学论文发表(国家人口和计划生育委员会,2007:43)。人口控制论问题被政治化了。

人口控制论主要是作为"综合平衡理论"的一部分而被政治化的。1955—1958 年,强调经济均衡的官员(简称"均衡派")和强调经济自主的官员(简称"自主派")围绕是否"反冒进"进行了理论争论。均衡派秉持综合平衡理论,认为国民经济各部分(如财政、信贷、贸易、农轻重)在一定时期内要维持固定比例,才能实现经济的稳定运转和资源的充分利用,主张提升工业原材料和机器设备进口,推进重工业的发展(参见国家计生委,1957;李先念,1957)。而控制人口规模是维持经济平衡的重要前提。马寅初(1957a)的《新人口论》清晰阐明了"人口控制"与"综合平衡"的关系。需要强调的是,马寅初本人和他的批判者都很重视这两者的关系。1958年,马寅初(1957b,1957c)还将《新人口论》与谈论综合平衡理论的文章共同结集出版。社会学家吴景超、孙本文等人也持类似立场(国家人口和计划生育委员会,2007:40—41)。

自主派则反对综合平衡理论。他们的批评可概括为三方面。首先,综合平衡理论过分强调机器设备对经济增长的作用,忽视生产关系:"先要改变生产关系,然后才有可能大大发展社会生产力,这是普遍规律。"其次,综合平衡理论仅仅着眼于物质生产条件,没有发挥工人的革命意志:"即使承认物质刺激是一个重要的原则,但总不是唯一的原则,总还要有另一个原则,在政治思想方面的革命精神鼓励的原则。"最后,综合平衡理论对平衡的认识太过静态:"平衡了又不平衡,按比例了又不按比例,这种矛盾是经常的、永远存在的。"总的来说,发展经济不能依赖大工业、洋技术、进口驱动,而应当坚持中小工业、土技术、自力更生:"问题并不在于技术落后,人口众多,增加就业。在大的主导下,大量的发展中小型,在洋的主导上普遍采用土法,主要是为了高速度。"(均引自毛泽东,1960)

自主派主张,人首先是生产者而不是消费者;在物质条件不变的情况下,生产率也可以通过变化生产关系、推广农业经验、昂扬革命精神来实现(Schmalzer,2016)。1958年《关于人民公社若干问题的决议》指出:"只要认真推广深耕细作、分层施肥、合理密植而获得极其大量的高额丰产的经验,耕地就不是少了,而是多了,人口就不是多了,而是感到劳动力不足了,这将是一个极大的变化。"在1958年之后的政治环境下,这种思想主导了人口政策。

简言之,人口控制论的政治化是综合平衡理论的政治化所造成的,均衡派与自主派的矛盾同样反映了自主导向与增长导向的矛盾。综合平衡论所主张的工业化道路高度依赖进出口,在当时的国际环境下尤其依赖苏联对中国的支持和援助。与战后日本的盟军司令部相似,自主派通过消解人口过剩论的话语来挑战综合平衡论。

(二)计划生育政策的建立(1960—1973)

"大跃进"结束后,国民经济进入调整巩固时期,1961—1963 年,劳动部门对城镇人口进行了有计划的控制,减少城镇人口约 3000 万人(劳动部,1963)。中共中央和国务院发布《关于认真提倡计划生育的指示》,提出在城市工作中重抓节育工作,国务院和大部分省份都建立了"计划生育委员会",避孕器材的生产和推广在 20 世纪 60 年代获得了较大发展(国家人口和计划生育委员会,2007:第三章)。

60 年代的节育工作虽然取得很大成绩,但其指导理念与 70 年代之后的计划生育政策有明显不同。正如孙沐寒(1987:131)所指出的,这一时期尽管存在两种提法,"但总的来说,还是节制生育,而不是计划生育"。两者的差别具体体现在三个方面。第一,"节制生育"主要面向城市人口,"计划生育"则面向包括城乡在内的全体人口,而 60 年代的城市人口比重从未超过总人口的 20%。第二,70 年代之后,"计划生育"的计划性才得以真正体现。"四五"计划(1971—1975)首次将人口自然增长率作为计划的一部分,要求在"四五"期间,城市人口自然增长率降到 10‰左右,农村降到 15‰左右。第三,"节制生育"是倡导性的政策,而"计划生育"则带有强制性。如福建省和山东省年要求每对夫妇生育两个孩子,生育间隔分别为3—5年和4—5年。从70年代初开始,"计划生育"政策所体现的总体性、计划性、强制性,更接近本文所定义的马尔萨斯范式。

马尔萨斯式范式在50年代末引起猛烈的政治批判,而在70年代初却没有发生类似情况。毛泽东在1965年和1970年两次会见美国记者斯诺时,都表达了自己对节育工作的重视(中央文献研究室,2013,5:465;6:359)。"文革"时期计划生育的典型——上海严桥公社,恰恰是在"造反派"领导下被树立起来的(国家人口和计划生育委员会,2007)。尽管对马尔萨斯主义的一般性批评依然存在(人民日报,1974),但可以说,人口控制论在70年代初已经去政治化了。

人口控制论之所以能够去政治化,是因为综合平衡理论在70年代去政治化了。到了60年代末,自主派所设想的通过变革生产关系、提高革命意志、动员群众运动的独立自主道路,反而加剧了生产中物资短缺的状况,客观上加深了经济对进口的依赖。这种变化使自主派不再将综合平衡理论视为一种对立观点。

首先,限制粮食进口的策略反而增加了农业生产的对外依赖程度。到了60年代,低成本的"自主"手段所带来的边际效用基本耗尽。1950—1958年,中国粮食总产量增长率为51.3%,人均产量增长率为26.8%。但在60年代的大部分时间中,粮食总产量都没有再达到1958年的水平,收成较好的1970年,粮食总产量相比1958年只增长了20.0%,人均粮食产量较1958年的水平还有所下降(国家统计局,2022)。在60年代,中国的粮食进口额虽然有所减少,从1961年的581万吨下降到1969年的378万吨,但化肥进口额从1961年的113万吨上升到1970年的641万吨(中国经济年鉴编辑委员会,1982)。从成本上看,粮食生产的对外依赖程度并没有下降。

　　其次,备战计划加剧了初级工业品的进口压力。1964 年,以国防建设为中心的"三线建设"开始,以准备与帝国主义国家进行大战为前提,计划在短时间内将"三线"建设为战略大后方。"三线建设"极大提高了国民经济的积累率,1966 年的积累率达到 30.6%,1969—1970 年的积累率进一步达到 32.9%(薄一波,1991:1218)。1964—1970 年,中国的进出口额变化不大,但进口钢材从 41 万吨增长到 267 万吨,有色金属从 3.3 万吨增长到 27.5 万吨(国家统计局,1982)。随着中美关系的改善,与超级大国发生战争的危险大为减小,"三线建设"的必要性也随之下降。

　　最后,中苏关系的恶化加深了中国与资本主义阵营的对外贸易关系。1960 年,中国对外贸易总额中有 62.7%的贸易是与社会主义阵营的国家进行的,而到了 1970 年,这一比例只有 14.1%(国家统计局,1982b)。相比于 50 年代的苏联援助,与资本主义国家的贸易无疑对外汇储备提出了更高的要求。

　　在这一背景下,加上 1971 年之后国内政治环境的变化,自主派与增长派在计划经济方面的矛盾有所缓和。1971 年以后,一批计划官员恢复工作,中央开始强调经济工作中的计划性。周恩来批评 1969 年"经济管理瞎指挥",又批评 1971 年盲目投资引起的"三突破""确实没有'王法'了"(孙沐寒,1987)。1973 年,国家计委发布《坚持统一计划,整顿财经纪律》,提出经济工作的十条"纪律",其中第一条就是"坚持统一计划,搞好综合平衡"。与此同时,进出口贸易的限制也得以放松。尤其是随着中美关系正常化,中华人民共和国恢复在联合国的席位,中国的外贸环境大为改善,借助进口发展工业的可行性大为提高。1972—1973 年间,国家计委提出了以化工业为核心的"四三计划"。1973 年以后,中国对外进出口总额有了质的提高(世界银行,2021)。

在综合平衡理论重新主导经济计划的背景下,马尔萨斯范式得以重新去政治化,"节制生育"也名正言顺地成为经济计划的一部分,发展为"计划生育"。1971 年,国务院转发《关于做好计划生育工作的报告》,提出"力争到一九七五年,一般城市降到千分之十左右,农村降到千分之十五以下",该报告成为第一个明确提出人口增长计划的文件。1973 年,国家计委在《关于国民经济计划问题的报告》中重申了这一目标。自此直至"十一五"计划(2006—2010),每个五年计划均有明确的人口控制目标。这一时期,毛泽东也放弃了从群众动员角度批评人口过剩的观点,而强化了从计划经济角度支持"计划生育"的看法。1972 年,他提出避孕药物和器械应当送货上门(国家人口和计划生育委员会,2007:598)。

简言之,中国的人口政策是与马尔萨斯范式的政治化和去政治化密切相关联的。50 年代末,在均衡派和自主派的争论中,马尔萨斯范式作为综合平衡理论的一部分被政治化。而 70 年代初,随着进口压力日益增大,自主派的自主导向减弱,综合平衡理论又被重新去政治化,马尔萨斯范式的人口政策才得以成立。

六、 结论

简言之,日本的人口政策产生于 20 世纪 40 年代末日本政府与盟军司令部在进口限制背景下的财政扩张主义争论,并延续到 50 年代日本政府内部统制派与贸易派的竞争,随着贸易恢复和统制派崛起而形成了人力资源范式的家庭计划政策。中国的人口政策产生于均衡派和自主派在 50 年代物资短缺背景下对于综合平衡理论的争论,70 年代初随着综合平衡理论的去政治化,马尔萨斯范式的计划生育政策也随之出台。这表明,人口政策的意识形态特征被发展型国家中不同导向的国家精英所利用,人口政策的发展过程也受制于国家精英的竞争关系。表3简要概括了本文的基本结论。

表 3　本文的基本结论

精英竞争格局 发展困境	增长导向精英主导	自主导向精英主导
贸易受限, 产能不足	马尔萨斯范式: 中国的计划生育政策,1973至今。	民族主义范式: 中国的节制生育政策,1953—1973; 日本生育政策的早期探索,1945—1950。
贸易自由, 产能过剩	重商主义范式	人力资源范式: 日本的家庭计划政策,1951—1963。

生育控制与发展型国家有着亲和性和共同根源。虽然近年来"发展型国家"这一概念的使用有泛化的趋势,但该概念的最初意涵包括了后殖民国家通过政策干预实现赶超型现代化的意味。这种发展具有"民族独立"和"经济现代化"的双重内涵,二者是相互交织的:民族独立以经济现代化为保障,但经济现代化必须在保证民族独立的前提下实现。在冷战时代的东亚,这一关系并非仅仅关乎民族主义的集体记忆,更是美苏对抗下的现实需求。人口问题的双重性在这里得以强化:人口众多是国家贫困落后的表现,也是民族繁荣强大的象征。"独立"和"增长"的双重需求往往通过精英竞争,形成与产业政策相适应的人口政策。

参考文献

安德森,2016,《想象的共同体:民族主义的起源与散布》,吴叡人译,上海:
　　上海人民出版社。

北京大学档案,1959,《于光远转康生给陆平的指示》,载《马寅初画传》,嵊
　　州市人民政府编,杭州:浙江人民出版社。

薄一波,1991,《若干重大决策与事件的回顾》,北京:中共中央党校出版社。

蔡宏政,2007,《台湾人口政策的历史形构》,《台湾社会学刊》第 39 期,第
　　65—106 页。

查默斯·约翰逊,2010,《通产省与日本奇迹:产业政策的成长(1925—
　　1975)》,金毅等译,长春:吉林出版集团有限责任公司。

陈云,2005,《陈云文集》第四卷,北京:中央文献出版社。

都留重人,2020,《日本经济奇迹的终结》,李雯雯译,成都:四川人民出
　　版社。

福柯,2005,《性经验史》,佘碧平译,上海:上海人民出版社。

——,2010a,《安全、领土与人口》,钱翰、陈晓径译,上海:上海人民出版社。

——,2010b,《生命政治的诞生》,莫伟民、赵伟译,上海:上海人民出版社。

高柏,2008,《经济意识形态与日本产业政策:1931—1965 年的发展主义》,
　　安佳译,上海:上海人民出版社。

馆稔,1946,《地域的に见たる我が国生产力の发展と人口の集积》,《人口
　　问题研究》第五卷第二号,第 15—45 页。

广嶋清志,2020,《战后日本人口政策史から考える》,《日本健康学会志》第
　　5 期,第 231—241 页。

郭文华,2012,《美援下的卫生政策——六十年代台湾家庭计划的探讨》,载《帝国与现代医学》,李尚仁编,北京:中华书局。

国家计生委,1957,《关于编制第二个五年计划的一些意见》,载《1958—1965年中华人民共和国经济档案资料选编(工业卷)》,中国社会科学院、中央档案馆编,北京:中国财政经济出版社。

国家人口和计划生育委员会,2007,《中国人口和计划生育史》,北京:中国人口出版社。

国家统计局,1982,《中国统计年鉴》,北京:中国统计出版社。

吉田茂,2019,《回想十年》,徐英东、田葳译,哈尔滨:北方文艺出版社。

劳动部,1963,《关于今后18年城镇人口和劳动力安排的初步估算》,载《1958—1965中华人民共和国经济档案资料选编(劳动就业和收入分配卷)》,中国社会科学院、中央档案馆编,北京:中国财政经济出版社。

理查德·拉克曼,2013,《国家与权力》,郦菁、张昕泽,上海:上海人民出版社。

李富春,1955,《关于发展国民经济的第一个五年计划的报告》,载《1953—1957年中华人民共和国经济档案资料选编(商业卷)》,中国社会科学院、中央档案馆编,北京:中国物价出版社。

李建新,2019,《毛泽东时代的人口政策与人口转变》,载《历史的经验:中国人口发展报告(1949—2018)》,任远编,北京:经济管理出版社。

李先念,1957,《关于一九五六年国家决算和一九五七年国家预算草案的报告》,载《1953—1957年中华人民共和国经济档案资料选编(财政卷)》,中国社会科学院、中央档案馆编,北京:中国物价出版社。

梁中堂,2014,《中国计划生育政策史论》,北京:中国发展出版社。

刘骥、德新健、熊彩,2014,《"一胎化"的政治学:理念、利益、制度》,《开放时代》第3期,第45—66页。

刘少奇,1954,《提倡节育》,载《刘少奇选集(下卷)》,北京:人民出版社。

马寅初,1957a,《新人口论》,载《马寅初全集》第十五卷,杭州:浙江人民出版社。

——,1957b,《联系中国实际来谈谈综合平衡理论和按比例发展规律》,载《马寅初全集》第十四卷,杭州:浙江人民出版社。

——,1957c,《联系中国实际再来谈谈综合平衡理论和按比例发展规律》,载《马寅初全集》第十四卷,杭州:浙江人民出版社。

毛泽东,1960,《读苏联〈政治经济学教科书〉下册谈话记录稿》,载《读社会主义政治经济学批注和谈话》,北京:中华人民共和国国史学会。

彭佩云,1997,《中国计划生育全书》,北京:中国人口出版社。

人口问题审议会,1948,《佐贺县千岁村の农家人口に关する若干の分析》,人口问题研究资料第三四号,日本国立社会保障・人口问题研究所档案。

——,1950a,《日本农业の最适人口试算に关する》,人口问题研究资料第四一号,日本国立社会保障・人口问题研究所档案。

——,1950b,《「农村人口收容力调查」结果の概要》,人口问题研究资料第五五号,日本国立社会保障・人口问题研究所档案。

——,1953,《第1回总会速记录》,日本国立社会保障・人口问题研究所档案。

——,1954a,《人口の量的调整に关する决议》,人口问题审议会决议,日本国立社会保障・人口问题研究所档案。

——,1954b,《一近郊农村における过剩劳动力の存在形态》,人口问题研究资料第九四号,日本国立社会保障・人口问题研究所档案。

——,1954c,《战后日本の人口问题》,人口问题研究资料第九九号,日本国立社会保障・人口问题研究所档案。

——,1955,《人口收容力に关する决议》,人口问题审议会决议,日本国立社会保障・人口问题研究所档案。

——,1959,《人口白书—转换期日本の人口问题》,人口问题审议会决议,日本国立社会保障·人口问题研究所档案。

——,1962,《人口资质向上对策に关する决议》,人口问题审议会决议,日本国立社会保障·人口问题研究所档案。

人民日报,1974,《我代表团团长黄树则在联合国世界人口会议全体会议上发言,阐明我国对世界人口方面主要问题的观点主张》,《人民日报》8月22日。

杉田菜穗,2015,《日本における社会开发论の形成と展开》,《人口问题研究》第3期,第241—259页。

世界银行,2021,"中国",https://data. worldbank. org. cn/country/china,获取日期:2022年10月15日。

孙超、涂鹏,2018,《合法性危机与人口政策转变——对1970年代末"严格计生"政策的再解释》,《文化纵横》第1期,第100—107页。

孙沐寒,1987,《中国计划生育史稿》,长春:北方妇女儿童出版社。

韦尔、斯考切波,2009,《国家结构与国家以凯恩斯主义应对大萧条的可能性》,载《找回国家》,埃文斯、鲁施迈耶、斯考切波编著,方力维等译,北京:生活·读书·新知三联书店。

永井亨,1960,《わが国における人口问题に关する调查研究机关の来历について》,人口问题研究所年报。

约翰·W.道尔,2015,《拥抱战败:第二次世界大战后的日本》,北京:生活·读书·新知三联书店。

郑亚楠,2014,《"近代日本人口政策的历史考察》,南开大学博士学位论文。

中村隆英,1990,《昭和财政史:昭和27—48年度》,东京:东洋经济新报社。

——,1992,《日本昭和经济史(1925—1989)》,石家庄:河北教育出版社。

中国经济年鉴编辑委员会,1982,《中国经济年鉴》,北京:经济管理出版社。

中共中央,1954,《中共中央批准"1953年工作的基本总结与1954年的任务"的报告给各级党委的指示》,载《1953—1957 年中华人民共和国经济档案资料选编(商业卷)》,中国社会科学院、中央档案馆编,北京:中国物价出版社。

中共中央文献研究室,2013,《毛泽东年谱》,北京:中央文献出版社。

周恩来,1953,《第一个五年建设计划的基本任务》,载《周恩来经济文选》,北京:中央文献出版社。

Anderson, M. J. , 2015. *The American Census: A Social History*. New Haven: Yale University Press.

Anderson, M. J. , Fienberg, S. E. 1999. *Who Counts? The Politics of Census-Taking in Contemporary America*. New York: Russell Sage Foundation.

Bashford, A. 2014. *Global Population*. New York: Columbia University Press.

Berman, Sheri. 2013. "Ideational Theorizing in the Social Sciences since 'Policy Paradigms, Social Learning, and the State'." *Governance* 26: 217-237.

Blyth, Mark. 2002. *Great Transformations: Economic Ideas and Institutional Change in the Twentieth Century*. Cambridge: Cambridge University Press.

Briggs, Laura. 2002. *Reproducing Empire: Race, Sex, Science, and US Imperialism in Puerto Rico* , Vol. 11. Berkeley: The University of California Press.

Campbell, John L. , Ove K. Pedersen. 2011. "Knowledge Regimes and Comparative Political Economy." *Ideas and Politics in Social Science Research* 167: 172-190.

Chibber, V. 2011. *Locked in Place*. Princeton: Princeton University Press.

Cohen, P. C. 1982. *A Calculating People: The Spread of Numeracy in Early America*. Chicago: The University of Chicago Press.

Connelly, Matthew. 2009. *Fatal Misconception: The Struggle to Control World*

Population. Cambridge: Harvard University Press.

——. 2010. "The Cold War in the Longue Durée: Global Migration, Public Health, and Population Control." in M. P. Leffler, O. A. Westad (eds.), *The Cambridge History of the Cold War*, Vol. 3. Cambridge: Cambridge University Press.

Curtis, Bruce. 2002. *The Politics of Population: State Formation, Statistics, and the Census of Canada, 1840–1875*. Toronto: The University of Toronto Press.

Dinmore, Eric Gordon. 2006. "A Small Island Nation Poor in Resources: Natural and Human Resource Anxieties in Trans-World War II Japan." PhD Thesis, Princeton University.

Evans, Peter B. 1995. *Embedded Autonomy*. Princeton: Princeton University Press.

Ferguson, James. 1990. *The Anti-Politics Machine: "Development", Depoliticization and Bureaucratic Power in Lesotho*. Minneapolis: The University of Minnesota Press.

Gereffi, G., Donald Wyman. 1990. "Paths of Industrialization: An Overview." in *Manufacturing Miracles: Paths of Industrialization in Latin America and East Asia*. Princeton: Princeton University Press.

Gereffi, G., Fonda, S. 1992. "Regional Paths of Development." *Annual Review of Sociology* 18: 419–448.

Gordon, Andrew. 1997. "Managing the Japanese Household: The New Life Movement in Postwar Japan." *Social Politics: International Studies in Gender, State & Society* 4: 245–283.

Greenhalgh, Susan. 2008. *Just One Child: Science and Policy in Deng's China*. Berkeley: The University of California Press.

Hall, Peter A. 1993. "Policy Paradigms, Social Learning and the State: The Case of Economic Policy Making in Britain." *Comparative Politics* 25: 275-296.

Hartmann, Betsy. 1995. *Reproductive Rights and Wrongs: The Global Politics of Population Control*. Cambridge: South End Press.

Hischman, Daniel, Elizabeth Popp Berman. 2014. "Do Economists Make Politics? On the Political Effects of Economics." *Socio-Economic Review* 12: 779-811.

Homei, Aya. 2016. "The Science of Population and Birth Control in Post-War Japan." in David G. Wittner, Phillip C. Brown (eds.), *Science, Technology, and Medicine in the Modern Japanese Empire*. New York: Routledge.

Lange, Matthew. 2012. *Comparative-Historical Methods*. London: Sage Publications Ltd.

Lee, Sujin. 2017. "Problematizing Population: Politics of Birth Control and Eugenics in Interwar Japan." PhD Thesis, Cornell University.

Mehta, Jal. 2011. "The Varied Roles of Ideas in Politics: From 'Whether' to 'How'." in Daniel Béland, Robert Henry Cox (eds.), *Ideas and Politics in Social Science Research*. Oxford: Oxford University Press.

Mills, Wright. 1956. *The Power Elite*. Oxford: Oxford University Press.

Mitchel, Timothy. 2002. *Rule of Experts: Egypt, Techno-Politics, Modernity*. Berkeley: The University of California Press.

Murphy, Michelle. 2017. *The Economization of Life*. Durham: Duke University Press.

Norgren, Christiana A. E. 2001. *Abortion before Birth Control: The Politics of Reproduction in Postwar Japan*. Princeton: Princeton University Press.

Oakley, Deborah. 1977. "The Development of Population Policy in Japan, 1945–1952, and American Participation." PhD Thesis, The University of Michigan.

O'Bryan, Scott. 2009. *The Growth Idea: Purpose and Prosperity in Postwar Japan.* Honolulu: The University of Hawaii Press.

Rodríguez-Muñiz, M. 2021. *Figures of the Future: Latino Civil Rights and the Politics of Demographic Change.* Princeton: Princeton University Press.

Scharping, Thomas. 2013. *Birth Control in China 1949–2000: Population Policy and Demographic Development.* New York: Routledge.

Schmalzer, Sigrid. 2016. *Red Revolution, Green Revolution.* Chicago: The University of Chicago Press.

Schweber, Libby. 2006. *Disciplining Statistics: Demography and Vital Statistics in France and England, 1830–1885.* Durham: Duke University Press.

Solinger, Rickie, Mie Nakachi. 2016. *Reproductive States: Global Perspectives on the Invention and Implementation of Population Policy.* Oxford: Oxford University Press.

Takeda, Hiroko. 2004. *The Political Economy of Reproduction in Japan.* New York: Routledge.

Takeuchi-Demirci, Aiko. 2018. *Contraceptive Diplomacy.* Stanford: Stanford University Press.

Togman, Richard. 2019. *Nationalizing Sex: Fertility, Fear, and Power.* Oxford: Oxford University Press.

White, Tyrene. 2006. *China's Longest Campaign: Birth Planning in the People's Republic, 1949–2005.* Ithaca: Cornell University Press.

血浓于水

——精英亲缘网络与古代中国的国家建设[*]

王裕华

（哈佛大学政府系）

自 20 世纪以降，社会科学研究者一致认为建立在亲缘基础上的制度会阻碍国家建设。比如，韦伯（Weber，1951[1915]：237）指出，国家需要"摆脱家族的束缚"。米格代尔（Migdal，1988：269）主张，只有当大规模的混乱严重削弱了以亲缘为基础的传统制度时，强国家才会形成。福山（Fukuyama，2011：51）同样认为，国家建设代表了"以亲缘为基础的组织形式向国家层级的组织转型"。阿西莫格鲁和罗宾逊（Acemoglu and Robinson，2019：18）认为，拥有强大亲缘制度的社会会被困在"潜规则的铁笼"（cage of norms）里，阻碍了强大利维坦的诞生。同样的是，亨里奇（Henrich，2020：159-161）指出，所谓教育良好、发达、工业化的西方富裕民主（western educated industrialized rich democratic，WEIRD）国家的兴起，可以追溯到天主教会阻碍大规模家族网络形成的中世纪。

* 本文原载于《美国政治学评论》（*American Political Science Review*）2022 年第 116 期（第 896—910 页），题目为"Blood Is Thicker Than Water: Elite Kinship Networks and State Building in Imperial China"。本文的中文译文经压缩后曾刊发在《经济社会体制比较》2022 年第 6 期，本书收录的是完整版译文。中文翻译已经获得《美国政治学评论》独家授权。文章由杨端程译，王裕华校。本文的致谢及附录部分请参见：https://scholar.harvard.edu/files/yuhuawang/files/wang_2021_apsr_supplementary_materials.pdf。

　　然而,在人类历史的长河中,以亲缘网络为基础的制度与中央集权国家是长期共存的。比如以家族纽带进行联系的诺曼贵族,统治了中世纪的英格兰(Bates,2017:26-27)。在前殖民时代撒哈拉以南非洲,在诸如祖鲁(Zulu)、恩瓦托(Ngwato)、本巴〔Bemba)、班扬科勒(Banyankole)与克德(Kede)等被佛特思(Fortes)和埃文斯·普瑞查德(Evans-Pritchard,1940:5-7)称为"中央集权化"的王国中,亲缘纽带十分常见。而作为世界上最早的官僚制国家(Stasavage,2020:138-149),古代中国同样拥有强大的血缘纽带(Perry,1980:60)。

　　本文分析了在什么样的条件下,以亲缘为基础的制度会与国家建设相契合。我指出,地理上遍布全国的(geographically dispersed)亲缘网络跨越了不同地区之间的差异,激励精英去共同追求国家的目标而非地方化的目标,因为国家可以在广阔的领土上提供保护和正义的规模经济。因此,遍布全国的亲缘网络就超越了狭隘利益,使得本身利己的精英们协调一致来支持国家建设。进一步来说,是以亲缘为基础的制度类型(type)而不是其本身存在(existence),对国家建设起到重要作用。

　　很难获得精英对国家建设中重大事件看法的个人层面的数据,而且大部分有关国家建设的经验证据也来自中世纪或前现代的欧洲;针对这一系列文献的不足,我通过搜集汇编古代中国的数据做出了相应的补充。中国在世界人口与经济体量中都占有重要比重,并且在一千年前就已经是国家建设的先行者(Hui,2005)。同时,中国还有保存完好的历史档案,这使得我们可以分析官员层面的行为。因此,中国的国家本身构成了一种有用但又未得到充分理解,并有别于欧洲中心文献的对象。

　　具体来说,我建立了一个原创数据库,纳入了可以被称作中国国家建设史上最重要的一次变法中所有主要官员在个人层面的信息。这就是北宋熙宁、元丰期间,由宋神宗和王安石发起的变法。当时的中原地区面临北方游牧民族的严重威胁,促使皇帝发起了旨在增强国家财政与军事能力的变法。然而,官员们对变法的态度却大相径庭:一些官员成为力主推动变法的国家建设者[1],而另一些官员则成了反对派[2]。对此,皇帝的策略是让两派同时存在且分而治之,让他们公开地表达对政策的偏好。我使用官员上呈给皇帝的关于辩论政策的奏折等档案数据,用以记录变法时代中央主要官员的政治态度。

构建一千年前精英的亲缘关系网是一项艰巨的挑战。对此,我使用了新的考古数据——墓志铭,进行检证。[3] 作为一种长篇悼词,墓志铭通常包含了死者几代亲属的信息。通过对官员家族每一个亲属成员进行编码,我构建了一个指数,用来测量每一位官员亲缘网络在地理分布上的集中程度。同时,我使用了不同的方法来解决历史研究中存在的数据缺失问题,它们包括多重插补(multiple imputation)和随机赋值。我的统计检验证明,官员对国家建设的支持与他们的亲缘网络在地理上的跨度呈现出正相关关系。换言之,官员家族的地理分布范围越广,他们就越有可能支持强国家。

这种关系是由赫希曼(Hirschman, 1958: 100)所说的"关联效应"(forward linkage)驱动的。当对某一种资产的投资促进了对关联资产的投资时,就产生了所谓的"关联效应"。举例来说,当精英构建亲缘网络时,他们投资了一种用来分享庇护与减小风险的社会资产,从而保持权力并降低不确定性。这些网络一旦建立,可以"锁定"官员对国家建设的偏好,即便在最初创建网络的动力消失后也是如此。在古代中

---

① 即支持变法的"新党"。——译者注
② 即反对变法的"旧党"。——译者注
③ 关于利用考古资源的最近一项研究,请参见 Boix and Rosenbluth(2014)。

国,官员的亲缘网络通常是从上一代传承下来的,并且影响了他们对于家族未来利益与国家利益的权衡。

帕吉特和安塞尔(Padgett and Ansell, 1993: 1310)指出,要理解国家建设,学者需要"深入到正式制度和明确目标的下面,进入到人们实际生活的关系层面"。长期以来,社会科学一直强调社会网络(如Putnam, 1993)和"社会嵌入"(social embeddedness)对精英行为(Granovetter, 1985)的影响。近来的研究证明了网络结构会形塑政治激励(Cruz, et al., 2020; Naidu, et al., 2021)。但据我所知,本文是第一篇在理论上将精英亲缘网络的地理(geography)因素与他们对国家建设的偏好联系起来,并给出量化证据支持的文章。

本文与贾(Jha, 2015)的研究贡献密切相关。贾的研究展示了在英格兰内战期间(1642—1648),在海外持有股份的不同精英能协调各自的激励机制,组成一个推动改革的联盟来支持议会至上的地位。但与之不同的是,我关注的是在前现代社会中很普遍且在当今许多发展中国家仍然重要的亲缘网络(Tsai, 2007; Xu and Yao, 2015; Mattingly, 2016; Cruz, et al., 2017)。我的研究路径是"将人带回国家"(brings people back into the state)(Levi, 2002: 37),并且引入了一个新的逻辑来解释为什么官员偏好不同程度的国家力量。

之前的许多研究假设,当精英们面临共同的威胁时,他们便会行动起来去增强国家能力(Tilly, 1992; Slater, 2010)。然而在我看来,即便官员们面临严峻的外部威胁,他们对国家建设的偏好也千差万别。因此,本文的研究进一步丰富了国家建设研究中以精英为中心的文献(Blaydes and Chaney, 2013; Soifer, 2015; Garfias, 2018; Beramendi, et al., 2019; Suryanarayan and White, 2021)。这些研究大都强调精英竞争,而我关注的却是精英的社会关系(social relations)。因此,我从国家-

社会关系视角提出了一个与前人不同的观点:传统的国家-社会关系视角将国家与社会视作相互分开、相互竞争的两个实体(Migdal, 1988; Shue, 1988; Acemoglu and Robinson, 2019),我指出,社会制度能否增强国家能力,取决于国家-社会的联结(linkages)。[①]

一、 论点

以亲缘为基础的制度在国家产生之前就已存在,并且在人类的历史长河中一直保持韧性。拥有共同祖先的个体会结合在一起,避免单独行动带来的成本(Greif, 2006: 308)。持以国家-社会关系视角的学者认为,以亲缘为基础的制度与现代国家在创造"游戏规则"上存在竞争关系(Migdal, 1988: 14)。举例来说,强大的家族运用不同类型的制裁与奖励手段,引导人们服从于福山所说的"表兄的专制"(the tyranny of cousins)(Fukuyama, 2011: 49),而不是按国家规则行事。

我指出,在特定的条件下(under certain conditions),亲缘制度激励了精英们去强化国家能力。其中重要的区别在于,家族成员在地理上的分布是分散的还是集中的。

我对两种亲缘网络进行比较,它们取自我接下来将给出详细描述的真实案例。其中,第一种是分散化的网络,在这一网络中,官员个人具有遍布全国的亲属;第二种是一个相对集中化的网络,在这一网络中,官员的大部分亲属都分布在邻近州府。

[①] 有关国家-社会联结的既有研究,请参见 Evans(1995), Grzymala-Busse and Luong (2002),以及 Levitsky and Way(2010)。

　　精英们形成这些亲缘网络来降低成本与分摊风险。[①] 这些网络又反过来产生了"关联效应",促使精英在其他方面进行投资(比如国家能力),从而保护这些网络。我指出,精英创造的网络类型(如分散化的 vs. 集中化的)影响了精英对于国家力量的偏好情况,因为国家建设对一些亲缘网络有利而对其他亲缘网络不利。在这层意义上,即便创建网络的最初动力已经过去很久,网络仍然可以影响精英对诸如国家建设这样新议题的偏好情况。

　　我的论点立基于以下假设:精英是其亲缘组织的代理人;精英的目标是通过影响政府政策,以最低的成本获得政府向其家族提供的最佳服务。这些服务包括抵御外敌和防止内乱、对不确定性的保险以及对争端的公正解决(North, 1981: 23)。而公权(如国家)和私权(如家族)两种治理结构则是提供这些服务的两种选择。[②]

　　如果官员的亲缘网络遍布全国,那么官员就有强烈的动机通过国家机构(而非家族组织)保护家族利益。官员这样做有两个方面的考虑。第一个方面是经济因素:依靠中央集权国家提供服务会更有效率,因为国家享有规模经济和范围经济(Alesina and Wacziarg, 1998; Ferejohn and Rosenbluth, 2010)。[③] 一个强大的中央政府在保护一块狭

---

① 类似的考虑促使汉萨商人的亲缘关系网络(Ewert and Selzer, 2015: 167-170)以及中世纪晚期英国和荷兰商人跨大西洋亲缘关系网络的建立(Hatfield, 2004: Ch. 4)。

② 有关私权的讨论,请参见 Greif(2006)。在霍布斯鲍姆(Hobsbawm, 2016: 235-236)对拉丁美洲的研究中,来自地方大族的精英不需要依靠政府权力或政党力量,因为他们可以从自己的家族成员中获得"军事支持"。

③ 国家享有规模经济和范围经济出于以下两点理由。首先,它们建立仓库、军火库、道路与通信设备等一系列设施需要固定资本投资。即便覆盖规模随着地理范围的扩大而扩大,但是增加的成本很少。同时,由于公共服务是非竞争性且非排他性的,边际成本不断降低就能实现规模经济。其次,建立中央制度有利于促进劳动和资本的专业化,这样就会提高效率。

小地域上所用的边际成本,远远低于一个当地的家族建立自保组织所用的成本。

促使官员做出决定的第二个方面是社会因素。如果官员们的亲缘网络集中在某一地域,那么他们通常关心的是自己家族在地方的利益而非全国性的利益。他们反对向中央政府缴税,因为国家可能会把税收用于补助其他地方。这些地方化的社会网络就把全国分成了一块块"独立王国",强化了既有的地域隔阂,造成了权益分配的冲突。然而,如果官员们能将数个在地理分布上分散的亲缘网络联结起来,那么社会网络就能跨越(cross-cut)地区之间的隔阂。① 这种跨越地域隔阂的网络使官员能将多个地方的利益团结起来并且汇聚到中央。因此,遍布全国的家族网络就超越了原来各自狭隘的地方利益,形成了一个推动国家建设的广泛联盟。

相反,亲缘组织如果集中在某一地域,这样的网络就会加剧(reinforce)地区之间的隔阂。在这一情况中,依赖家族组织提供保护与主持正义会更有效率,因为这比向中央政府交税以换取公共服务的边际成本更低。因此,如果亲缘网络地方化,官员就会反对增强中央政府能力,因为这些政策会把原属于地方的资源转向国家,进而削弱了这些家族在当地的权力基础。

遍布全国的社会网络和地方化的社会网络分别遵循奥尔森(Olson, 1982: 48)所描述的共容性利益集团(encompassing interest groups)和狭隘性利益集团(narrow interest groups)的运作逻辑。处在全国化网络中的官员代表了跨地区的利益。相反,身处地方化网络中的官员只代表了一个小范围的利益。

---

① 有关对跨越与固化社会隔阂的讨论,请参见 Lipset and Rokkan(1967)。

如果官员的亲属遍布全国的话,那么这些跨地区的网络就会激励官员形成一个推动"国家建设"的联盟,追求国家层面的利益,而不是各自地方的利益。这样,官员就不会把注意力放在私权上,因为遍布全国的亲属如果在每个地方都建立起私人性质的保护,这样就不能整合资源,在成本计算上是没有效率的。因此,这些家族利益遍布全国的官员就会采取"霍布斯式的交易"(Hobbesian deal):通过向统治者缴税来换取中央政府的保护。

这一交易提供了双重的可信承诺,它们分别是:(1)统治者与官员之间的可信承诺;(2)官员与其亲属之间的可信承诺。首先,全国化的网络强化了官员在统治者面前的议价能力:他们可以调动全国的资源来和统治者讨价还价。统治者在面对拥有全国网络的官员时,则必须承诺通过国家机器向社会成员提供公共物品而不是对他们进行掠夺。① 相反,那些身处地方化网络中的官员只拥有区域性的权力基础,他们只能动员部分地域来争取某些地方的自治或者以独立来威胁统治者。但是对于统治者来说,平息地方性的叛乱比较容易。其次,类似中央集权国家这样的公共机构可以帮助官员向其各自的亲属做出制度化的承诺,因为国家不能像家族组织那样轻易地将某一个家族成员排除在受益群体之外。

因此,在某种条件下,亲缘网络与国家建设是相辅相成的。官员,也就是精英,代表了他们家族的利益,致力于建设强国并以此向他们的家族网络提供保护与维持正义。本文的核心观点是,在地理上遍布全国的亲缘网络能推动精英去追求强大的中央政府。这就产生了如下

① 正如斯科特(Scott, 2017: 153)所指出的那样,国家本质上就是掠夺性的:为了汲取资源,国家可以拿走居民的自由并通过创造"奴役的制度"(institutions of bondage)来控制生产方式。

需要检验的假设：①

假设 1：官员对于增强国家能力的支持随着他的亲缘网络在地理上规模的扩大而增加。

二、　历史背景

北宋立国后，面临着契丹和党项等北方游牧民族的威胁，战争迫在眉睫。1065 年，北宋有 80% 的财政收入花在了防务上，这导致宋代政府财政出现了立国以来的第一个赤字（Smith，2009：349）。由于适龄士兵的短缺，军队甚至从社会闲散人员中招募老龄与缺乏经验者，从而难以提升士兵的战斗力。

为了应对外部威胁以及解决财政赤字问题，宋神宗在 1069 年宣布推行一系列新政策，这便是闻名后世的"熙丰变法"。这场变法由当时的宰执②王安石领导，旨在实现"富国强兵"（梁启超，2009［1908］：165）。新政试图强化国家对市场经济活动的介入力量，从而满足财政与军事之需，其主要改革措施包括：③

方田均税法。这一措施通过在全国推行土地丈量来分配地方与地主豪强的税负。为了逃避缴税，许多地方与地主豪强瞒报了他们的土地

---

① 出于行文简洁的考虑，同时也受制于数据本身的局限，我只关注了一个能用可获得数据进行系统检验的假设。

② 原文用的是 cabinet member 一词，直译是："内阁成员"。根据王安石的职业生涯来看，当将该词译为"宰执"。宋元时期，宰相与执政合称"宰执"。熙宁二年（1069），王安石官拜参知政事（副相），跻身执政，始提变法，次年（1070）正式拜相（同中书门下平章事），开始在全国范围内推行新法。——译者注

③ 新政也包括了市易法与农田水利法（邓广铭，1997：88）。

数目(Liu, 1959: 39)。各级官府在对全国土地的清丈中,一共多清丈出3470万公顷的土地——这占到了当时全国耕地面积的54%(Smith, 2009: 393)。对这些之前从未被征过税的土地进行清丈,从而得以将一部分税收负担从无权无势的地主转向了掌握大量土地的官员及其家族身上。

保甲法。在变法之前,北宋依靠的是一支作战效率低下的雇佣军。在地方,村庄结成了大量的志愿性防御组织来维持安全。一时间,这类私人防御组织成为由地方精英控制的私军。变法创造了正规化的基层军事组织(保甲),要求所有家庭都要参与其中。皇帝试图最终将保甲军队收编为国家军队(Williamson, 1935: 181)。1075年,中央政府开始对保甲实施控制。到了1076年,保甲名册上有690万人;全国每两个家庭中就有一个贡献出男性成员去参与保甲(Smith, 2009: 414)

青苗法。这一政策旨在由国家创立信贷体系,打破私人对信贷的垄断。在此之前,农村地主垄断了农业贷款并且索取高额利率(邓广铭,1997:88)。在谷物价格低贱时,变法的推动者通过国家运营的粮仓购入谷物,当谷物价格上升时再重新卖出,或者通过国家收购与发放谷物的方式应对自然灾害造成的冲击。他们还将储备金转化为流动贷款基金,在春季贷给需要的人们,要求他们在夏季和秋季偿还。同时,官府也建立了一套规则来保护借贷者免于官方不公正的操作。通过取代地主和私人放贷人,国家成了农村信贷的主要来源,汲取了以前让地方精英致富的利息,并让农民有机会获得低息贷款(Williamson, 1935: 142-143)。

募役法。针对不愿在政府服役的富裕家庭,这一政策引入了一项税收——"免役钱"(service assistance fee)(邓广铭,1997:88)。在实施该政策之前,每户家庭都要承担在官府中服役的义务,比如担任承符、孔目、库子或者快手。根据法律，诸如官员与豪绅之家获得了豁免；在实践中，地方豪强因其对官府的控制也使得他们在事实上（de facto）取得了豁免权（Smith，2009：400）。募役法要求，所有的家庭都需要支付与收入成比例的税收来免于服役。

这一系列变法措施在实施后极大地提高了宋朝政府的收入（Smith，2009：434）。在 11 世纪晚期，政府的税收占到了经济总量的17.5%，遥遥领先于同时期的世界其他国家（Guo，2019；Stasavage，2020：160）。此外，全国人口都按照保甲的方式被组织了起来，这样就为国家创造了一个相对廉价的征兵制度，从而扭转了将维护村庄安全的工作委托给地方精英的趋势。

主张变法的官员之所以支持这类政策，是因为强化国家能力与增进他们的家族利益相一致。比如王安石在写给马运判的信中就提到"富其家者资之国，富其国者资之天下，欲富天下，则资之天地"（王安石，1959［1086］，75：22）。

然而，很多官员却反对变法。司马光、苏洵、苏辙、郑侠坚持认为，富人是地方社会的支柱，是资本（土地与信用）与百姓安全的提供者（漆侠，1987：1163—1168）。对于应该由谁来提供安全保障，监察御史王岩叟说道："昔者差法行时，乡民之被差为役者皆自役，曰应当门户。人人保家处身，有重惜意，莫不择子弟之良者以佐公……雇法一行，其名既贱，其人遂轻，弃身应募，例多市井浇浮之群小，罕复乡间笃实之编民。"（李焘，1979［1177］，364：8703—8706）。无论是对王岩叟而言，还是对司马光、张方平、刘挚、杨绘等人来说，地方的富人才是值得信任的（司马光，1937［1086］，49：626—628；李焘，1979［1177］，224：5444—5446，6787—6791）。同样，御史中丞邓润甫认为，以保甲取代私人武装，破坏了建立在个人关系上的天然防御和监视网络，使地方面对盗贼民变时无能为力（李焘,1979[1177],279:6834—6835）。① 同时,他们也争论道,强大的国家会威胁到他们的家族利益,这是因为与国家相关的税收会提高他们的家庭开支。在宋神宗面前,司马光在与王安石展开的激烈辩论中颇为有力地指出了这一点:"天地所生财货百物,不在民则在官,彼设法夺民,其害乃甚于加赋。"（司马光,1937[1086],42:543—545）。而知谏院范镇在呈给皇帝的奏折中也有类似的表述:"今田甚旷,民甚稀,赋敛甚重,国用甚不足者,正由兵多故也……夫取兵于民则民稀,民稀则田旷,田旷则赋役重,赋役重则民心离。寓兵于民则民稠,民稠则田辟,田辟则赋役轻,赋役轻则民心固。"（李焘,1979[1177],179:4335—4337）

为了维持朝中变法的支持者与反对派之间的平衡,宋神宗有意让新旧两党互相牵制（Liu,1959:60）,正如时任吏部尚书的曾公亮曾引宋真宗之言说道:"且要异论相扰,即各不敢为非。"（李焘,1979[1177],213:5169）从另一方面来看,这样做虽然增强了君主的权力,但是对变法的命运造成了威胁。在王安石被罢相以及神宗于1085年驾崩后,反对新法的宣仁太后高氏垂帘亲政。在高太后的支持下,以司马光为代表的元祐党人逐渐将新法废除殆尽（邓广铭,1997:254）。

---

① 作者此处做了转引,原文是:"臣伏见旧制,弓手大县百四十人,其次百人,少者不减七八十人,名为一人充役,然遇捕督强寇,则余夫尽起。乡党亲戚既为之耳目伺察,而人徒之众,气势之倍,又足以制胜。荷戈转斗,奋不顾难,何也？以门户徭役所在故也。如此,故郡县之间盗发辄得,国家所以太平,百年内外无患。人安故乡而不敢轻去者,以制盗有此也。今自河北等五路诸县弓手,多者三十人,其次二十人,又其次十五人,则气势之衰弱不振已可知矣。其余上番保甲、义勇,又半月一易,彼怀区区苟且之心,徼幸旬日罢去,而欲使之与狂寇争一旦之命,其理固已难矣。若其他路分,裁减弓手亦有过多处,臣恐盗贼滋长,未能扑灭。"——译者注

三、 网络遍布全国的官员与网络地方化的官员

与先前的历史研究(Ebrey, 1993; Bossler, 1998)一致,在这一部分,我将展示官员家族的迁徙历史对他们的亲缘网络在地理空间中分布的显著影响。

(一) 官员样本

我按照两个标准收集官员的样本。[①] 首先,我选取了从三品及以上的中央政府官员,因为从三品及以上的官员可以参加朝会,从而对政府政策产生直接影响。[②] 其次,我将样本限制在神宗一朝(1067—1085)——这也是王安石推进、实施新法并就变法展开辩论的时期,使我能够对可比较的同时代人的样本进行研究。

在此基础上,我根据李之亮(2003)所列神宗一朝的官员名录收集了 137 位主要官员的数据,他们的职务包括宰执、中书侍郎、各部尚书以及皇帝的主要顾问等,平均位阶为三品(部级)。[③] 这些官员都是汉族男性,1067 年时平均年龄为 51 岁。[④] 他们平均在 1047 年的时候步入官场,这时距神宗上位还有 20 年。

[①] 相关的数据及复验代码参见 Wang(2021)。

[②] 宋代皇帝指定这些官员为主要的顾问,他们可以身着紫袍、佩戴金鱼袋(一种身份的象征)进入朝堂参加皇帝组织的朝议(龚延明,1990:20)。

[③] 李之亮(2003:16—7,47—8,62—70)提供了这些职位的全部名单。

[④] 我从 CBDB(2018)中获得了他们的生平信息。

（二）构建亲缘网络

接下来,我构建了一个指标——亲缘网络的地方化程度(local concentration of kin_i),用来衡量官员的亲缘网络在地域上集中的程度。亲缘网络由两方面组成:官员自己的核心家庭以及与其子女联姻的家族。图1展示了一个亲缘网络的例子。在我看来,亲缘网络包括血缘纽带与姻亲关系是合理的。在古代中国,婚姻,特别是精英之间的联姻,是最大化权力与降低风险的交易。这些婚姻纽带需要精英投入关注以赢得好感、培养信任,并在特定的政治议程上互惠互利。长远来看,这可能会扩大精英的家庭财富。在此,联姻关系就非常重要了,即便它不比血缘关系更重要,它至少也和血缘关系一样重要。

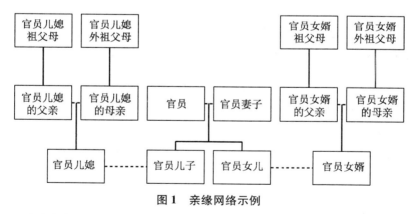

图1　亲缘网络示例

注:实线代表的是血缘关系,虚线表示的是姻亲关系。

具体来说,我关注通过子女建立的联姻关系,因为这一关系是对官员"关联效应"的最佳反映。宋代的官员通过联姻结成政治联盟。根据柏文莉(Bossler，1998：78)的说法，高级官员之间的"主要关系"包括了"他们的后代特别是他们的子女之间的婚姻"。鉴于宋代男性通常在十几岁时就娶妻生子了(Ebrey，1993：75)，等到推行变法时，样本中大部分官员的子女也都结婚了。当然，精英之间的联姻可能发生得更早，如当官员的子女还在襁褓之中或者还没出生时，他们之间可能就结亲了(Ebrey，1993：63)。姻亲关系形成于变法之前，在变法开始后，官员们就会计算什么样的国家建设结果会最有利于他们自己的亲缘网络。因此政策实施与其产生效应之间普遍存在滞后效应，t 时刻的官员会计算他们的亲属能从 t+1 时刻的政策效应中获益多少，而这时候恰好对应的是他们的子女一代。①

　　我根据墓志铭上记载的详细信息来构建官员的亲缘网络。宋代的墓志一般都是一块正方形的石灰石板，上面用文字镌刻着逝者的生平事迹。由于墓志铭本身被视为一种文学体裁，因此它们被保存在宋代作家的文集当中，并为曾枣庄和刘琳主编的《全宋文》(2006)所收录。墓志铭中蕴含了大量历史学家感兴趣的信息(Tackett，2014：13)。它们一般包括了对逝者歌功颂德的长篇文字，此外还包括逝者妻子的姓氏，通常还包括逝者的儿子和女婿的名字以及官位(如果有的话)。这些传统，特别是在家族网络中不止一个成员的情况下，使研究人员能够重建官员几代人的血统和亲缘关系。图 2 展示了神宗时期一位宰相——富弼的墓志。

---

① 我也根据官员自己的婚姻构建了他们个人的亲缘网络(使用同样的数据，并遵照同样的操作过程)。我能从全部样本中获得 59 位官员的数据(或者是主分析中 40 位官员中 30 位的数据)。作为稳健性检验，我使用这些替代性测量获得了相似的结果：(1)因变量，或者(2)通过子女联姻建立亲缘网络这一工具变量。

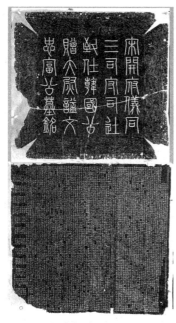

全宋文卷一〇七〇　韩维　一五

夫，尽诚以有礼，虽布衣必与之亢。问当世人物，以知其贤不肖，尤慎许与，未尝轻以加人。玩，虽高年，未尝一日废书不观。老庄方外之说，莫不究极精致。有文集八十卷，藏之于家。公尝语人曰：「吾才学非能过人，但有不欺耳。」盖公之所以自养者如此，故其己也，必候公出处，问其安否，终如其初，久而益见信于天下，虽杆奸强御，则亦折强疑。苟可以益君上，厚民人者，盖亦不乏矣。至其将没，犹以遗疏通付其子上之。然其许莫得而知也，推公之意，公虽退居，明韶之所咨访，密章之所告，莫不知公之姓与官号。北虏使每至，必也。呜呼，可谓忠已！初，公之将生，秦国太夫人梦幡旗鹤鹜甚众，降集其家，秦国之觉，其将薨，有大星陨于所居政堂之後。噫，天之生大贤为不数，生则必福其国，泽其民。如公之为相，缵将烱之休，其奉使也，则其兆神灵之应，锡寿宠之享，既好。其挺东夏，缵将烱之休，其奉使也，则其兆神灵之应，锡寿宠之享，如公之大珆。

则首定储位，贤静有法度，公以为「真吾匹」。男子三人：曰绍庭，朝奉郎，光禄寺丞，早卒。女子四人：长适观文殿学士冯京，卒。次适宣德郎范大宗，次适宣德郎范邱县令范大珆。孙男女各三人。周国夫人与其孤逮以公薨之年冬十一月庚申，奉公之柩葬于河南府河南县之谷乡南张里（一六），从秦国公之兆也。谓某辱公之知实厚且久，以铭见属，义不得辞。铭曰：

二三七

（1）宰相富弼墓志盖　　（2）富弼墓志铭

图 2　墓志铭示例

　　我的研究团队首先根据《全宋文》找到了主要官员的墓志铭，然后根据墓志铭中的记载手动识别了他们的妻子、儿子、女儿以及女婿的身份，其后再在《全宋文》里查找是否收录了官员们这些家族成员的墓志。我们通过滚雪球的方式，同时借助中国历代人物传记资料库（CBDB），搜集了 68 位官员的亲缘网络信息。① 由于成本所限，我们只搜集了官员三代的信息——官员的父母、官员本人以及他们的子女一代。我在回归分析中控制了史料记载的亲属数量来处理一些官员的网

---

①　当出现墓志铭记载与 CBDB（2018）收录信息不一致的情况时，我们采信后者的说法，因为它参考了更多的数据来源。

络记载比别的官员更好的问题。对于剩余存在缺失亲缘信息的样本来说,我在主分析中使用了列表删除(listwise deletion)的方法,并且在稳健性检验中对缺失数据使用了多重插补。

墓志铭和 CBDB(2018)也标记了每个人物的家乡。对此,我使用记录了宋代地名及经纬度的 CHGIS(2018)数据库来给官员的亲属家乡进行编码。

回想一下上文提到的两个亲缘网络的真实案例。其中,第一种代表的是变法领袖王安石的亲缘网络,王安石的这些亲属分布几乎覆盖了北宋国土的全境;第二种代表的是反对派领袖吕公著的亲属,这些亲属只分布在邻近州府地区。

接下来,我参考经济地理学文献中衡量市场地方化的"市场倾向"(market potential)路径(Harris, 1954),构建了一个亲缘网络地方化的指标。我用 $\sum_{k \in K}(1 + \text{distance}_{i, k})^{-1}$ 来表示官员 i 的亲缘网络在地域上的集中程度(local concentration of kin),其中 $\text{distance}_{i, k}$ 是官员 i 与他亲属 k 之间的直线距离(以公里计)。K 包括了官员 i 所有的亲属成员。其蕴含的逻辑是:亲属离官员本人的距离越近,这一指数就会越高。该指数并不受到行政区划的影响,尽管行政区划的大小在不同时间内不尽相同,而且受到边界改变的影响。在稳健性检验中,我展示了我的结果在用到加权后的赫芬达尔指数(HHI)后依然稳健;这一指数依赖行政单元。在采用了其他几种测量方式后,我得到的分析结果仍然是相似的。[①] 我通过使用反双曲线或者平方根来转换指数,通过官员子女数量来给指数加权,对不同亲属成员赋予不同

[①]　需要指出的是,指定控制变量后产生的结果并不显著,但是系数的符号仍然是正确的。

的权重以及纳入对亲缘网络所处位置地形崎岖程度的考虑,得到的结果大体一致。

四、 遍布全国的网络 vs. 集中的网络

有宋一代,中国的精英们具有强烈的动机在本地进行嫁娶。这一时期,中国开始通过科举考试选拔官员。[1] 为了剔除名声不佳的人,宋朝的皇帝要求地方颇有名望的乡绅为潜在的候选人提供担保,然后再让他们参加初试(Hartwell, 1982: 419)。因此,科举考试为地方的地主精英提供了与当地有名望的邻居乡绅联姻的强烈动机(Hymes, 1986: 103),并且将许多本地有联姻的精英带入了中央政府。[2]

宋代的精英至少是与具有相同地位的家族结成地方性的婚姻联盟的,这就是中国传统说法里的"门当户对"(Bossler, 1998: 82)。然而,随着家族政治地位的上升,本地门当户对的家庭变得越来越少,因此官员的这些家族就会将目光投向更远的地方,寻找更适合的联姻对象。

而亲属的迁徙则为官员的家族与跨地区的门当户对的家庭联姻提

---

[1] 尽管中国在 7 世纪就引入了科举考试,但在宋代之前,很少有官员是通过这一途径入仕的。从 977 年开始,宋朝政府开始大规模对通过科举考试之人授予头衔(Chaffee, 1995: 16)。

[2] 按照斯金纳(Skinner, 1964: 20)对古代中国晚期的描述,农村居民们每个月都会聚集于城镇集市,在茶馆里进行社交活动;很快,牵线搭桥会随之而来。按照斯金纳(Skinner, 1964: 36)的说法,"儿媳妇往往是从这一婚姻市场中产生的",开着特定茶馆的媒人能"一眼扫尽整个婚姻市场中的潜在儿媳妇'。这一牵线搭桥在婚姻市场中创造了一种内生性,体系内的家族也很少从这一体系之外的家庭中寻找候选人。

供了机会。宋代的官员多在家乡以外的地方轮流任职（Smith，2009：357-358）。即便他们曾经供职京师，许多人最终也是在路这样的省级单位上致仕的（邓广铭，1997：239）。如此一来，许多人毕生中的大部分时间都是在远离家乡的地方度过的（Ebrey，1993：66）。与当地家族的联姻能保证他们在当地建立政治网络，获得社会支持以及降低风险（Bossler，1998：170）。柏文莉提到，当危机发生时，附近的通过婚姻联系结成的亲家可能比远方血缘相同的宗亲更能提供帮助（Bossler，1998：160）。

因此，官员的家族迁徙模式与他的亲缘网络在地理上的扩展是相关的。对此，我使用墓志铭和CBDB（2018）追踪了官员家族迁徙的信息。我特别关注官员的父亲，因为他们能在孙辈的婚姻嫁娶中扮演重要角色（Ebrey，1993：69），从而形成官员的亲缘网络。父亲迁徙（father migration）这一变量是官员父亲最终定居地到官员祖父居住地间的"直线距离"（以公里计）。

表1展示了我用最小二乘法（OLS）对父亲迁徙与官员亲缘关系地方化程度之间关系的估计。如果官员的父辈迁徙了很长距离，那么官员本人就越有可能拥有一个遍布全国的亲缘网络。当纳入官员家乡所在州府的固定效应，即控制诸如地理、历史与当地文化在内的家乡层次的协变量后，统计结果依然是稳健的。①

---

① 我也探索了官员家族因贸易促进他们结成亲缘网络的可能性。我搜集了官员家族成员中男性长辈的职业，包括他们的父亲、祖父和叔父/伯父。尽管史书并没有记录商人，但我可以通过检验家族之人在政府中是否担任官员来排除家人从事商业的可能，因为古代在政府任官是个全职工作，官员一般很难再从事商业活动。统计结果显示，父亲、祖父或（至少一个）叔父/伯父担任过官员，对官员的亲缘网络并没有产生显著的影响，这表明商业并不是本样本中决定亲缘网络的重要因素。然而，我承认这些结果只是初步的，因为我没有直接测量家族贸易的数据，也没有每一个家族成员的职业信息。

表1 父亲迁徙与亲缘网络在地理上分布关系的 OLS 估计

因变量	官员亲缘网络地方化指标	
	（1）	（2）
父亲迁徙的距离	−0.078**	−0.270***
	（0.033）	（0.000）
州府固定效应	无	有
因变量均值	0.000	0.000
因变量标准差	1.000	1.000
样本量	40	40
R^2	0.006	0.433

注:该表报告了主分析中40位官员的父亲迁徙与家族网络在地方集中程度的相关性结果。因变量是亲属在地方的集中程度指标(值越高意味着家族网络越地方化)。自变量是官员父亲最后的居住地与官员祖父家乡之间的距离(父亲迁徙的距离)。我对所有变量都做了标准化处理。第2列表示的是官员家乡所在州府的固定效应。括号内是按照州府聚类得到的稳健标准误。*** , ** 与 * 分别表示的是 1%、5%和10%的显著性水平。

五、 姻亲网络与国家建设偏好

在这一节,我检验官员对国家建设的支持与其亲缘网络在地理上的扩展的关系。

（一）因变量

本文的因变量——对变法的支持(support for reform),是官员对变

法的态度。我从以下三大史料入手搜集了数据:首先是脱脱编纂的
《宋史》(1343),这是元代史学家编纂的宋代人物纪传体历史。其次是
南宋历史学家李焘编修的北宋编年体历史《续资治通鉴长编》(1177)。
这些史料是有关宋代历史最权威的资料来源,并且都是由相对同时代
的人在官方史料的基础上撰写的(Wilkinson, 2000: 501)。然而,相对
同时代的人修史时,有可能出于政治或者个人的考虑,在史料记载方面
出现偏差。比如,如果南宋历史学家是北宋官员的后代,那么他们就有
动机去美化其祖先,当然这取决于当时人们对变法的看法。最后,为了
克服这些潜在的偏误,我使用今人曾枣庄、刘琳主编的《全宋文》
(2006)作为第三方资料来对这些信息进行补充。《全宋文》共有 360
卷,是中国文学研究者按照 21 世纪文学体裁的标准所编纂的宋代作
品,全文共计一亿字。与脱脱和李焘对当时官员所说进行描述和解读
的间接记录不同,《全宋文》保持了相对原始的记录,比如官员呈给皇
帝的奏折。

　　我的研究团队阅读了这些史料并且识别了其中 137 名官员在变法
期间的事迹,然后选择了与王安石变法有关的活动,如向皇帝上疏或者
参加朝议。根据这些活动记载,我们就每位官员对变法的态度进行了
手动编码。例如,一个给皇帝上疏谴责变法的官员被我们编码为变法
的反对者,而在朝议中力主变法的官员则被我们编码为变法的支持者。

　　可以看到,官员的态度是两极分化的。正如图 3 所示,在 63 位
对变法公开表达看法的官员中,有 34 位官员(54%)一如既往地(在
不同的政策方面和不同的时间内)支持变法(编码为 1),而有 24 位
官员(38%)持续性地对变法表示反对(编码为 0),[①]我将他们的态度

_____

① 　关于官员态度分布,我在主分析中将官员的样本限制在 40 个。

记为 0。而剩下的 5 名官员支持变法中的一些政策,反对另外一些政策;对此,我在主分析中对他们的态度做了取均值的处理。[①] 在稳健性检验中,我对这些均值做了四舍五入的处理,仍然得到了相同的结果。

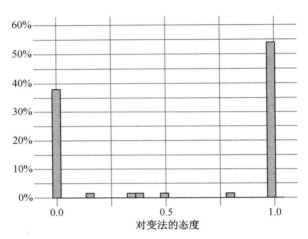

图 3　主要官员对增强国家能力建设的变法的态度

注:图中显示的是 63 位官员对于变法的态度;1＝支持;0＝反对;非整数＝混合态度的均值。

此外,还有超过一半的官员(74 名,占比 54%)并没有对变法公开表明态度。他们中的大部分人(49 名)出任的是礼仪性的官职,如供职礼部,这是负责宗教仪式与皇家大典的机构。因此,一个简单的解释是,这 74 名官员并没有参加有关变法的决策,因此无法对新政表达态度。在主分析中,我使用了个案剔除的方法将这些人排除在外。在后

---

① 比如官员 A 支持公平税收与军事征兵,但是反对农村信贷与政府服务,那么我们给他的赋值就是(1＋1＋0＋0)/4＝0.5。

续的稳健性检验过程中,我使用了三种替代性方法来分析这些官员。第一,我将这些没有公开表明态度的官员列为中立,因此因变量的编码也相应地改为三分类——分别是支持(1)、中立(0)和反对(-1)。第二,我根据李之亮(2003:16—7,47—8,62—70)给出的目录,把样本限制在与决策职务相关的官员(如宰相、三司使、枢密使等职务)上。第三,我对这些官员进行随机赋值(依据伯努利分布[Bernoulli distribution])。[①]以上三种做法都产生了相同的结果。

官员的职业轨迹表明,宋神宗试图平衡新旧党人两大阵营的势力。对变法的支持与官阶变动(官员首任职务与最后一任职务之间的品级之差)之间的相关性系数非常小(0.066),并且在统计上也不显著(p=0.688)。这表明,皇帝对于变法的支持者与反对者在升迁上是一视同仁的。这就在部分程度上减轻了样本存在"选择偏差"的顾虑,因为如果神宗以压倒性的优势提拔一派而打压另外一派,统计结果可能就不同了。

我在分析时的另外一个顾虑是,官员可能出于压力而对变法表明特定的立场,这样做可以对同僚或更高级别的官员表示政治恩惠或政治忠诚,以期能在未来以同样的方式得到回报。为了考察这种可能性,我检验了官员态度与他们政治品级之间的关系。由于官员的职位在神宗期间出现变动,我使用了他们的平均品级(所有品级的均值),发现官员的平均品级与对变法的支持之间的关联系数很小,且在统计上也不显著。[②] 在回归中,我也控制了官员品级这一变量。

---

① 对于态度不明的官员,我通过伯努利分布来给他们随机赋值。
② 当我使用官员的第一个品级或者他们的最高品级作为变量时,结果仍然是一样的。

（二）结果

我使用 OLS 方法来估计下列方程：

$$\text{support for reform}_i = \alpha + \beta \text{ local concentration of kin}_i + \mu_j + \mathbf{XB} + \varepsilon_j.$$

$$(1)$$

其中因变量——对变法的支持（support for reform$_i$），是一个连续变量，用来衡量官员 i 对变法的支持程度。自变量——亲缘网络地方集中度（local concentration of kin$_i$），是衡量官员的亲缘网络地方化的指数。假设 1 预测自变量的系数 β 将会是负的。μ_j 包括了官员家乡所在州府的固定效应。所有的标准误都是稳健标准误，出于误差项中州府内部存在相关性的考虑，我将它们聚类在州府 j 层面。此外，我对所有的变量都进行了标准化处理——使其均值为 0，标准差为 1，以方便解释。

表 2 展示了对基准模型的估计。我使用了列表删除法（listwise deletion），使估算建立在具有所有变量全部信息的 40 位官员的基础上。[①] 其中，第(1)列展示了官员的亲缘网络地方集中度与支持变法之间的关系；第(2)列增加了官员籍贯所在州府作为固定效应；第(3)列加入了接下来我将讨论的控制变量；[②]第(4)列则包含了通过"后双选"

---

① 我对估算样本与排除样本在关键变量上进行了比较。大部分变量在这两类样本中是均衡的，在排除样本中，官员更可能支持变法。作为稳健性检验，我使用了多重插补来填补因变量的缺失值，但得到了相似的结果，也有一些协变量，包括中介中心性（betweenness centrality）、与变法领袖的派系纽带（factional tie with reform leader）以及官员的平均品级（politician's average rank），它们并不稳健，我将在回归中空制这些协变量。

② 虽然有些协变量发生在自变量之后（posttreatment），但由于它们也是重要的混杂因素，所以我把它们纳入在内，以检验估计结果的稳健性。

方法选择的协变量并使用最小绝对值收敛和套索(LASSO)回归的结果(Belloni, et al., 2014)。

表 2　亲缘网络地理集中度与支持变法之间关系的 OLS 估计

因变量	对变法的支持(连续变量)			
	（1）	（2）	（3）	（4）
亲缘网络的地方化	-0.250***	-0.394***	-0.433*	-0.394***
	（0.068）	（0.110）	（0.220）	（0.108）
中介中心性			-0.142	
			（1.590）	
亲属数量			0.243	
			（1.787）	
子女数量			0.055	
			（1.232）	
是否与变法领袖有派系联系			0.173	
			（0.317）	
官员的平均品级			-0.332	
			（1.242）	
家族网络中心到外部战争地点的距离			-0.368	
			（1.771）	
家族网络中心到民变地点的距离			0.074	
			（0.817）	
地形的崎岖指数			-0.546	
			（1.389）	
父亲是否通过科举入仕			0.368	
			（0.344）	

因变量	对变法的支持(连续变量)			
	(1)	(2)	(3)	(4)
父亲迁徙的距离			−0.261	−0.127 ***
			(0.444)	(0.029)
州府固定效应	无	有	有	有
因变量均值	0.000	0.000	0.000	0.000
因变量标准差	1.000	1.000	1.000	1.000
样本量	40	40	40	40
R^2	0.062	0.732	0.869	

注:分析的单元是官员个体。自变量是官员的亲缘网络地方集中度(这一指标越高,官员的亲缘网络就越地方化)。所有的变量都是经过标准化处理的。括号内是聚类在州府层面的稳健标准误。***,** 与 * 分别表示的是 1%、5% 和 10% 的显著性水平。

接下来我考虑了八个替代性解释。第一,诸如家族财富这样的官员个人特征会影响他们的计算。比如,富有的家族能拿出更多的资源来支持亲缘组织,因此更不可能需要国家的保护。包括地理、历史、文化与耕种模式在内的地域特征也会影响官员的态度。比如,遭受游牧民族入侵与内部民变威胁的地区更有强烈的动机去强化国家能力(Tilly, 1992; Slater, 2010)。此外,分配的逻辑则指出,土壤肥沃与农业产出高的地方更可能反对强国家建设。这是因为当地居民的收入高,他们相应地也必须承担更高甚至不成比例的税收负担(Meltzer and Richard, 1981)。遗憾的是,宋代官员的财富数据很难获得,但是根据历史学家的考证,有宋一代,高级官员多出自富裕的地主家庭(Liu, 1959: 16)。为了控制他们的家族和所在地域的特征,我纳入了州府层级的固定效应,这就考虑了每位官员的家乡在州府层级被聚类的特征(即宋代政府机构,如征税和治安[Smith, 2009: 407])。①

第二,近来社会网络分析发现,行动者在网络中越接近中心,他/她对其他行动者的影响就越大,也就更愿意采取行动(Naidu, et al., 2021)。因此我控制了每位官员的中介中心性(betweenness centrality)——测量网络中节点对资源流向的影响(Padgett and Ansell, 1993: 1278)。我描绘了 137 位官员的网络,其中连线代表联姻关系。②此外,我用度中心度(degree centrality)和博纳西奇中心性(Bonacich power)作为稳健性检验也得到了相同的结果。

第三,亲属或者子女的数量(而非他们所在的地点)有可能起到了更重要的作用。如果亲属在地理上的分布不变,亲属的数量越多,在地方上的交易成本就会越高,这样便会促使官员从国家这个"焦点"(Schelling, 1960: 57)来购买服务。因此,我分别控制了官员亲属的总数(N of kin)与子女的总数(N of children)。这些协变量也在一定程度上解决了一些官员的家族网络记录比其他官员更好的问题。③

第四,有宋一代被认为是派系政治与不同哲学流派兴起的时代(Bol, 2008)。为了给每位官员的派系进行编码,我首先识别了主张变法的领袖:王安石、吕惠卿、蔡确等人。④ 接下来我根据历史学者的著

① 我展示了官员在不同州府的分布、官员在不同路——州府之上层级的分布;另外,我得到了将省级固定效应纳入、将标准误聚类在省级单位的稳健性检验的结果。

② 如果官员 A 在官员 B 的亲缘网络中,那么 A 和 B 就有联系,反之亦然。

③ 在稳健性检验中,我也尝试通过为子女数量的每一个类别(1、2—3 以及 3 以上)创建指标,从而灵活地控制子女的数量,最终得到了相似的结果。需要指出的是,在加入这类控制变量后,官员的亲缘网络地方集中度就不显著了,但是回归系数方向仍然是正确的。

④ 参见梁启超(2009[1908])、Williamson(1935)、Liu(1959)、邓广铭(1997)与 Smith(2009)。

作来定义每位官员与变法领袖的派系联系。这种派系关系需要满足下列三个条件之一：（1）他与变法领袖处于科举中"主考－考生"的关系；（2）他与变法领袖同年通过了科举考试；或者（3）他和变法领袖处于包弼德所定义的同一学派（Bol，2008：61-65）。[①] 与变法领袖的派系关系这一指标测量了每位官员与变法领袖的关系。

第五，权力的变化可能影响官员对变法的态度。比如，位阶较低的官员可能通过支持或者反对变法来换取官阶更高的同僚在政治上给予的提携。一些关于现代威权主义政体的研究表明，低级别的官员有着更强烈的动机去迎合统治者的意图从而表明政治忠心（如 Kung and Chen，2011）。为了检验这种可能性，我控制了神宗在位期间每一位官员的平均品级。[②]

第六，亲缘网络越暴露在游牧民族入侵或者内部民变威胁之下的官员，就越倾向于支持强国家建设。为了测量亲缘网络遭受的外部威胁，我按照"市场倾向"的路径建构了用来测量每位官员的亲缘网络到（神宗在位之前 50 年的）所有外来威胁的距离的指标。因此，亲缘网络中心到外部战争地点的距离可以表示为 $\sum_{x \in W} (1 + \text{distance}_{k_c, w})^{-1}$，其中 $\text{distance}_{k_c, w}$ 是从亲缘网络的中心 k_c 到外部战争地点 w 的"直线距离"（以公里为单位）。W 包括了从 1016 年到 1065 年间北宋与西夏、辽之间的所有战争。[③] 这一指数随着外部战争地点到亲缘网络中心的距离越近而越高。与之相似的是，我建构了亲缘网络中心到国内民变

---

① 我从 CBDB（2018）中搜集了官员参加科举考试的信息，同时我根据刘成国（2006：62—98）和张岂之（2008：2—3，124，161—5，414）的作品搜集了官员的哲学流派。

② 在稳健性检验中，我使用了神宗在位期间官员出任的最高品级职务和他们首次担任的职务。

③ 外部战争地点源自 Dincecco and Wang（2018）。

地点的指标 $\sum_{x \in R}(1 + \text{distance}_{k_c, r})^{-1}$，其中 $\text{distance}_{k_c, r}$ 表示从亲缘网络中心到所有民变冲突发生地的距离。R 包括了从 1016 到 1065 年间所有的起义（包括农民、工匠参与的民变）。[1] 这一指数随着民变地点到亲缘网络中心的距离越近而越高。[2]

第七，我所有测算的距离都是"直线距离"，因而并没有考虑地形因素。有人可能指出，如果官员的亲属住在山区，那么他们可以依靠山地作为天险来进行防御，而不需要依靠国家。因此，我控制了地形的崎岖程度（ruggedness index），通过使用努恩和普加（Nunn and Puga，2012）提供的小格（grid-cell-level）数据，计算了覆盖官员亲缘网络所有小格的平均崎岖程度。

第八，官员的家族历史也十分重要。我控制了官员的父亲是否通过科举入仕这一变量（以区别于是否通过门荫入仕）。这一变量也间接测量了官员父辈的政治倾向，这是因为科举考试形塑了父辈的政治观念，并且可能反过来影响他们的儿子（即官员本人）的亲缘网络。我也控制了官员父亲的迁徙来测量其距离原籍的距离。如上所示，父亲的迁徙距离与官员亲缘网络的地理分布密切相关。这也是套索（LASSO）回归模型选择的唯一一协变量。

在所有的回归模型中，官员亲缘网络的地方化程度与官员对变法的支持之间是负相关的，它们均在 10% 的统计水平上显著。标准化回

---

[1]　民变冲突的地点源自 Dincecco and Wang（2018）。我描述了 1016 至 1065 年间所有外部战争与民变冲突的位置。

[2]　我也对官员亲属在地方的集中程度对官员支持变法（local concentration of kin on support for reform）的边际效应是否取决于官员亲属暴露在外部战争或者内部民变威胁这一条件下做了检验。结果与我的观点一致，即当亲属越暴露在暴力中，官员就越支持变法。然而需要指出的是，由于缺乏数据支持，在中介变量较高的取值上，置信区间比较宽并且穿过了 0，但是边际效应直线的方向仍然是正确的。

归系数在-0.250 到-0.433 的范围内变动,这表明官员亲缘网络的地方化程度每升高 1 个标准差,官员支持变法的标准差就下降 25%—43%。

正如我通过全面的稳健性检验所展示的那样,这些结果都是非常稳健的。比如,原来我对自变量的测量是假设每个家族内的亲属成员对官员的影响是相等的,后来我从两个方面放宽了这些假设的约束。首先,在诸如古代中国这样的父权社会中,官员可能更重视儿子的亲缘网络而非女儿的亲属,这是因为儿子会继承家族财产(Ebrey, 1993: 235)。因此,我给女儿这边的每位亲属都做了一个加权,使得这些亲属的权重低于儿子这边的亲属。① 其次,我根据距离官员的亲情距离来调整亲属的权重,这是因为官员会更重视儿女这样的核心家庭成员而非远方宗亲。② 用这些不同的测量方法得出来的结果是相似的。此外,我还尝试了每次排除一位官员,观察这样做是否改变了回归结果,结果依然是大致稳健的。

尽管我控制了一系列变量,然而对于未观测到的变量的遗漏仍然可能会扭曲我的模型结果。因此,我按照阿尔通吉等人(Altonji, et al., 2005)提出的敏感性分析(formal sensitivity analysis)来判断未观察到的变量是否对回归结果产生了显著的(与我能够测量的变量相比)影响。"AET 比率"的区间在 13.650 到 15.328 之间,这一比率表明,未观测到的变量的边际效应应至少是已观测到的变量的边际效应的 13 倍,才能让我得到的结果消失。这远远超过了以往研究中用于确定对

---

① 为了避免任意指定一个数字,我将权重的范围设置为 0.1 到 0.9。需要指出的是,当权重取值为 0.1 的时候,估值在 10%的水平就不显著了;所有其他的权重都产生了显著的统计结果。

② "相对位置贴现率"是根据一位官员与其亲属纽带数量的倒数计算的。

不可观测的变量选择的基准值 3（如 Nunn and Wantchekon, 2011:
3238）。

总而言之，假设 1 在统计分析和稳健性检验中得到了有力的支持：
官员对国家建设的支持与其亲缘网络在地理上的扩展程度呈显著的正
相关关系。

六、　结论

以往的研究将国家建设视为国家与社会间的竞争——国家逐渐取
得了凌驾于社会组织之上的地位。在这一竞争当中，广泛的亲缘网络
被视为现代国家的主要竞争者。然而，围绕国家-亲缘网络的竞争这一
结论在很大程度上源自西欧国家发展的经验。中世纪的教会严禁同族
内部的通婚、领养、一夫多妻制、纳妾、离婚与再婚，削弱了亲缘群体的
力量（Henrich, 2020: 159-161）。与此同时，就动员资源而言，频繁且
日趋昂贵的战争为领土国家创造了相对于庄园之类的较小的社会单位
的优势（Tilly, 1992）。因此，国家最终取代了其社会竞争者的地位，成
为垄断者（Weber, 1946[1918]: 78）。

然而，在西欧以外的地区，复杂的亲缘网络却成了当地前现代社会
的主导力量（如 Evans-Pritchard, 1940）。中国国家的官僚化要领先于
欧洲 1000 多年（Hui, 2005）。11 世纪，中国宋朝的国家税收就已经超
出了其经济总量的 15%，而英格兰直到 18 世纪才达到这一标准（Guo,
2019; Stasavage, 2020: 160）。中国在国家建设方面取得这些里程碑式
的成就的同时，仍然维持着强大的亲缘网络。

本文考察了亲缘网络的形式如何协调精英的激励来推动国家建

设。我指出,在地理上分布广泛、超越地域的亲缘网络能使精英的家族利益与国家利益协调一致。以中国历史上最重要的一次增强国家能力的变法为例进行分析,本文强调了推动国家发展的另外一大驱动力量,这对传统以欧洲为中心的国家建设研究文献做出了补充。

数十年来,社会科学研究认为强国家在促进经济发展(North,1981; Dincecco, 2017)、防止政治暴力与内战(Fearon and Laitin,2003)、提供公共产品与服务(Rothstein, 2011)等方面发挥着重要作用。福山(Fukuyama, 2004: 17)曾指出,国家建设应当是全球议程的当务之急。然而,许多发展中国家迄今都无法建设一个强国家,因为精英彼此之间的利益通常互相冲突,无法形成一个广泛的联盟来支持增强国家能力建设的改革。

当下的国际社会,如世界银行和国际货币基金组织,提出的许多政策干预主要是强化国家官僚制,建立一个"韦伯式的"国家(Evans and Rauch, 1999)。但是中国的经验表明,社会结构会影响国家建设的轨迹。当精英被嵌入地方化的社会关系时,他们更可能倚赖地方、私人组织来提供保护,从而更少可能地支持一个强大的中央集权国家。这一经验启示我们,国家的脆弱性可能是一个社会问题,它不能单纯地通过改革官僚制来加以解决。因此,国家建设工程应当超越官僚制改革,而关注与强国家相符的来自社会结构层面的激励。

参考文献

邓广铭,1997,《北宋政治改革家王安石》,石家庄:河北教育出版社。

龚延明,1990,《论宋代官品制度及其意义》,《西南师范大学学报(人文社会科学版)》第 1 期,第 13—23 页。

李昌宪,2013,《宋朝官品令与合班之制复原研究》,上海:上海古籍出版社。

李焘,1979[1177],《续资治通鉴长编》,北京:中华书局。

李之亮,2003,《宋代京朝官通考》,成都:巴蜀书社。

梁启超,2009[1908],《王安石传》,北京:东方出版社。

刘成国,2006,《荆公新学研究》,上海:上海古籍出版社。

漆侠,1987,《宋代经济史》,上海:上海人民出版社。

司马光,1937[1086],《司马文正公传家集》,北京:商务印书馆。

脱脱等,1985[1343],《宋史》,北京:中华书局。

王安石,1959[1086],《临川先生文集》,北京:商务印书馆。

曾枣庄、刘琳,2006,《全宋文》,上海:上海辞书出版社。

张岂之,2008,《中国思想学说史》,桂林:广西师范大学出版社。

Acemoglu, Daron, James A. Robinson. 2019. *The Narrow Corridor*. New York: Penguin Press.

Alesina, Alberto, Romain Wacziarg. 1998. "Openness, Country Size and Government." *Journal of Public Economics* 69: 305-321.

Altonji, Joseph G., Todd E. Elder, Christopher R. Taber. 2005. "Selection on Observed and Unobserved Variables: Assessing the Effectiveness of Catholic Schools." *Journal of Political Economy* 113: 151-184.

Bates, Robert H. 2017. *The Development Dilemma*. Princeton: Princeton University Press.

Belloni, Alexandre, Victor Chernozhukov, Christian Hansen. 2014. "Inference on Treatment Effects after Selection among High-Dimensional Controls." *The Review of Economic Studies* 81: 608−650.

Beramendi, Pablo, Mark Dincecco, Melissa Rogers. 2019. "Intra-Elite Competition and Long-Run Fiscal Development." *The Journal of Politics* 81: 49−65.

Blaydes, Lisa, Eric Chaney. 2013. "The Feudal Revolution and Europe's Rise: Political Divergence of the Christian West and the Muslim World before 1500 Ce." *American Political Science Review* 107: 16−34.

Boix, Carles, Frances Rosenbluth. 2014. "Bones of Contention: The Political Economy of Height Inequality." *American Political Science Review* 108: 1−22.

Bol, Peter Kees. 2008. *Neo-Confucianism in History*. Cambridge: Harvard University Press.

Bossler, Beverly Jo. 1998. *Powerful Relations*. Cambridge: Harvard University Press.

CBDB. 2018. China Biographical Database.

Chaffee, John W. 1995. *The Thorny Gates of Learning in Sung China*. Albany: State University of New York Press.

CHGIS. 2018. China Historical Geographic Information System.

Cruz, Cesi, Julien Labonne, Pablo Querubin. 2017. "Politician Family Networks and Electoral Outcomes: Evidence from the Philippines." *American Economic Review* 107: 3006−3037.

——. 2020. "Social Network Structures and the Politics of Public Goods Provision: Evidence from the Philippines." *American Political Science*

Review 114: 486−501.

Dincecco, Mark. 2017. *State Capacity and Economic Development.* Cambridge: Cambridge University Press.

Dincecco, Mark, Yuhua Wang. 2018. " Violent Conflict and Political Development over the Long Run: China versus Europe. " *Annual Review of Political Science* 21: 341−358.

Ebrey, Patricia Buckley. 1993. *The Inner Quarters.* Berkeley: The University of California Press.

Evans, Peter. 1995. *Embedded Autonomy.* Princeton: Princeton University Press.

Evans, Peter, James E. Rauch. 1999. "Bureaucracy and Growth: A Cross-National Analysis of the Effects of ' Weberian' State Structures on Economic Growth. " *American Sociological Review* 64: 748−765.

Evans-Pritchard, Edward Evan. 1940. *The Nuer.* Oxford: Oxford University Press.

Ewert, Ulf Christian, Stephan Selzer. 2015. "Social Networks. " in D. J. Harreld (ed.), *A Companion to the Hanseatic League.* Leiden: Brill.

Fearon, James D., David D. Laitin. 2003. "Ethnicity, Insurgency, and Civil War. " *American Political Science Review* 97: 75−90.

Ferejohn, John A., Frances McCall Rosenbluth. 2010. *War and State Building in Medieval Japan.* Stanford: Stanford University Press.

Fortes, Meyer, E. E. Evans-Pritchard. 1950. *African Political Systems.* Oxford: Oxford University Press.

Fukuyama, Francis. 2004. "The Imperative of State-Building. " *Journal of Democracy* 15: 17−31.

——. 2011. *The Origins of Political Order.* New York: Farrar, Straus and

Giroux.

Garfias, Francisco. 2018. "Elite Competition and State Capacity Development: Theory and Evidence from Post-Revolutionary Mexico." *American Political Science Review* 112: 339-357.

Geddes, Barbara. 1994. *Politician's Dilemma*. Berkeley: University of California Press.

Granovetter, Mark. 1985. "Economic Action and Social Structure: The Problem of Embeddedness." *American Journal of Sociology* 91: 481-510.

Greif, Avner. 2006. "Family Structure, Institutions, and Growth: The Origins and Implications of Western Corporations." *American Economic Review* 96: 308-312.

Grzymala-Busse, Anna, Pauline Jones Luong. 2002. "Reconceptualizing the State: Lessons from Post-Communism." *Political & Society* 30: 529-554.

Guo, Jason Qiang. 2019. *A Quantification of Fiscal Capacity of Chinese Government in the Long Run*. PhD Dissertation, New York University.

Harris, Chauncy D. 1954. "The Market as a Factor in the Localization of Industry in the United States." *Annals of the Association of American Geographers* 44: 315-348.

Hartwell, Robert M. 1982. "Demographic, Political, and Social Transformations of China, 750-1550." *Harvard Journal of Asiatic Studies* 42: 365-442.

Hatfield, April Lee. 2004. *Atlantic Virginia*. Philadelphia: The University of Pennsylvania Press.

Henrich, Joseph. 2020. *The WEIRDest People in the World*. New York: Farrar, Straus and Giroux.

Hirschman, Albert O. 1958. *The Strategy of Economic Development*. New Haven: Yale University Press.

Hobsbawm, Eric J. 2016. *Viva la revolución*. Abacus.

Hui, Victoria Tin-bor. 2005. *War and State Formation in Ancient China and Early Modern Europe*. Cambridge: Cambridge University Press.

Hymes, Robert. 1986. *Statesmen and Gentlemen*. Cambridge: Cambridge University Press.

Jha, Saumitra. 2015. "Financial Asset Holdings and Political Attitudes: Evidence from Revolutionary England." *Quarterly Journal of Economics* 130: 1485–1545.

Kung, James, Shuo Chen. 2011. "The Tragedy of the Nomenklatura: Career Incentives and Political Radicalism during China's Great Leap Famine." *American Political Science Review* 105: 27–45.

Levi, Margaret. 2002. "The State of the Study of the State." in I. Katznelson, H. Milner (eds.), *Political Science: The State of the Discipline*. Washington DC: American Political Science Association.

Levitsky, Steven, Lucan A. Way. 2010. *Competitive Authoritarianism*. Cambridge: Cambridge University Press.

Lipset, Seymour Martin, Stein Rokkan. 1967. *Party Systems and Voter Alignments*. New York: Free Press.

Liu, James. 1959. *Reform in Sung China*. Cambridge: Harvard University Press.

Mattingly, Daniel C. 2016. "Elite Capture: How Decentralization and Informal Institutions Weaken Property Rights in China." *World Politics* 68: 383–412.

Meltzer, Allan H. , Scott F. Richard. 1981. "A Rational Theory of the Size of Government." *Journal of Political Economy* 89: 914–927.

Migdal, Joel S. 1988. *Strong Societies and Weak States*. Princeton: Princeton

University Press.

Naidu, Suresh, James A. Robinson, Lauren E. Young. 2021. "Social Origins of Dictatorships: Elite Networks and Political Transitions in Haiti." *American Political Science Review* 115: 900−916.

North, Douglass. 1981. *Structure and Change in Economic History*. New York: W. W. Norton & Company.

Nunn, Nathan, Diego Puga. 2012. "Ruggedness: The Blessing of Bad Geography in Africa." *Review of Economics and Statistics* 94: 20−36.

Nunn, Nathan, Leonard Wantchekon. 2011. "The Slave Trade and the Origins of Mistrust in Africa." *American Economic Review* 101: 3221−3252.

Olson, Mancur. 1982. *The Rise and Decline of Nations*. New Haven: Yale University Press.

Padgett, John F., Christopher K. Ansell. 1993. "Robust Action and the Rise of the Medici, 1400−1434." *American Journal of Sociology* 98: 1259−1319.

Perry, Elizabeth J. 1980. *Rebels and Revolutionaries in North China, 1845−1945*. Stanford: Stanford University Press.

Putnam, Robert. 1993. *Making Democracy Work*. Princeton: Princeton University Press.

Rothstein, Bo. 2011. *The Quality of Government*. Chicago: The University of Chicago Press.

Schelling, Thomas C. 1960. *The Strategy of Conflict*. Cambridge: Harvard University Press.

Scott, James C. 2017. *Against the Grain*. New Haven: Yale University Press.

Shue, Vivienne. 1988. *The Reach of the State*. Stanford: Stanford University Press.

Skinner, G. William. 1964. "Marketing and Social Structure in Rural China:

Part i. " *The Journal of Asian Studies* 24: 3–43.

Slater, Dan. 2010. *Ordering Power*. Cambridge: Cambridge University Press.

Smith, Paul Jakov. 2009. "Shen-tsung's Reign and the New Policies of Wang An-shih, 1067 – 1085. " in D. Twitchett, P. J. Smith (eds.), *The Cambridge History of China. Volume 5, Part 1, The Sung Dynasty and Its Precursors, 907–1279*. Cambridge: Cambridge University Press.

Soifer, Hillel David. 2015. *State Building in Latin America*. Cambridge: Cambridge University Press.

Stasavage, David. 2020. *The Decline and Rise of Democracy*. Princeton: Princeton University Press.

Suryanarayan, Pavithra, Steven White. 2021. "Slavery, Reconstruction, and Bureaucratic Capacity in the American South. " *American Political Science Review* 115: 568–584.

Tackett, Nicolas. 2014. *The Destruction of the Medieval Chinese Aristocracy*. Cambridge: Harvard University Press.

Tilly, Charles. 1992. *Coercion, Capital and European States, AD 990–1992*. Oxford: Wiley-Blackwell.

Tsai, Lily L. 2007. *Accountability without Democracy*. Cambridge: Cambridge University Press.

Wang, Yuhua. 2021. Replication Data for: Blood is Thicker Than Water—Elite Kinship Networks and State Building in Imperial China.

Weber, Max, 1946 [1918]. *Essays in Sociology*. Oxford: Oxford University Press.

Weber, Max, 1951 [1915]. *The Religion of China*. New York: Free Press.

Wilkinson, Endymion. 2000. *Chinese History*. Cambridge: Harvard University Asia Center.

Williamson, Henry Raymond. 1935. *Wang An-shih*, Vol. 1. London: Arthur Probsthain.

Xu, Yiqing, Yang Yao. 2015. "Informal Institutions, Collective Action, and Public Investment in Rural China." *American Political Science Review* 109: 371−391.

摇摆者、双重附庸或经纪人？

——明代中间部族的能动变化（1368—1644）[*]

王利平　　（北京大学教育与人类发展系）

田　耕　　（北京大学社会学系）

中间人存在于不同的环境、文化和组织当中。为什么中间人有时可以用他们所处的位置来获得某种优势，但有时却被他们的位置所削弱？本文利用明朝（1368—1644）活动在明蒙之间的三个中间部族——甘藏边界的藏族人、兀良哈三卫和女真人的资料来回答这一问题。在本文研究的历史时段中，北遁的蒙古人保留了以往的政治结构，他们之间发生着内部倾轧并产生了诸多新的国家。为行文方便，我们称这些国家为蒙古政权（Mongol power）。三个中间部族处于农业与游牧政权之间的空间，其生活方式是游牧、狩猎和农耕的结合，并通过战争、贸易、胁迫、宗教、通婚以及其他关系与明蒙两个强

---

[*] 本文原载于《理论与社会》（*Theory and Society*）2022 年第 5 期（第 791—834 页），题目为"Clients, Double Clients or Brokers? The Changing Agency of Intermediary Tribal Groups in the Ming Empire (1368-1644)"，由天格斯译成中文。译稿删去了原作中针对外国读者的中国历史介绍性注释，并根据中文习惯对语句和段落进行了不同程度的改写。本文作者感谢研究助理陈嘉涛和韩礼涛的协助，感谢 Xiaoli Tian（田晓丽）、Paul Joose、Cheris Chan、David Palmer、Enze Han（韩恩泽）等学友的意见，以及在香港大学举办的 China's North Conference（2017）的与会者提供的宝贵修改意见，感谢《理论与社会》的匿名审稿人非常有益的反馈。

权联系在一起。① 这些中间部族的存在,不仅会减少明蒙之间的直接对抗,其存在的方式也仰赖于这两大强权之间的交互关系。本研究旨在发现,中间人的位置给它们带来哪些变化的可能性,以及在何种条件下中间人可以因其所处的位置而获益,在何种条件下会受损。

中间人的能动性变化是一个未被充分研究的领域。在关于国家形成的社会学研究中,学界的关注点是由军事和财政力量所决定的国家能力。由于中间人的规模、军事能力和财政力量通常很小,他们在国家间的竞争中显得无能为力。社会学的帝国研究则主要集中在帝国中心如何影响、控制边缘力量或面对后者的抵抗(Scott,1999)。中间人的战略地位和在权力竞争中的重要性并没有得到充分的关注。我们需要了解,中间人如何通过调动关系资源为自身创造有利的位置,为此我们对连接中间部族和两大强权的马匹贸易进行了分析。马匹在骑兵时代是很重要的战略物资。一方面,明军需要军用马匹确保其在北边能抵御蒙古人的进攻,而在国内马匹供应不足的情况下,明朝十分依赖为其提供马匹的中间部族。② 在游牧民族中,马匹被用来换取各种商品,其中最重要的是丝绸、缎子和其他纺织品。故而,马市是游牧(半游牧)民族与农耕王朝之间最重要的纽带。

---

① 相较于外部边疆,研究边疆历史的学者(Barfield,1992;Lattimore,1940)创造了"内边疆"一词来定义这一空间,而前者与中国定居文明的核心相距更远。在地理上,这个空间从东北延伸到今天的新疆和西藏的东部边境。"内边疆"预设了一个等级结构,其中空间的定义是基于与帝国中心的地理距离和象征性距离。

② 明朝政府最初试图通过苑马寺来饲养马匹(Rossabi,1970:138)。然而,随着农业的发展和地方豪强(包括政府官员和有权势的地主)的占领,苑马寺的牧场持续减少。1409 年,苑马寺在陕西省有二十四个牧场,但到了 14 世纪末,只剩下六个。购入马匹逐渐成为军马的主要来源。

　　马市上最重要的两种流通商品是马匹和茶。马市的举办日期、持续时间和规模导致了明、蒙和中间部族之间关系的巨大变化。一方面，马匹为游牧民族（包括蒙古人和中间部族）提供了与明朝谈判的筹码。另一方面，明朝可以通过倡导或限制马匹交易来操纵其与游牧民族的关系。对明朝而言，关闭市场可能是一种比战争更为有效的抵御蒙古人的方法。当然，蒙古人因为渴望得到茶叶和其他商品，也会不断袭扰明朝边境以迫使其开放市场。当贸易无法进行时，他们甚至试图控制明朝为其他游牧民族建立的市场。马匹交易是通过两种主要渠道进行的：朝贡和马市。[①] 交易主要由那些获得与明朝贸易许可的部落首领施行，尽管个人贸易不可避免，但它仍是受国家管制，且主要是以团体为基础进行的贸易。[②] 我们的数据将表明，马匹贸易对政治关系变化反应灵敏，其变化模式可以用来揭示中间人能动性的变化。影响马市开放或关闭的条件及其对明蒙关系的影响，为观察明蒙之间各游牧民族的政治兴衰提供了一个很好的角度（Serruys, 1967, 1975; Jagchid and van Symons, 1989: 24-51; Barfield, 1992）。

---

① 历史学家广泛讨论了朝贡贸易在中国帝制时代的重要性（见 Zhang, 2015; Dreyer, 2015; Wang, 2015; Kang, 2010）。中国以外的国家会出于各种原因参与朝贡贸易，包括获得贸易机会、寻求获得中国的承认、通过朝贡贸易来增强其对地方竞争者的威慑，以及通过中国的庇护来确保地方安全，以上种种都极大地推动了它们参与中国的朝贡贸易体系。

② 走私是一个长期存在的问题，在马匹贸易中同样如此。然而，目前还没有关于私人马匹贸易的有系统的记录。我们的论文主要关注明朝与朝贡方之间进行的官方马匹贸易。

一、 中间人的力量

（一）作为弱者的中间人

相较于大国,中间人是在领土面积、人口和物质资源方面都处于劣势的较小的政治单位。历史社会学长期关注大型政治单位承担的重要角色(Finer, 1999; Kennedy, 1987; Maier, 2006),认为一个国家的权力主要由其领土和人口规模、国家拥有的物质资源、可调动的军队规模、征收税赋和关税的能力所决定(Braddick, 2000; Brewer, 1989; Glete, 2002; Tilly, 1990)。大国自然比小国更有优势。然而,一个国家的优势并不完全由其规模决定,而是由其能力所决定的。一些较小的国家尽管最初物质资源匮乏,但它仍设法发展出强大的国家能力。

我们的讨论首先针对将国家能力归结为正式制度之建设的观点。所谓"正式制度",是指那些负责调动财政和军事资源的制度(Levi, 1988; Spruyt, 2007; Tilly, 1990; Torres Sánchez, 2007)。学界通常根据政府官僚化程度(Kiser and Baer, 2005)、税收占其总收入的份额(Bonney, 1995; Hoyle, 1994; Schumpeter, 1991)、征兵的履行情况以及常备军与雇佣军的比例来评估一个国家的权力(Büsch, 1997; Downing, 1991; Thomson, 1995; Tilly, 1990)。根据这些标准,一些较小的国家发展了更先进的制度并迅速进入盛期(Gennaioli and Voth, 2012)。例如,17 和 18 世纪的英国曾是没有领土优势或人口规模优势的小国(Storr, 2008),但其在建设政府官僚制(Brewer, 1989; Levi, 1988)、保护产权(North, 1982)、遏制过度的世袭主义(Lachmann,

1989）方面非常先进，还利用主权银行减少王室的债务（Carruthers，1996）。英格兰的国家能力因为制度创新得到了提高，并因此胜过了体量比它更大的竞争对手（McNeill，1992；Tilly，1990；Pincus，2016）。在财政-军事效能之外，小国也会因为更有效的基础设施力量（Mann，1984）而发展成占据主导地位的大国。面积较小的英国成为强国的成功经历，就部分源于其在全国范围内的内政成就，例如建成环环相扣的道路系统（Guldi，2012），[①]"下级"官员或地方官员策划实施了设立监狱、移风易俗等社会政策（Innes，2009），这些基础设施的建设大大提高了国家能力。

因此，小国在财政和军事力量方面并非必然处于弱势。它们可以通过制度改革和基础设施建设，在动员物质资源方面超过传统的大国。然而，这个论点对于解释中间人的权力并不能提供太大帮助。首先，三个中间部族是由首领松散地组织起来的，缺乏集中的税收和军事系统，无法与明代或蒙古相提并论。其次，如果它们曾经对明代和蒙古有影响力，那也不是由于其制度和基础设施的优势。从国家能力的标准来看，它们是弱小的，但这并没有使其重要性在帝国间的竞争中降低。因此，必须超越财政-军事框架来讨论中间人的权力来源。

（二）帝国政治中的中间人

在某种意义上，本文讨论的中间人同时被明代和蒙古两个权力中心边缘化，并在它们的侵袭下求生。中间人的规模小，政治组织能力

---

① 在类似的情况下，捐官代表了拉赫曼（Lachmann）所谓的"垂直专制主义"（vertical absolutism），它旨在为王室寻找财政资源（Lachmann and Adams，1988；Doyle，1986：113-150）。

弱,而且还会因为地处各权力中心之间而不得不忍受大国的越界行为。即使中间人会在必要的时候抵制来自中心的强行控制,但帝国中心所产生的变化仍深刻影响着它们(Doyle, 1986; Steinmetz, 2014: 80; Wirth, 1997)。

当然,中间人确实有可能将自己的中间性转化为优势。有力量的竞争者往往会在帝国的边缘兴起。例如,第一个伊斯兰政体就是在帝国的边缘扎下根的。它发展的空间足够接近罗马/拜占庭和萨珊帝国的中心,可以学习双方的统治和管理技术,但同时离这些中心又足够遥远,因此能够形成一个由信徒构成的政治共同体(Burbank and Cooper, 2011: 70)。处于帝国的边缘位置不仅有利于文化的传播和模仿,而且也促进了非正统思想的产生和实践,而这些思想和实践会慢慢凝聚并逐步演变成一个竞争性力量。奥斯曼帝国是这方面的另一个例子。奥斯曼(土耳其)王朝的创始人奥斯曼一世,在土耳其中北部的比提尼亚省创建了他的帝国,此地对当时仍属于罗马帝国的拜占庭人来说并不是核心地带。奥斯曼一世和他的后代整合了希腊式和拉丁式的公民文化,确立了基督教、伊斯兰教、犹太教等相混合的宗教制度,融入了拜占庭治下的采邑制关系,接纳了源自阿拉伯的军事和行政程序。与此同时,他们也从欧亚大陆的先辈那里继承了可汗制度(Burbank and Cooper, 2011: 129)。中间人占据了帝国的边缘,这些地区不仅受中心力量制约较小,而且是不同帝国文化交融的裂隙。擅长于革新政治统治是中间人崛起的一个重要因素。这些中间人最初缺乏经济和军事资源,但在吸收了不同的文化和技术来发展自身后,它们最终超越了先前的大国。这一点类似于在企业界获得异质性优势的经纪人。

但中间人并不总是能够利用这一优势。当它们不断受到大国的压制时,其中间位置亦有不保的风险,历史上这样的例子屡见不鲜。在

1689 年清朝和俄罗斯帝国边界确定之前，游牧于中国西北部的准噶尔部蒙古拥有自主权及与明代和蒙古结盟的自由。1689 年，中俄订立旨在确定两国边界的《尼布楚条约》，清朝和沙俄都认为准噶尔部应向自己朝贡。边界的勘定消减了准噶尔人逃脱清朝控制的任何希望。1727 年签署的《恰克图条约》进一步确认了双方的边界。当准噶尔部首领噶尔丹策凌（1695—1745）试图向清朝的对手——沙俄帝国寻求支持时，沙俄拒绝了他的请求（Burbank and Cooper, 2011；Perdue, 2005）。这表明，当大国固定其领土边界时，周旋空间会大大减少，这不利于中间人的存在。

因此，中间人的位置让它们有机会吸收不同的文化，并在政治统治方面进行创新。但它们以中间性（in-betweenness）为基础的身份却相当不牢靠，因为这种中间性取决于大国之间竞争关系的变化。我们虽然知道了许多中间人成败的案例，但还没有对促使其崛起或消亡的因素进行全面分析。

（三）小国与外交资源

在国际关系研究中，小国虽然不是国际体系中占主导地位的核心大国（Hopkins and Wallerstein, 2016），但也并非完全被动地依赖于大国的保护。现实主义学派强调小国在国际舞台上的从属地位。大国因其人口规模、资源和声望而发挥着主导性的影响，小国无法对大国之间的权力争夺产生重大影响，因此不得不在大国划出的空间里努力生存（Vital, 2006）。新自由主义和建构主义理论家则认为，小国并不意味着弱势。它们可能拥有一些战略资源（如中东国家和一些中亚国家的石油，见 Cooley［2012］），并能控制关键通道（如新加坡位于马六甲海峡和南中国海之间的隘口处）。小国也会有效地利用大国之间的冲突来提升自己的利益（Han，2017），但平衡战略——通常以增加国家军备或寻求盟友为中心——有时也会导致其自取灭亡（Chan，2012：18）。

此外，小国可以不通过胁迫，而是通过吸引或诱导来发展软实力（见 Nye Jr.，2004），激励他方从自己那里获得想要的东西（见 Melissen，2005，关于公共外交的论述），并在制定和维护规范性秩序方面发挥积极作用。例如，小国被认为比大国更加超脱和爱好和平，而且对潜在的冲突更加警惕（Chong，2010：387）。它们可以通过个人、非政府组织和政府间组织促进思想交流，积极地扮演类似"规则经营者"（norm entrepreneurs）的角色。小国也可以充当调解人与和平缔造者（Kleiboer，1996；Long，2017；Waage，2007），利用丰富的规范和话语权，在化解冲突方面发挥作用。

本研究中的中间人不能与国际关系研究中的小国直接类比：它们不是拥有固定边界的国家，也没有得到国际法的承认和保护；它们的位置更不牢靠，但也更具灵活性，其兴衰则取决于地缘政治局势的复杂。然而，就中间人存在于大国力量之间这一点来说，我们又可将之与小国相提并论：首先，它们所占据的战略物资使其在明蒙斗争中具备了重要性。其次，三个部族虽融合了草原的游牧文化和汉人的国家文化要素，但在这两种文化中都处于边缘地位。它们是明朝朝贡体系的一部分，根据自身与汉文化的相似性而获得了相应的地位、荣誉和等衔，但它们治下的人口又是半游牧民族，因此可以调动明蒙双方的关系资源。

在研究本文的三个中间部族时，我们着重讨论三个因素：（1）明蒙之间的关系，这一关系的变化深刻地影响了中间人在权力斗争中的作用；（2）中间人与明蒙双方的关系，这既取决于明蒙两大权力性质的差别、各自的权力扩张或收缩状况，也取决于中间人与明蒙冲突的核心地带之间的距离；（3）中间部族为适应、巩固、改变其在关系网络中的位置所采取的策略。这一分析框架得益于国际关系研究中针对"小国"所使用的关系模型。我们分析在规模、经济、文化和军事力量上都被明蒙所制的中间部族，如何成为被明蒙所庇护的地缘政治力量：它们或融入后者，或被后者所忽视，或成为强力的经纪人。当明蒙两方在权力不平衡的情况下高度对立，或在权力平衡的情况下高度对立，或在权力平衡的情况下表现出很少的对立时，中间人的灵活性也相应地发生了变化。与之相应的选择是：中间部族或试图吸引明蒙当中的一方作为庇护者，或从两者那里都得到庇护，或明确地独立于明蒙双方。

二、　方法与数据

我们从明代史料和二手文献中系统地收集了马市和蒙古征伐的资料。在马市数据方面，我们从重要的二手文献中提取了马匹贸易的频率以及规模的一手数据，例如塞吕（Serruys，1967）、侯仁之（1937）、达力扎布（1998）、和田清（1984）和渡边宏（Watanabe，1975）等学者的著作。我们所使用的主要历史资料则包括收入"汉籍"资料库（Scripta Sinica，"中央"研究院制作）的《明实录》电子化版本、《明史》（武英殿本，1980 年由鼎文书局重印）、《明经世文编》（陈子龙等人编撰，中华书局 1962 年版）。我们将史料搜索结果与二手文献进行了比较以验证数据的正确，并且更正了二手文献中一些年份与数字上的错误。

此外,我们还收集并核对了 1425 至 1551 年间蒙古军事行动的数据。这些征伐数据展示了蒙古西征和东征的频率与路线。蒙古内部的权力重组是引发这些军事行动的第一推动力,并对明朝和三个中间部族原本的贸易体系产生了巨大影响。这些数据有助于我们厘清蒙古内部的权力洗牌和马匹贸易模式之间的关系。同时,为了简明表述本文所涉及的繁杂历史信息,我们在脚注中提供了《明实录》中相关记载的条目。一个令人遗憾的限制是,在蒙古语文献中很难找到相关贸易的系统记录,因此我们使用《明史》《明实录》和《明经世文编》中的原始数据就难以避免以明代国家为中心的视角。然而,当我们从上述资料中梳理出明朝的贸易政策后,发现其贸易政策制定往往是对游牧力量意外的权力洗牌做出的回应。

我们应用这些数据,将明代历史分为三个时期(见附录)。在第一个时期,明朝与包括三个中间部族在内的各方建立了广泛的贸易联系,同时拒绝了蒙古的贸易请求。在第二个时期,蒙古却成为明朝主要的马匹供应者,明朝早期的贸易伙伴在马匹贸易中越来越不突出,不过明蒙之间的贸易活动在此一时期也并不稳定。在第三个时期,蒙古人成为明朝首要的马匹来源方,而且明蒙的贸易也稳定了下来。

贸易模式的转变大致呼应了标志着明蒙关系发生关键变化的重要历史事件。第一时期开始于 1368 年,结束于 1424 年,也就是永乐朝告终的那一年。永乐帝去世后,明朝对蒙古的方略从积极进取转变为以防御为主,而这个时期的蒙古人在边境却更加活跃。1550 年标志着第二个时期的结束,因为在 1551 年,明代允许土默特蒙古部的领袖俺答汗与之开市。从 1425 到 1550 年,蒙古人与明朝进行了零星的贸易,蒙古的朝贡使团为明朝带来了大量的马匹,但蒙古诸部没有获得常设的市场。1551年，为蒙古所设的常规马市成立，虽然这些马市很快即告中止，但又在1571年重开并在此之后稳定下来。所以，1550年标志着第二时期的结束，自此之后，明蒙之间较为和平地进行贸易。

　　按照上述分期，我们将首先分析明朝和蒙古之间关系变化的时间节点和原因。随着时间推移，明蒙依次出现了三种类型的互动：高度对立的互动与权力失衡，高度对立的互动与势均力敌，以及较少对立的互动与权力平衡。明蒙之间不同的互动类型，导致了三个中间部族在行动中产生了不同的机会结构。最后，我们分析被这些机会结构制约的三个中间部族的政治命运。中间人利用其中间性而努力获得的不仅仅是一个位置，更多的是机会结构——易变的而非更稳定的机会（Gamson and David, 1996; Meyer, 2004）。在三个时期中，明蒙关系从绝对的敌视发展到战争与互市并存的状态，继而是长期稳定的贸易。明蒙之间的互动模式深刻地决定了中间人所能够调动的关系资源。

三、 明蒙关系的发展动态

　　在第一个时期，明军将蒙古军队从中国的内陆省份驱逐出去，明军和元廷残余势力形成了激烈的对立。明廷担心之前占据帝位的蒙古人会伺机恢复其在内陆省份的统治，因此不仅展示军事力量，还谋求文化合法性。明廷延揽蒙古官员，资助藏传佛教，并使用各种手段来提高自身在游牧民和半游牧民中的形象（Robinson, 2013: 5, 16）。不过，蒙古人不但撤退了，而且四散到了北方草原各处（虽然在名义上保留了对蒙元的效忠）。此时的明朝在其北部边疆发挥了颇为强霸性的影响。[①] 我们把这一时期的明蒙关系定义为权力不平衡且高度对立的关系（highly antagonistic with a power imbalance）。

在这种情况下，即使蒙古人是主要的马匹饲养者，明朝也拒绝将其视为贸易伙伴。从明朝与北方贸易伙伴之间的贡马贸易数量（附录表3）可以看出，在1408年之前，蒙古人几乎被排除在明朝的贸易网络之外（《明实录》，第84卷：1117）。[②] 当时明朝对其边境以外的控制非常不牢固，它通过结盟以确保其在边境以外的影响力（Robinson，2020：164），这包括在马匹贸易中通过与中间部族合作来遏制蒙古人。三个中间部族虽然与蒙古人几乎没有接触，此时却可以缓冲蒙古人对明朝的威胁，它们因之成为明朝的附庸者。

在第二个时期，在被相互对立的首领分东西两部统合之后，蒙古人南下占据了南蒙古的草原，继而发起无数次远征以打开与明朝的贸易之门。在这一军事压力下，明朝皇帝不得不将朝贡之权利给予某些蒙古部族，允许其与明朝进行马匹贸易。当蒙古人对贸易的不平衡感到不满时，他们便无情地劫掠明朝的边镇卫所。在这一时期，战争与贸易相互交织。虽然明朝与蒙古在此大部分时间里处于对立状态，但这没有妨碍明朝在马匹贸易方面做出一定让步。附录表2列出了蒙古人朝贡的细节，历史记录显示，自1411至1455年，几乎每年都有蒙古使团

---

① 立国之初，明朝发起战争不仅是为了击败蒙古人，而且旨在取代其成为整个草原-内地政治传统的继承者（见 Dreyer，1995；Waldron，1995）。

② 瓦剌部的首领马哈木率领朝贡使团前往明廷，但我们不知道他所带来的马匹的具体数量。在这一时期，各种藩邦和族群都向明朝提供了马匹（详细分析见 Wang and Tian，待刊稿）。

的朝贡。① 蒙古提供了大部分明朝所需的马匹,而得自蒙古的马匹又导致明朝减少了从其他来源获得马匹的数量。② 我们用权力平衡的高度对立关系(highly antagonistic with a power balance)来形容这一时期的明蒙关系。③

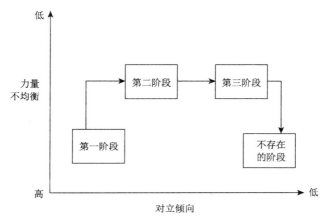

图 1　明蒙之间的动态力量变化

① 在 1434 年之前,阿鲁台领导的鞑靼部是朝贡的主力,但该部在 1434 年之后被瓦剌部取代。这表明,东部蒙古逐渐在明朝失宠,它的地位渐被西部蒙古取代。值得注意的是,1455 年后,蒙古的朝贡仅零星存在,1488 至 1550 年间几乎不存在,我们将在后文解释其中原因。

② 如附录所示,1427 年后,明朝与朝鲜的马匹交易频率和数量急剧减少;1455 年后,与中亚的马匹交易也急剧减少;与藏族人的马匹交易在 1450 年后急剧减少,且交易频率明显减少。关于与女真人和兀良哈三卫的马匹交易信息很少。我们在《明实录》中找到了一些关于辽东地区马市交易活动的条目。然而,对于 1425 年后辽东地区马市的交易马匹数量,却没有具体数据。不过资料表明,这些市场虽偶受干扰,但仍在运行。

③ 关系模式的转变可归因于多种原因。首先,明朝在 1424 年永乐皇帝去世后就不再倾向于推行进取政策,而是让军队驻守本土。此后,明朝一直饱受蒙古掠夺的困扰,所以被迫开始与蒙古人进行贸易。其次,蒙古人对明朝提供的贸易机会并不满意,所以经常会发动军事行动,要求明朝开辟更多的贸易市场,确保获得更好的贸易机会。最后,蒙古人还面临着内讧的风险。因此,从 1409 到 1455 年,明蒙之间的战争从未停止过。

　　这一时期,中间部族不再仅是顺从明朝的附庸者。一方面,为了获得想要的商品,它们继续与明朝进行马匹交易。另一方面,它们与蒙古的关系变得更加亲密,时而受蒙古拉拢,时而受其打击,并与其开展贸易及其他类型的秘密交易。中间部族因与明蒙都有接触而成为两者之间的桥梁,或者说,它们或多或少地变为明蒙两方的附庸者。

　　明蒙之间马市和贸易的正常化拉开了第三个时期的序幕。蒙古人不再通过朝贡而是通过稳定的市场与明朝进行贸易。15世纪末以后,在达延汗的带领下,东部蒙古人崛起并实现了统一。至16世纪中期,达延汗的孙子俺答汗开始领导右翼蒙古,他向明朝提出一系列直接贸易的要求(《明实录》,第354卷:6383)。① 明蒙贸易局面最终在1571年稳定下来。尽管小规模冲突和争斗仍然存在,但随着马市的制度化,双方之间的敌意亦有所减弱。我们把这段关系称为权力平衡的低对立关系(low in antagonism with a power balance)。②

　　明蒙之间的贸易正常化不仅减少了彼此的敌意,也大大降低了蒙古对明朝的威胁。附录表3显示,从1551到1644年,蒙古人仍然是明

------

① 1549年,蒙古人在宣府要求进行马匹交易,并袭击了宣府和大同的明军。同年,兀良哈三卫带领蒙古人进攻辽东和沙河堡(《明实录》,第360卷:6438)。其时,俺答汗也率领右翼蒙古越过蓟镇的驻军,要求进行贸易。

② 明蒙各自的内部原因可以部分地解释这个变化,几桩事件为明蒙之间的和平提供了机会:第一个事件是俺答汗率军六次远征西北,确保了他对瓦剌残部的统治。俺答汗随后在西部和东部的蒙古人中都取得了领导地位。换句话说,这一时期蒙古各部是被凝聚起来的。第二个事件是明代官场的变更导致了一些有实际想法的官员的崛起,如王崇古(1515—1588)、高拱(1513—1578)和张居正(1525—1582),他们认为与蒙古实现贸易正常化有利于明朝的国家稳定。最后,在这一变化之前发生了一个小插曲。俺答汗的一个孙子因家内纠纷而背叛了他,并向明朝的边境哨所寻求支持。明廷迅速做出反应,迫使俺答汗交出逃往蒙古的汉人,并答应为蒙古人开放马市,以此为奖励(详见侯仁之,1937)。马市在大同、宣府、山西、延绥、宁夏和甘肃的卫所附近开放。

朝最重要的马匹提供者，但贸易主要是通过马市而非朝贡进行，因此也变得更加稳定和频繁。即使如何出资扶持马市成为明朝的一个新问题，但由于蒙古人获得了以马易物的市场，他们对掠夺明朝边境的兴趣大为降低。[①]在这种新形势下，服务于两个庇护者利益的中间部族日益失去了地缘政治的重要性：一方面，明朝对中间人作为缓冲的依赖减弱了；另一方面，蒙古人将中间人作为桥梁的偏好也降低了。这一时期，中间部族出现了根本性的分化。甘藏边界的藏族人淡出了这一地缘政治格局，兀良哈三卫开始被蒙古同化，而女真则从一个强权间的经纪人变成了新的强力庇护者，最终成为明蒙的劲敌。两个大国之间的不同互动模式，为中间人制造了不同的机会结构，但对于中间人实践的宏观结构过程（McAdam, 1982; McAdam, et al., 1996; McAdam, et al., 2001; Goodwin, 2012）来说，这些机会并不是外在的。令中间人受益或受损的通常不是明蒙互动的环境效应，这在第三时期中间部族的分化中体现得最为明显。

---

①　尽管明廷使用多种手段承担与蒙古人交易马匹的成本，但是总支出规模仍在不断增加。1575 年，方逢时向万历皇帝奏请将在宣府交易的马匹数量限制在 18,000 匹以内。但到了 1578 年，在宣府交易的马匹数量已经超过了每年 40,000 匹。如果马匹交易数量最终增加到让明朝无法承受的地步，这可能会导致其收缩与蒙古的贸易规模，并再次引发蒙古的进犯。也就是说，财政危机可能会再次破坏明蒙之间的和平协定，从而使双方重新陷入冲突的泥潭。幸运的是，这一切并没有发生，因为在全面的财政危机发生之前，女真人已经壮大为一个政权竞争者，并最终取代明朝，建立了清朝（1644—1911）。

四、 三个中间部族

（一）明代甘藏边界的藏族部落：影响减弱直至全盘退出

1. 第一个时期

甘肃-藏区边境包括了现在的甘肃省西南部和青海省东北部。有明一代，甘肃所在的区域是由卫所而非流官政府来治理的。在这个地区，游牧、农耕和狩猎等生产方式同时存在。中古之后，为了换取日常生活必需品和一些奢侈品，藏族人一直与内地商人进行畜牧品、草药和毛皮的交易，茶叶是这类贸易的核心。

在结束了元朝对这一地区的统治后，明军保留了愿意归顺的首领并任命他们为低级别的卫所军官，其中大部分是藏族人。在正式制度方面，明朝对这一地区的统治由四个主要的卫所负责：河州卫、洮州卫、岷州卫和西宁卫。明朝把对一百多个地方卫所的监督权交给了这四个卫所。自今天甘肃的西南边界向西绵延至青海的库库淖尔（即青海湖）以东地区，就是由这四大卫所管辖的边疆。对明朝来说，居住在甘肃-藏区边境的藏族部落在防御蒙古人的战略中至关重要，因为该区域的北部和西北部与西部地区的草原相邻，容易受到游牧力量的攻击。

在第一个时期，明蒙关系的特点是强对立且权力不平衡。明朝在其北疆几乎成了强霸性的力量，不仅阻止中间部族与蒙古人接触，而且谋求与中亚、朝鲜和中间部族建立朝贡贸易关系以获取战争所需的军马（见附录表 1 中的马匹贸易分布）。① 1372 年，明军在甘肃击败了元朝的残余势力，在西北地区实施了扩张性军事政策。大约在同一时间，为了确保甘藏边界的藏族部落对明朝的忠诚，明朝启动了茶马互市。当时，藏族人是明朝的主要马匹来源之一，明廷每年从藏族人那里得到大约 13,800 匹马，这远远超过了其他两个中间部族——兀良哈三卫和女真人。② 甘藏边界的马市对明朝遏制蒙古人的政策具有战略意义。

茶叶是藏族人生活中不可缺少的日常品，同时也具备宗教上的功能。茶马互市使甘藏边界的藏族人产生了某种工具性服从。此外，明朝围绕茶马互市建构了一套准科层制架构。他们向藏族人规定了互市的地点，这些地点无不靠近明朝的卫所，并由茶马司进行密切监督。被允许用马匹换取茶叶的藏族部落，被授予金牌信符作为交易许可证。部落首领只能将马匹送至拥有信符的机构那里（《明实录》，第 225 卷：3295）。同时，国家还规定了每个在编部落的马匹配额，以及用于交换马匹的茶叶数量。

文化上的实践巩固了这一恩佑-附庸关系。马匹贸易是在确认附庸者朝贡地位的前提下进行的，这暗示了附庸者是明朝国家体系的一部分。也就是说，甘藏边界的藏族人加入了明朝国家推行的规范性政治秩序。明朝任命一些藏族部落首领为甘肃-藏区边境的卫所官员，这些藏族部

① 和田清（1984）在其关于明初对蒙战争的里程碑式研究中正确地指出了这一点。他在对明朝早期北方边疆战略进行研究，特别是对战争路线进行分析后发现，明朝最好的军队被安排在蒙古人和藏族人、女真人和兀良哈之间的重叠地带，而不是直接攻击蒙古人（和田清，1984:87）。

② 1393 年，明朝向加入军队的藏族部落发放了 41 块金牌信符。居住在河州的藏族人拥有 21 块金牌信符，预计提供 7705 匹马。西宁的藏族人被分到 16 块金牌信符，提供 3050 匹马。同样的马匹配额也分配给洮州的藏族人，但他们只得到了 4 块金牌信符，见《明史》（张廷玉等，1980:1948）。杨一清（2001:77）所引用的西宁藏族人配额较小，为 3296 匹。

落的精英家族世领这些卫所职位,因此也被认为是和"生番"不同的"熟番",有助于明朝在西北的经略。① 藏族人与明朝的茶马贸易也被称为"效劳进贡"(《明经世文编》,第 447-a 页),他们在明朝的官方体系中被赋予了名义上的地位,从而与真正的"化外人"区分开来。

2. 第二个时期

在第二个时期,藏族人的结盟策略发生了变化。当时明蒙之间仍存在高度对立,但双方权力达到了近乎平衡的状态,两国时而交战、时而互市,而中间部族也因之发现了更多的回旋余地。藏族人此时不再是明朝顺从的附庸者,而是在两个庇护者(即明朝和蒙古人)之间反复改变效忠对象。藏族人虽对明朝垄断的茶叶贸易有所依赖,但也与蒙古人开展合作,总的效果是明朝对藏族人的庇护被削弱了,茶马互市对明朝构成了沉重的财政负担。在贸易过程中,明朝必须承担生产、制造、储存和运输的所有费用。此外,国家垄断下的茶叶价格高于市场价格,明廷无法阻止藏族人与茶叶走私者进茶马交易(《明实录》,第 133 卷:2639)。② 私人交易行为变得普遍,明朝士兵在边境无法有效禁止和监控。③

这一时期,蒙古的军事行动增强了他们对藏族人的影响力。其间蒙古人对藏族人至少发动了 23 场征掠。这些行动主要是由明朝西部

---

① 例如,河州卫指挥同知何所南普、河州卫韩家集珍珠、打拉两族镇抚司韩哈麻、河州抚番头目五且禄、河州沙马族土司苏成威(张维、张令煊,1983:109—111)。另见张维、张令煊(1984)对从蒙元到清朝最重要的甘肃、青海土司家族的传略。

② 根据这一记录,明廷发现他们的官员出售一些被垄断的茶叶来谋求私利。记录显示,迟至 16 世纪 30 年代,四川的平民走私茶叶以与甘肃的藏民进行交易(《明实录》,第 140 卷:3265)。

③ 因此,明朝人于夏秋两季(农历四月至九月)在关键地点设立了专门的检查点,以检查马匹的走私情况。最初,每个月都会派出一名官员进行监督(总共有 24 名官员被分配到该地区)。然而,明廷不能长期这样做,于是在 1435 年采用了每三个月派一名官员的办法(《明实录》,第 4 卷:83)。这种制度至少持续到 1467 年(《明实录》,第 45 卷:926)。

边境外蒙古诸部的权力洗牌所引起的,而导致洗牌的原因包括继承危机、竞争和其他因素。权力洗牌持续分裂了蒙古人并迫使他们在部落外寻找其他盟友,于是甘藏边界的藏族人既成了征掠的受害者,也成了蒙古人寻找的目标盟友。被打败的蒙古首领们逃到了西部,抢占了藏族人的贸易路线,并被其他蒙古人追讨。藏区的马匹供应商被蒙古人奴役,须向新主进贡商品和服劳役(《明实录》,第18卷:507)。一些藏族人背井离乡,放弃了养马所需的游牧生活方式。而蒙古人从藏族人手中夺取了一些互市许可的信符,自己当起了马匹供应商。事实上,许多藏族人成为蒙古的附庸。

概言之,甘藏边界的藏族人在第二个时期被明朝和入侵的蒙古人所控制。他们同时成为两个庇护者的附庸者,三者之间出现了一种类似于扩展的委托-代理模式的关系(Adams, 1996; Reed, 2017; Shapiro, 2005),即多个庇护者竞争同一附庸者的忠诚。明朝、蒙古和甘藏边界的藏族部落之间的三方关系超越了简单的控制权垄断,而这种垄断是二元权力关系(dyadic power relationship)的特点。一方面,由于无法承受藏族人完全倒戈,明廷容忍了与藏族部落之间茶马互市的萎缩,使藏族部落继续充当明蒙之间的缓冲区。另一方面,蒙古人加强了与藏族人的接触,并间接地利用他们来扩大与明朝的贸易。任何一个庇护者都无法垄断对其附庸者的控制权,藏族人获得了在两大权力之间回旋的余地。

3. 第三个时期

当明蒙之间的对立关系有所缓和并实现了权力平衡之后,周旋于两个大国间的机会在第三时期消散了。明朝改善了与蒙古的关系,意味着其对中间人的依赖也随之减少。甘藏边界的藏族人继续与两个庇护者合作,但自身的战略重要性却大大降低。明朝与藏族部落官定茶马互市的运转继续恶化。1551 年,明朝在拒绝了重振官定市场的建议后,围绕藏族人做出的安全考虑便主要集中在禁止茶叶走私上(《明实录》,第 369 卷:36018)。一方面,由于藏族人可能会用茶叶来促使蒙古人与之结盟,所以明朝担心若不严控走私茶叶,就会让藏族人和蒙古力量走得更近。另一方面,明朝试图严防蒙古人用马匹贸易中获得的收入来购买茶叶。这两方面的考虑都意在防止以茶叶为中介的蒙藏结盟。①

在抑制藏族人与蒙古人的茶叶互惠之外,明朝总体上对控制藏区附庸者的兴趣寥寥,只在必要时(例如镇压叛乱)对藏族部落地区的秩序进行干预。由于明蒙此一时段保持着相对和平的关系,藏族人其实并没有造成任何实质性的动乱。尽管偶有叛离,但藏族人大体上仍依赖明朝的茶叶(见表 1,茶马互市虽然没有中断,但仅零星地持续着)。明朝似乎并不关心藏族人的叛乱本身,反而对蒙古人获得茶叶的情况更为警惕(《明实录》,第 369 卷:6604)。

表 1　史料记载中 1368—1644 年朝贡使团与贸易的频率

朝贡者	朝贡和贸易的频率(基于附录的数据)			
	朝贡数量	第一时期	第二时期	第三时期
朝鲜(高丽)	以千计	11 (峰值为 20,000)	2 (峰值为 5000)	0
	以百计	0	0	0
	少于百	11	1	0

---

① 1576 年,陕西御史傅元顺奏请停止用与藏族人贸易的剩余茶叶来与蒙古人交换马匹。他建议每年与蒙古人的贸易应在与藏族人的贸易之后进行。此外,他还建议明廷通知蒙古商人,让他们在前往指定的市场时,应避免途经藏族人的聚集地(《明实录》,第 47 卷:41270)。1578 年,俺答汗的儿子宾兔又向明朝提出了用茶叶换取他们的马匹的要求,并威胁要发起与甘藏边界的藏民的交易。明朝人威胁说,如果宾兔再提出茶叶要求,就关闭市场(《明实录》,第 74 卷:41817)。

朝贡者	朝贡和贸易的频率（基于附录的数据）			
	朝贡数量	第一时期	第二时期	第三时期
中亚	以千计	6（峰值为4740）	0	0
	以百计	11	1（峰值为1000）	0
	少于百	3	3	0
东北部落	以千计	1（峰值为1000）	1（峰值为1000）	0
	以百计	1	4	2（峰值为410）
	少于百	3	1	
藏族人	以千计	9（峰值为13,518）	11（峰值为14,050）	3（峰值为9600）
	以百计	5	1	0
	少于百	0		
蒙古人	以千计	1（峰值为1000）	12（峰值约为40,000）	20（峰值约为三年104,400）
	以百计	2	6	7
	少于百	3	3	4

　　然而，蒙古人在藏族人中的影响却在持续增大。16世纪上半叶，俺答汗通过西征使藏族部落臣服，随后又在甘肃与明朝开战（王琼，1993:135；李文君，2008:199）。[1] 1559年，俺答汗和他的两个儿子开始征讨居住着卫拉特人和藏族人的甘肃-藏区边境。在粉碎了当地的抵抗之后，俺答汗回到了蒙古高原，并将新征服的土地分给

---

[1]　参见郑洛所上奏疏《敬陈备御海虏事宜以弭后患疏》，载《明经世文编》，405卷，第4402页。由于甘肃是从藏区或中亚到北京朝贡的必经之地，安多藏区的蒙古人也早于这些商人从明朝那里获得赏赐（李文君，2008:199—200）。

他的两个儿子(《明史》,第8546页)。这次征服使甘藏边界的藏族人牢固地处于蒙古人的统治之下,即令他们仍旧依赖于明朝所提供的茶叶。

需要指出的是,蒙古并不只是一味地胁迫藏族人,事实上也对之加以团结。俺答汗在蒙古人中推广藏传佛教的做法加强了蒙藏之间的联系。1572年,也就是明蒙正式达成和平协议的第二年,俺答汗请求明朝允许他邀请藏传佛教喇嘛前往内蒙古弘法。他推广藏传佛教的热情受到了明朝官员的强烈欢迎,因为他们认为将蒙古人转化为藏传佛教信徒是减少其侵略性的最好方法(《明实录》,第65卷:1568)。而随着明朝和蒙古达成和议,甘藏边界的藏族部落所具有的地缘政治战略重要性则无可挽回地下降了。

(二) 兀良哈三卫:从衰落到同化

1. 第一个时期

兀良哈三卫是本文讨论的第二个中间部族,包括在元朝时期建立的三个千户,最初居住在明朝东北边境,是拉铁摩尔(Lattimore,1940:107)特别重视的辽河沿岸蒙古部落。[①] 1374年,手握元朝大权的扩廓帖木儿为抵抗明军,将其军队转移到蒙古东部。明朝皇帝也将自视为中原流亡皇帝的蒙元统治者看成最强大的对手,因此也将国家的重心转移到了辽东地区(赵现海,2012:87—89)。1389年,兀良哈三卫臣服

---

① 这三个千户直到元末才建立起来,并被称为台州、灰亦儿和朵因山(和田清,1984:90—124)。拉铁摩尔(1940)强调,即使明朝文献用兀良哈来称呼此三卫,但严格来说兀良哈只指朵颜部。

于明朝，并被安置到朵颜、扶余、泰宁等地。[①]　明朝中叶，兀良哈三卫向华北地区南迁之前一直控制着辽东和华北高原之间的重要通道，从而成为调节蒙古（位于其西部）和明朝（位于其南部）关系的重要角色（和田清，1984）。

与甘藏边界的藏族人一样，兀良哈三卫在第一时期也与明朝结盟。他们被授予官衔，也有了交易马匹的权利。虽然兀良哈三卫没有像藏族人那样提供给明朝大量马匹，但却与汉人保持着其他当地特产的交易。[②]　比如兀良哈三卫的首领喜欢绸缎，各部的平民通过交换才能获得谷物和手工艺品，而汉地大量提供了这些在兀良哈三卫的社会中常常短缺的商品。明代将兀良哈三卫动员为可收集军事情报和抵挡蒙古人首波攻击的军卒，以此来弱化蒙古人的军事威胁。

与甘藏边区茶马互市中的金牌信符制度类似，在永乐年间，明廷向兀良哈三卫发放了大约三百个朝贡信符（"大都"）。持有朝贡信符才可以每年两次来明朝行商和纳贡（特木勒，2007）。每次朝贡时，一个信符对应着一匹马。所有这些交易都会受到戍边官员的严格监管和检查。作为附庸者，兀良哈三卫对明朝在辽东地区的安全具有战略意义，因为他们可以抵挡蒙古人的渗透。然而，随着蒙古在第二时期的崛起和扩张，兀良哈三卫改变了活动策略。

---

① 1428 年，兀良哈三卫接管了大宁的卫所，这一年，明朝将他们的防线向南撤守至长城。此后，他们开始南迁，并在明朝北方的中心地带居住。在南迁过程中，兀良哈三卫与明朝和蒙古都有接触，也参加了与蒙古诸部的内战。

② 我们没有关于兀良哈三卫和女真人的马匹交易的全面数据。但可以知道他们通过两个渠道纳马——朝贡和马市。兀良哈三卫位拥有大约 1500 张纳马信符。至于马市，根据我们有限的资料，明朝与这些辽东部落交易的马匹数量远远低于藏族人茶马互市以及与朝鲜和中亚的贸易（附录表 1 中收入了关于四个朝贡使团和三个马市的记载）。

2. 第二个时期

在第二个时期,明蒙之间的关系高度对立且势均力敌。由于内部分裂,蒙古在此时期至少有三次大的东进浪潮。但蒙古与兀良哈三卫的关系不同于其与甘藏边界藏族部落的关系,蒙古人不仅攻击兀良哈三卫,而且还经常延揽他们,甚至基于族群亲缘关系与他们通婚。蒙古鞑靼部主导了第一波攻势,1410 年,永乐皇帝对阿鲁台的远征迫使鞑靼部向兀良哈三卫的所在挺进。鞑靼部不仅袭击了兀良哈三卫,而且还与他们共谋,旨在渗透到明朝边境的卫所中。第二波攻势则由瓦剌部发起。他们在 1435 年击败阿鲁台后,也不时与兀良哈三卫共谋,一同掠夺明朝边境地区和女真人。① 当兀良哈三卫表示出抗拒并投向明朝时,瓦剌部也会攻击他们。② 此外,瓦剌和此前的鞑靼部首领都通过通婚方式确保兀良哈三卫的忠诚。③ 1455 年也先身死,这非但没有使蒙古人停止向东侵扰,反而最终导致了蒙古人的第三波攻势,在这一波东进浪潮中,虽然蒙古的攻击次数有所减少,但其破坏力依旧。④ 由于兀良哈三卫与蒙古人之间的通婚,蒙古军队能够获得比在西北地区更多的机会,蒙古的东进极大地改变了辽东地区的马市。在这一时期,明朝对兀良哈三卫的控制力有所下降。

在这种背景下,兀良哈三卫同时附庸于两个庇护者。一方面,兀良

---

① 参见《明实录》,正统 1437、1439、1442 年中的条目。

② 参见《明实录》,正统 1446、1447 年和景泰 1451 年中的条目。《明实录》中有一些关于兀良哈三卫在 1411、1412、1415、1417、1421、1425、1430、1432 和 1433 年进攻明朝边境的记录。1415 年的记录明确指出,阿鲁台征召了兀良哈的三位统领,以平衡他的竞争对手瓦剌部的力量。

③ 参见《明实录》,正统 1438、1441 年中的条目。

④ 参见《明实录》,天顺 1459、1462 年以及成化 1465、1466、1476、1483 年中的条目。

哈三卫希望与明朝进行贸易；另一方面，他们又无法在蒙古人东进中全身而退。明朝不能垄断对附庸者的控制权，亦无法承受其完全叛变的后果，我们可以把明朝试图全面暂停面向中间人的马市活动看作其操控时局的手段。在正统年间（1436—1449），明朝曾因担心兀良哈三卫的忠心而暂停过马市（《明实录》，第 176 卷：3183—3184）。遭受损失的兀良哈三卫在 1478 年向辽东总兵官都督同知欧信请愿，要求重新开放市场。他们报告说，自己因为不堪北面蒙古人的压力而不得已背弃明朝（《明实录》，第 158 卷：2885—2886）。明朝官员对兀良哈三卫和蒙古可能的结盟感到震惊，随即提议重新开放马市。明朝不得不容忍中间人偶尔的叛变，因为彻底疏远附庸者将把后者真的推向叛变，这可能形成一个有害于明朝国家安全的联盟。[①] 一些档案资料记录了蒙古人的有关讨论，但显然，他们想利用兀良哈三卫扩大与明朝的贸易机会，而不是完全支配和统治他们。因此，兀良哈三卫既面临来自两个庇护者的压力，它也利用自身独特的地位，增加与两个大国讨价还价的筹码。

3. 第三个时期

当明朝和蒙古处于权力平衡的低对立关系的第三时期，兀良哈三卫的政治权力就相当衰弱了。它几乎被侵入其聚落地的蒙古人完全同化，失去了作为独立中间部族的地位。与甘藏边界的藏族人一样，随着明蒙之间贸易的盛行，兀良哈三卫失去了其地缘政治上的战略意义。从我们仅能找到的明朝与兀良哈三卫之间的一份朝贡记录（见附录表

---

① 放松控制并不是软弱的表现。在面对自身持续的资源不足问题和与荷兰东印度公司的竞争时，东印度公司采取了安抚员工的策略以缓解控制的问题（Erikson and Bearman, 2006: 204）。事实证明，这种策略比荷兰东印度公司采用的集中化和严格控制更为有效。

3)来看,辽东地区的贸易市场虽然继续保持繁荣,但也越来越受到蒙古人的控制。在 16 世纪中叶之前,占据了兀良哈三卫大本营东部的蒙古人在广宁和开远以前者的名义进行贸易(达力扎布,1998:236—237),[①]而蒙古对兀良哈三卫的同化亦是通过军事征服和与部落统治者的通婚渐渐实现的(《明实录》,第 454 卷:8575)。[②] 在东部蒙古人中,左翼蒙古对兀良哈三卫的影响最强,东部蒙古人中的一部——内喀尔喀五部在 16 世纪 60 年代南迁,进犯扶余和泰宁两部边地。在其鼎盛时期,喀尔喀蒙古部占领了整个扶余,并进犯泰宁的东部边境(和田清,1984:504)。1571 年贸易条约签订后,内喀尔喀五部完全统治了福余和泰宁(龙武,2013:28),由于无法对抗来自西部和北部的蒙古人侵略,一些兀良哈三卫的残部向北撤去。明朝的官方文书此时继续认定,泰宁和扶余仍在兀良哈三卫的领导之下,但和田清(1984:489—499)的卓越研究则证明,占据两地的群体在明末已经是喀尔喀蒙古。可以说,兀良哈三卫之一的朵颜卫的一部分成为另一入侵的喀喇沁部扩张的牺牲品。至 1620 年,最后的兀良哈千户朵颜卫在明朝文献中也被误认为喀喇沁蒙古人(和田清,1984:460)。兀良哈三卫逐渐变得与蒙古人无异,他们的中间人地位随之消失。[③]

---

① 明朝驻军在 1567 年抓获了 375 名假装是兀良哈三卫前往边境市场的东部蒙古人(《明实录》,第 11 卷:313)。1571 年后,由于明朝不希望与俺答汗签订的条约能合法化所有与蒙古的边境贸易,这种蒙古人可进行贸易的灰色地带仍然存在(Bao, 1998: 237—238)。

② 朵颜卫的首领娶了宣府外一个蒙古首领的女儿。朵颜卫成为东部蒙古人喀喇沁部的附庸。他们以兀良哈为名,每年两次率团朝贡。每一次,他们都带着 600 匹马。他们还被允许在辽东和宣府的市场上自由交易马匹和牛。

③ 关于东部蒙古人如何将兀良哈三卫变成其附庸的详细信息,见郭造卿《卢龙塞略》、米万春《蓟门考》和戚继光的《蓟镇边防》。据郭造卿介绍,兀良哈三卫被蒙古两翼所吸收。为俺答汗和他的兄侄们所控制的西翼蒙古吸收了兀良哈的 23 个部落,共有 7840 多人。而东翼则吸收了兀良哈三卫的 19 个部落,这些部落有 6680 多人。

（三）女真人：从中间人进而立国

1. 第一个时期

至明朝,女真人有三个分支:海西女真、建州女真和东海女真(后者在明朝官方文件中被称为野人女真,因为他们地处偏远,与明朝接触最少)。他们活跃在中国东北的东部和北部地区,那里的森林为他们创造了一个过渡环境(Lattimore,1940:110)。明朝在1384年控制了女真栖息地后,开始对其实行结盟政策。明朝授予女真各部首领官衔,并将他们纳入自己的卫所系统。卫所官衔在女真首领家族中世代相传。女真人还与兀良哈三卫密切接触,通婚现象十分普遍(达力扎布,1998:253)。

女真人与明朝结盟的时间与兀良哈三卫大致相同。建州和海西女真获得了大约1000张信符用于与明朝进行马匹交易,以换取所需物品。明朝与女真部的马匹交易制度和其与兀良哈三卫的交易制度大体相似,只不过明朝认为女真人是比其他中间人更为亲近的盟友。例如,明朝官员将女真族与东夷联系在一起——东夷不仅人数众多,而且其范围被扩展至包括朝鲜在内。相形之下,明朝对兀良哈三卫的族群归属就产生了怀疑。尽管兀良哈三卫也被归于东夷之列,但他们源自蒙古人,同时也属于"北房"(蒙古人)(《明经世文编》:2436-b,273-b)。相反,尽管女真人和兀良哈三卫都对明朝进行朝贡,并在同一市场进行马匹交易,但明朝更高看女真部,在文化上认为女真部和自己更近。

2. 第二个时期

在第二个时期,明朝与女真人之间的贸易仍在继续。但女真人从来不是明朝主要的马匹供应商。所谓的马匹贸易对女真人来说,更像一个民间集市(civil market),包括了许多其他商品的交易。马匹交易数量自第二个时期以来显著减少(见附录表 2)。记录显示,女真首领领衔的朝贡使团逐年递减,明朝对女真人的庇护也在下降。一个重要原因是蒙古人的东进对女真人造成冲击。[1] 在此情况下,明朝敦促女真人与入侵的蒙古军队作战,以捍卫明朝边境。[2]

尽管如此,瓦剌部也与女真首领进行了某种秘密协商。[3] 与兀良哈三卫一样,女真人同时成为两个庇护者的附庸者。女真部在为明朝出战的同时也与蒙古人进行私下交易,它在这两个大国之间有足够的回旋余地。

3. 第三个时期

从第二个时期向第三个时期过渡时,情况出现了不同:女真人能够利用两个大国间新的互动模式所带来的机会。他们没有沦为无足轻重的中间人,相反,他们从中间人的地位继续迈进,演变成一个真正的经纪人,并最终成为新的有政治庇护能力的强者。

真正的经纪人能够超越地方团体的界限,并综合各种选择来进行创新(Burt, 2004)。那么,为什么是女真人而不是其他两个中间人成为强大的经纪人?首先,位于明蒙之间的女真人不在明蒙对抗的中心。蒙古人的征伐显著地改变了女真社会的结构,正如其征伐也改变了甘藏边界的藏族人以及兀良哈三卫一样。由于许多女真部落首领被杀,敕令和印信被蒙古人夺走,敕令制度几乎被取消(马文升,1985:1—42)。然而,与藏族人和兀良哈三卫不同,女真人没有臣服于蒙古的强

---

① 我们发现了一些关于这方面的条目,见于《明实录》永乐 1424 年和宣德 1433 年。
② 参见《明实录》,正统 1444、1445 年。
③ 参见《明实录》,正统 1437、1442 年。

力。他们既不像兀良哈三卫那样在族群身份上与蒙古人接近,也不像藏族人那样与蒙古人共享宗教。蒙古人的入侵虽扰乱了当地的秩序,但并没有导致文化上的渗透或形成对女真的政治控制。

女真人没有引起蒙古人的注意这一点,为女真首领提供了重新组织政治力量的空间和时间。在蒙古人入侵后,女真贵族相继起兵,大大促进了女真族内部的权力整合。15 世纪初,每个女真武装只由几百名部民组成,但一个世纪后,女真人统治着几千甚至几万人(Twitchett and Mote,1998:269)。女真贵族的竞争动力来自通过夺取敕令来垄断对明贸易的欲望。结果,敕令落入了少数最强大的部落首领手中,他们能够借此垄断与明朝的朝贡贸易。16 世纪初,海西的四个主要部落成为海西女真哈达部首领王台的附庸,他控制了多达 1498 张敕令。后来,建州女真首领努尔哈赤复制了这种形式的贸易垄断,而正是努尔哈赤为清朝的建立铺平了道路。

女真人的壮大不仅得益于蒙古人的不闻不问,也得益于明廷的疏忽——其由于对女真人存在文化偏见而忽视了女真的崛起。明朝通常认为,在三个中间人中,居住在辽东半岛南部地区的女真部是其最亲密的盟友。明朝将女真部视为深受汉文化浸润的一族,是被贸易利益所吸引的化内人,有异于真正的蛮邦。在明朝的格外优待之下,女真人比其他两个中间部族获得了更多的贸易自由。1588 年,明朝介入到调停海西女真内部的纷争当中。万历皇帝下诏劝说海西女真要以贸易利益为重:他们可以从“江夷”(偏远的东海女真的一部,参见赵令志,2019)那里收集貂皮和人参,从汉人那里获得布匹、盐、大米和农具(茅瑞征,1985:56)。

因此,针对女真的市场与藏族部落的配额制度不同,其运作更加自主。在万历年间(1573—1620),女真市场每月开放十次(王苗苗,

2011；Wang，2011：54）。① 这些市场类似于普通的民市，人们在这里交易各种商品而不仅是马匹。富裕的汉人所需要的皮毛（如紫貂、水貂和松鼠）和人参，是女真人能提供的最受欢迎的商品。这些商品交易给女真人带来了巨大的财富，也将他们的市场与汉人的消费紧密联系在一起。当时的中国正经历着 16 世纪货币市场的扩张（Wakeman Jr.，1986：48，脚注 60；栾凡，2005），女真人用这些货物来换取谷物、盐、器皿、纺织品和金银。与渴望获得丝绸和棉布的蒙古人不同，女真人更青睐纺织品的交换价值。有了银子在手，女真人可以更自由地从不同渠道购买他们想要的货物。女真人与明朝的贸易本质上比其他任何群体都更加商业化。

4. 创造新的控制权

如果明朝仍然在部落首领之间分配贸易许可，这种自由的市场政策可能不会导致少数部落首领家族对贸易的垄断。然而，明蒙的疏忽给了女真人契机，这一过程与充满活力的市场经济相伴而生。明朝低估了政治和经济同步发展带来的影响，而这正是国家建构的典型特征（Adams，1996；Ertman，1997；Tilly，1990）。女真各部的权力整合减少了经济资源的分散，导致最有能力的统治者垄断了贸易，而这些统治者成为潜在的国家建立者。市场的商业化为统治者提供了大量收入，有助于行政和军事力量的起航。如上文所示，随着明蒙之间的关系演变为权力平衡且低度对立，其他两个中间部族的地缘能动性被严重削弱，而在这个关键的转折时刻，女真人采取了新的战略来加强他们的重要性：女真各部的领导人重新定义了他们与周边其他次要国家的关系。

---

① 地方官员对一些货物和在此市场经营的商人征税。他们还对经过某些要冲的货物征收过境税，如长城上的山海关。这些市场的运作类似于民市（《明实录》，第 366 卷：6847）。

有了立国之基的女真部落开始谋求独立于明蒙。

　　女真人创造而不是继承了国家间的结构洞（structural hole）地位。占据主导地位的女真部落切断了位于更北边的野人女真与明朝的联系。明朝最初也为定居的建州女真、毛怜部、半农耕的海西女真和好战的野人女真提供贸易机会。在第三个时期，野人女真很少进贡。即使他们想向明廷进贡，也会选择绕道而行，这就需要经过海西女真的土地（龙武，2013：20）。建州女真和海西女真通过贸易垄断控制了野人女真。他们向汉人出售貂皮和人参，以换取布匹、大米、盐、农具和手工艺品。然后他们将这些货物转卖给那些更为偏远的女真部落，如乌拉部和辉发部，后者将剩余的布匹和农产品卖给更偏远的野人女真，换取质量更好的貂皮（龙武，2013：20；栾凡，2000：74）。位于该贸易层级顶端的建州女真和海西女真垄断了明朝喜好的产品供应，如貂皮和人参，同时也切断了其他女真部落与明朝的联系。女真部的建国者控制了居住在更北边的边缘女真，使明朝难以利用以前行之有效的分而治之策略来破坏他们的关系，这样一来，他们就创造了自己的附庸者。

　　不仅如此，女真首领们还努力削弱了邻近的蒙古部落与明朝的联系。科尔沁部本属蒙古左翼，16世纪，他们经常在开原市场从事贸易，有时还通过海西女真的市场与明朝开展贸易。随着察哈尔部的林丹汗成为蒙古左翼的绝对领袖，他开始不断削减科尔沁蒙古人的权力。因此，科尔沁部选择与海西女真修好并分享后者的贸易利益。17世纪初，建州女真对海西女真发动了战争，并于1619年击败了后者，这是建州女真垄断该地区贸易的重要一步。此时，已经建立后金的建州女真在这一年占领了开原，并于1622年将广宁纳入势力范围。随着建州女真占领了这两个关键市场，他们也将科尔沁人的贸易机会据为己有，以至后者不得不与建州女真谈判才能换取汉地商品。夹在女真人和察哈尔人之间的科尔沁人别无选择,最终只能屈从于女真人以维持生计(达力扎布,1998:267—268)。其他部落,包括喀尔喀人以及察哈尔部的敖汉和奈曼部,也同样因为女真人控制了对他们的生存至关重要的市场而成为女真人的盟友。

因此,占主导地位的女真部落通过切断其潜在盟友与明朝之间的贸易联系,成功地制造了一个结构洞(其特征是竞技领域中竞技者之间的"脱节或不对等"[Burt, 1995: 1-2])。通过使自己成为获得汉地商品的唯一途径,女真人成功地庇护了被占主导地位的蒙古部落所排斥的边缘蒙古人。控制这些边缘的蒙古诸部是分化和抑制蒙古势力的一个重要步骤。在控制这些新的次级附庸者的过程中,女真人成为了真正的权力经纪人。当往昔的中间人成为新的庇护者时,他们与原庇护者的关系发生了相应变化。至此,对明蒙来说,女真成了一个竞争者,而且是一个真正的权力追逐者。

作为一个新的庇护者,女真人控制着依赖于他们的附庸,但同时又仰赖于与明朝——其主要庇护者(primary patron)——的贸易。作为一个新庇护者,女真人需要壮大自身的经济实力,以增加附庸者对其的依赖性。例如,当蒙古人同意与女真人结盟时,女真人提出用布匹换取他们的牲畜(中国历史第一档案馆,1990a:398—400)。明朝不允许蒙古人与其进行贸易,最终这些蒙古人变得更加依赖女真人。不过,这种依赖也大大加重了女真人的负担,因为他们的经济生产力不足以维持这种庇护-附庸关系。一份1627年的资料显示,在女真人控制的地区,纺织品和其他日常用品的短缺造成了严重的通货膨胀。① 为了维持蒙古附庸者的依赖,女真人不得不向他们提供来自明朝赏赐的商品。最终,他们不得不

---

① 资料显示,当时食物匮乏,吃人的现象并不罕见。虽然女真人积累了大量的金币,但他们缺乏物质财富,这导致了巨大的通货膨胀。一匹好马的价值超过300两白银,绸缎和布匹也极为昂贵(中国历史第一档案馆,1990b:857)。

改变对土地和其他资源的控制方式,这大大促进了他们的对外扩张。[1]

看起来,女真若强化附庸者对自身的依赖只会进一步增加自己对明朝的贸易依赖。为了减少这种依赖并增加自主权,女真人通过积极扩展与朝鲜的贸易来促进商品来源多样化。1627年,女真人对朝鲜发动了征伐,迫使朝鲜开放粮食市场(中国历史第一档案馆,1990b:876,878,886)。此后,女真人从朝鲜那里获得了大量的布匹和丝绸,而这些布匹和丝绸间接来自朝鲜和明朝的贸易(中国历史第一档案馆,1990b:1087—1094)。从长远来看,女真人与明朝的直接对抗几乎是不可避免的,只有取代主要庇护者,新的庇护者才能稳固自己的统治。

这些行为证明,女真统治者善于扮演真正的经纪人角色。女真既与在明蒙的权力斗争中逐渐变得不那么重要的藏族部落不同,也与被蒙古同化的兀良哈三卫迥异,通过成为一个积极的经纪人,他们改变了地缘政治的规则:不仅占据了有利的位置,可以顺畅地将资源分配给附庸者,还发展出自己的附庸,并像其他庇护者一样防止附庸者叛变。女真最终自立,并成为和明朝角逐政权的力量。

五、 结论

我们研究的三个中间部族都地处明朝统治范围的边缘。就像罗马

---

[1] 建立了国家政权的建州女真,由于地理上接近汉地,他们的生活方式比其他女真部落融入了更多的汉文化元素。在控制了辽东之后,他们与汉人的经济联系更加紧密。正如魏斐德(Wakeman,1986:48,脚注54)所指出的,1625年后,女真贵族(1622年后他们也可能被称为满人)开发了大量土地不动产。例如,1634年,代善的儿子共有23个庄园、503名农奴。当女真人控制辽东时,当地居民中有相当多的人是汉地的边民。

帝国利用外交条约和偶尔的军事干预来控制其附庸者国家和部落一样（Braund, 1984; Parker, 2001: 30），明朝对其北部边界以外的游牧群体实施了松散的、非领土性的控制。然而，这些游牧群体不仅是明朝的附庸者，而且还是位于大国之间的中间人，单纯以中心-边缘或委托-附庸者的模型都不能正确解释这些群体的能动性。

中间人的中间地位使其具有可转化为权力的灵活性，这是世界体系理论提出的经典论点。在世界体系理论的分析中，中间人的能动性主要源于他们所处的半边缘地位（semi-peripheral position）。半边缘国家通常掌握某些剩余价值，这些剩余价值足以使其控制边缘，但又不足以跻身中心（见 Chase-Dunn, 1998; Wallerstein, 1976, 1979, 1981, 2011; Wallerstein, et al., 1982）。半边缘地区比边缘地区更有可能发生社会冲突或战争（Chase-Dunn, 1988; Chase-Dunn and Hall, 1997）。它们可以引发经济和政治的变化，并扩散到中心和边缘地区。但是，半边缘地区的能动性是位置性的，而不是关系性的（关于中间人的位置性权力，另见 Wang, 2015）。

我们所研究的三个中间部族都处在明蒙之间的中间地带，它们并没有因这种地位天然地具有优势或者劣势。在不同时期，它们扮演的角色取决于两个大国之间的权力平衡及其不断变化的关系。因此，我们采用关系性而非位置性的方法来研究中间人的能动性。中间人的能动性受到两个权力中心（明蒙）之间不断变化的关系的制约，而这些关系又受到权力中心的实质利益和内部组织的影响。基于这些案例，我们专门论证了中间人的权力是如何演化的（见表2）。我们发现，明蒙之间的对立而不是和平赋予了中间人以重要性。一定程度的敌意并不会导致霸权的崛起，但明蒙之间的权力平衡为中间人提供了讨价还价的空间。当明蒙同意和平贸易时，他们不再需要中间人作为缓冲带或联络点。结果甘藏边界的藏族部落变得无关紧要，它拼命地想要保持自己的现状，但却徒劳无功。而另一边，兀良哈三卫则最终被蒙古人同化了。

明蒙之间不断变化的相互关系，在结构上抑制了中间人的政治自由。但结构性限制并没有决定一切。当明蒙之间处在低对抗性且权力平衡的关系时，这三个中间部族没有走向相同的命数，它们的走向出现了显著分化。女真人没有被动地目睹机会丧失，相反，他们在濒临中间位置失去时成为真正的权力经纪人。当然，女真人的成功带有机运：女真没有处在明蒙冲突的中心。明蒙关系变化所产生的冲击大大改变了政治权力在女真诸部中的集中程度，但没有迫使女真彻底依赖于明蒙的力量。更重要的是，女真人是明朝最值得信赖的盟友，他们在马匹贸易中享有优惠待遇，这使其有机会将市场扩展为自己所有的现实的经济结构。因而，女真人利用这些机会创造了一个结构洞，成为一个真正的权力经纪人。我们的研究证明，行动者有能力有效地调动关系资源，以便在自己的中间位置变得无足轻重时创造有利于自己的条件。

表 2　明蒙关系及其力量对比

	权力不平衡	权力平衡
明蒙之间高度对立	第一时期	第二时期
	1. 明朝强大且具有统治力。 2. 中间人必须与一个霸权结盟。	明蒙之间既进行贸易，又彼此征伐。
明蒙之间低度对立	第三时期 1. 明蒙之间停止了边境战争。 2. 中间人分化，一些消失了，而另一些则存活下来。	

因此，我们的研究显示出中间人灵活的能动性，而不是某种固定的属性。像现代小国一样，中间人的能动性受到大国之间关系的极大限

制。在一个由两个大国而不是一个大国主导的体系中,它们享有更多的自主权:当两个大国被敌意而不是善意所束缚时,中间人就有了更多的讨价还价空间。不过,中间人的作用比小国的作用更为不稳定。它们既可以被一个大国同化(如兀良哈三卫被蒙古人同化一样),也可能像女真人那样,不只有能力在大国之间赢得生存空间,而且可以成为挑战两个大国的强力竞争者。

中间人虽然在经济、军事甚至文化资源方面受到大国的威慑,但并不是被动的棋子。它们可以有效地适应甚至改变自己在不断演变的权力关系中的地位,以使之对自己有利。它们是权力网络中的寻觅者,但同时也是承载传统、认同自身文化价值、追求属于自己利益的实体。

附录

表 1　第一个时期的马匹交易（1368—1424）

年份	朝贡国/朝贡者	数量（匹）
朝贡		
朝鲜半岛（1392 年，高丽王朝被朝鲜王朝取代）		
1372	高丽	17
1373	高丽	50
1377	高丽	60
1378	高丽	60
1384	高丽	2000
1385	高丽	5000
1386	高丽	76/125
1387	高丽	16
1390	高丽	48
1392	高丽	10,000（根据要求提供）
1394	朝鲜	9880
1394	朝鲜	14
1401	朝鲜	10,000
1402	朝鲜	2600
1403	朝鲜	1000
1406	朝鲜	36
1407	朝鲜	3000

年份	朝贡国/朝贡者	数量（匹）
1414	朝鲜	20
1418	朝鲜	40
1421	朝鲜	10,000
1423	朝鲜	30
1423	朝鲜	20,000
中亚		
1387	撒马尔罕	15
1388	撒马尔罕	300
1389	撒马尔罕	205
1390	撒马尔罕	670（由私贩向明朝提供）
1392	撒马尔罕	84
1394	撒马尔罕	200
1396	撒马尔罕	212
1397	撒马尔罕	240
1397	撒马尔罕	1095
1402	穆斯林商人	160
1403	哈密	190
1403	哈密	4740
1406	哈密	35
1408	穆斯林商人	300—500
1416	哈密/吐鲁番（罗萨比［1972］认为，这些马是来自吐鲁番的贡品）	170
1416	哈密	300

续表

年份	朝贡国/朝贡者	数量（匹）
1419	哈密	3546
1421	哈密	1000
1422	哈密/吐鲁番（罗萨比［1972］认为，这些马是来自吐鲁番的贡品）	1300
1423	哈密	1000
东北部落		
1403	女真	13
1406	兀良哈-福余卫	70
1406	兀良哈-泰宁卫	70
1419	兀良哈-泰宁卫	1000
蒙古		
1411	鞑靼部-阿鲁台	1000
1412	鞑靼部-阿鲁台	200
1415	瓦剌部	50
1415	鞑靼部-阿鲁台	75
1418	鞑靼部-阿鲁台	75
1420	鞑靼部-阿鲁台	900
马市		
东北部落		
1424	开原	200（花费：不详）
藏族人		
1377	秦州-河州	171（花费：不详）
1380	秦州-河州	1691（花费：不详）

年份	朝贡国/朝贡者	数量（匹）
1380	秦州-河州	2050 （花费：58,892 斤茶和 98 头牛）
1382	秦州-河州	181（花费：不详）
1382	洮州	135（花费：不详）
1383	秦州-河州-洮州-庆远	585（花费：不详）
1386	秦州-河州-叙南-贵州乌撒- 宁川-毕节	6729（花费：不详）
1387	陕西	2807（花费：不详）
1390	西宁-岷州-河州	7060（花费：钞 600,000 锭）
1392	河州	10,340（花费：300,000 斤茶）
1395	雅州-碉门-及秦州-河州	260（花费：不详）
1397	与藏族人贸易	1560（花费：99,000 匹布）
1399	河州-西宁-洮州	13,518（花费：500,000 斤茶）
1410	河州	7714（花费：不详）

表 2　第二个时期的马匹交易（1452—1550）

年份	朝贡国/朝贡者	数量（匹）
朝贡		
朝鲜半岛		
1427	朝鲜	5000
1450	朝鲜	1477
1530	朝鲜	5
中亚		
1447	哈密	63

年份	朝贡国/朝贡者	数量（匹）
1460	哈密	9
1465	哈密	20
1465	哈密	200
东北部落		
1443	兀良哈-泰宁卫	600
1470	女真	700（含驴）
1515	兀良哈-朵颜卫	10/1000（《明实录》中有两个版本）
1521	兀良哈-泰宁卫	100
蒙古		
1428	鞑靼部-阿鲁台	460
1430	鞑靼部-阿鲁台	1280
1438	瓦剌部-脱欢	1583
1439	瓦剌部-脱脱不花	3725
1440	瓦剌部-脱脱不花	1647
1440	瓦剌部-脱脱不花	90
1442	瓦剌部-脱脱不花	2537
1444	瓦剌部-脱脱不花与也先	3092
1445	瓦剌部	800
1447	瓦剌部	4172
1447	瓦剌部-脱脱不花	63
1448	瓦剌部-脱脱不花	124
1450	瓦剌部-也先	4400（含骆驼）
1451	瓦剌部	329
1451	瓦剌部	3363

年份	朝贡国/朝贡者	数量（匹）
1452	孛来	约 40,000（含骆驼）
1462	孛来	129
1463	孛来	3000
1471	乩加思兰与孛罗太子	430
1472	孛来	85
1488	小王子	4930（含驴）
马市		
东北部落		
1425	广宁	82（花费：不详）
1425	广宁	465（花费：不详）
藏族人		
1432	河州	约 7700
1432	河州	3296
1435	西宁-河州-洮州	约 13,000（花费：约 1,097,000 斤茶）
1435	陕西	约 1600 头牛（花费：不详）
1444	西宁-河州-洮州	14,050（花费：不详）
1447	西宁-罕东-安定阿端-曲先	2946（花费：约 125,430 斤茶）
1450	河州	1400（花费：以淮盐支付）
1461	陕西	2000（花费：约 70,000 两）
1472	陕西	278（花费：5500 两）
1490	西宁-河州-洮州	4000（花费：约 400,000 斤茶）
1508	西宁-河州-洮州	约 9000（花费：约 782,000 斤茶）
1543	宁夏	2000（花费：26,000 两）

表 3　第三个时期的马匹交易(1551—1644)

年份	朝贡国/朝贡者	数量(匹)
东北部落		
1575	兀良哈-朵颜卫	7
1604	女真	352
1609	女真	410
蒙古		
1551	俺答汗	2
1551	大同	2700(购买;花费:不详)
1551	宣府	约2000(购买;花费:不详)
1551	延绥-宁夏	约5000(购买;花费:不详)
1551	大同-宣府 (与俺答汗互市)	约4771(购买; 花费:8893 两和 7000 匹棉布)
1571	俺答汗	509
1571	俺答汗	30/3000(《明实录》中有两个版本)
1571	吉能	700
1571	大同(与俺答汗互市)	约1370(购买; 花费:10,545 两外加上次 981 两)
1571	大同(与黄台吉、 摆腰及兀慎部互市)	约726(购买; 花费:4253 两外加上次 561 两)
1571	宣府(与昆都力哈、 永邵卜及大成部互市)	约1993(购买; 花费:15,277 两外加上次 800 两)
1571	山西(与俺答汗、 多罗土蛮及委兀慎部互市)	约2941(购买; 花费:26,400 两外加上次 1500 两)
1572	俺答汗	250
1572	吉能(诺延达喇)	200

年份	朝贡国/朝贡者	数量(匹)
1572	山西	约2378(购买;花费:不详)
1572	大同	约3562(购买;花费:不详)
1573	宣府	约7810(购买;花费:不详)
1573	大同	约7505(购买;花费:不详)
1573	山西	约3788(购买;花费:不详)
1574	俺答汗	约500
1574	俺答汗	1
1574	宣府	约11,500(购买;花费:不详)
1574	大同	约7670(购买;花费:不详)
1574	山西	约5000(购买;花费:不详)
1575	宣府	约18,000(购买;注:这可能是一个配额,因为有一个实际的交易记录;花费:不详)
1575	大同	约10,000(购买;花费:不详)
1575	山西	约10,000(购买;花费:不详)
1578	丙兔台吉	10
1580	丙兔台吉	8
1584	山西	三年购买约104,000(花费:不详)
1592	扯力克	500
藏族人		
1432	西宁-河州-洮州	4700(购买;花费:不详)
1432	陕西	6370(购买;花费:不详)
1435	陕西	9600(购买;花费:不详)

参考文献

陈子龙等,1962,《明经世文编》,北京:中华书局。

达力扎布,1998,《明代漠南蒙古历史研究》,海拉尔:内蒙古文化出版社。

郭造卿,2000,《卢龙塞略》,载《明代蒙古汉籍史料汇编》第二辑,薄音湖、王
　　雄编,呼和浩特:内蒙古出版社。

和田清,1984,《明代蒙古史论集》,潘世宪译,北京:商务印书馆。

侯仁之,1937,《明代宣大山西三镇马市考》,《燕京学报》第 23 期,第 183—
　　237 页。

李文君,2008,《明代西海蒙古史研究》,北京:中央民族大学出版社。

龙武,2013,《明末辽东马市贸易战和女真诸部兴衰》,北京:中国社会科学
　　院研究生院硕士学位论文。

栾凡,2000,《明代女真族的贸易关系网及社会效应》,《北方文物》第 1 期,
　　第 73—76 页。

——,2005,《明代女真社会的“商人”群体》,《社会科学战线》第 4 期,第
　　146—150 页。

马文升,1985,《抚安东夷记》,载《清入关前史料选辑》第一辑,潘喆、李鸿
　　彬、孙方明编,北京:中国人民大学出版社。

茅瑞征,1985,《东夷考略》,载《清入关前史料选辑》第一辑,潘喆、李鸿彬、
　　孙方明编,北京:中国人民大学出版社。

米万春,2000,《蓟门考》,载《明代蒙古汉籍史料汇编》第二辑,薄音湖、王雄
　　编,呼和浩特:内蒙古出版社。

戚继光,2000,《蓟镇边防》,载《明代蒙古汉籍史料汇编》第二辑,薄音湖、王

雄编,呼和浩特:内蒙古出版社。

特木勒,2007,《十六世纪朵颜卫与明朝关系引论》,载《元史及民族与边疆研究辑刊》第十九辑,刘迎胜编,第88—99页。

王苗苗,2011,《明蒙互市贸易述论》,北京:中央民族大学硕士学位论文。

王琼,1993,《北房事迹》,载《明代蒙古汉籍史料汇编》第一辑,薄音湖、王雄编,呼和浩特:内蒙古出版社。

杨一清,2001,《杨一清集》,北京:中华书局。

张令瑄,1983,《甘肃青海土司志(续)》,《甘肃民族研究》第3期,第159—185页。

张廷玉等,1980,《明史》,杨家洛编,台北:鼎文书局。

张维(遗稿)、张令瑄辑订,1983,《甘肃、青海土司志》,《甘肃民族研究》第1—2期(合订),第105—133页。

——,1984,《甘肃青海著名土司略传—甘肃青海土司志》,《甘肃民族研究》第3—4期(合订),第94—100页。

赵令志,2019,《明代"野人女真"刍论》,《民族研究》第4期,第95—103页。

赵现海,2012,《明代九边长城军镇史:中国边疆假说视野下的长城制度史研究》,北京:社会科学文献出版社。

中国第一历史档案馆,1990a,《满文老档》第一册,北京:中华书局。

——,1990b.《满文老档》第二册,北京:中华书局。

"中央"研究院历史语言研究所,1962,《明实录》,北京:国立北平图书馆,http://hanchi.ihp.sinica.edu.tw/mql/login.html。

Adams, J. 1996. "Principals and Agents, Colonists and Company Men: The Decay of Colonial Control in the Dutch East Indies." *American Sociological Review* 61: 12-28.

Adams, J. 2005. "The Rule of the Father: Patriarchy and Patrimonialism in Early Modern Europe." in P. S. Gorski, C. Camic, D. M. Trubek (eds.), *Max Weber's Economy and Society: A Critical Companion*. Stanford: Stanford University Press.

Barfield, T. J. 1992. *The Perilous Frontier: Nomadic Empires and China*. Cambridge: B. Blackwell.

Bonney, R. 1995. *Economic Systems and State Finance*. Oxford: Oxford University Press.

Braddick, M. J. 2000. *State Formation in Early Modern England, c. 1550–1700*. Cambridge: Cambridge University Press.

Brewer, J. 1989. *The Sinews of Power: War, Money, and the English State, 1688–1783*. Cambridge: Harvard University Press.

Braund, David. 1984. *Rome and the Friendly King: The Character of the Client Kingship*. London: Croom Hellm.

Burbank, J., F. Cooper. 2011. *Empires in World History: Power and the Politics of Difference*. Princeton: Princeton University Press.

Burt, R. S. 1977. "Positions in Multiple Network Systems, Part One: A General Conception of Stratification and Prestige in a System of Actors Cast as a Social Topology." *Social Forces* 56: 106–131.

——. 1995. *Structural Holes: The Social Structure of Competition*. Cambridge: Harvard University Press.

——. 2004. "Structural Holes and Good Ideas." *American Journal of Sociology* 110: 349–399.

Büsch, O. 1997. *Military System and Social Life in Old Regime Prussia, 1713–1807: The Beginnings of the Social Militarization of Prusso-German Society*. Leiden: Brill.

Carruthers, B. G. 1996. *City of Capital: Politics and Markets in the English Financial Revolution*. Princeton: Princeton University Press.

Chan, S. 2012. *Looking for Balance: China, the United States, and Power Balancing in East Asia*. Stanford: Stanford University Press.

Chase-Dunn, C. 1988. "Comparing World Systems: Toward a Theory of Semi Peripheral Development." *Comparative Civilizations Review* 19: 29-66.

——. 1998. *Global Formation: Structures of the World-Economy*. Lanham: Rowman & Littlefield.

Chase-Dunn, C. K., T. D. Hall. 1997. *Rise and Demise: Comparing World-Systems*. Boulder: Westview Press.

Chong, A. 2010. "Small State Soft Power Strategies: Virtual Enlargement in the Cases of the Vatican City State and Singapore." *Cambridge Review of International Affairs* 23: 383-405.

Cooley, A. 2012. *Great Games, Local Rules: The New Great Power Contest in Central Asia*. Oxford: Oxford University Press.

Downing, B. M. 1991. *The Military Revolution and Political Change: Origins of Democracy and Autocracy in Early Modern Europe*. Princeton: Princeton University Press.

Doyle, M. W. 1986. *Empires*. Ithaca: Cornell University Press.

Dreyer, E. L. 1995. *China at War, 1901-1949*. White Plains: Longman.

Dreyer, J. T. 2015. "The 'Tianxia Trope': Will China Change the International System?" *The Journal of Contemporary China* 24: 1015-1031.

Erikson, E., P. Bearman. 2006. "Malfeasance and the Foundations for Global Trade: The Structure of English Trade in the East Indies, 1601-1833." *The American Journal of Sociology* 112: 195-230.

Ertman, T. 1997. *Birth of the Leviathan: Building States and Regimes in Medieval and Early Modern Europe*. Cambridge: Cambridge University Press.

Finer, S. E. 1999. *The History of Government from the Earliest Times*. Oxford: Oxford University Press.

Fox, A. B. 1959. *The Power of Small States: Diplomacy in World War II*. Chicago: The University of Chicago Press.

Galaskiewicz, J. 1979. "The Structure of Community Organizational Networks." *Social Forces* 57: 1346-1364.

Gamson, W. A. , S. M. David. 1996. "Framing Political Opportunity." in D. McAdam, J. D. McCarthy, M. N. Zald (eds.), *Comparative Perspectives on Social Movements: Political Opportunities, Mobilizing Structures, and Cultural Framings*. Cambridge: Cambridge University Press.

Gennaioli, N. , H. Voth. 2012. "State Capacity and Military Conflict." EPSA 2013 Annual General Conference Paper 209A.

Glete, J. 2002. *War and the State in Early Modern Europe: Spain, the Dutch Republic and Sweden as Fiscal-Military States, 1500 - 1660*. New York: Routledge.

Gould, R. V. 1989. "Power and Social Structure in Community Elites." *Social Forces* 68: 531-552.

Gould, R. V. , R. M. Fernandez. 1989. "Structures of Mediation: A Formal Approach to Brokerage in Transaction Networks." *Sociological Methodology* 19: 89-126.

Goodwin, J. 2012. "Introduction to a Special Issue on Political Violence and Terrorism: Political Violence as Contentious Politics." *Mobilization* 17: 1-5.

Gorski, P. S. 1993. "The Protestant Ethic Revisited: Disciplinary Revolution and State Formation in Holland and Prussia." *American Journal of Sociology* 99: 265-316.

Guldi, J. 2012. *Roads to Power: Britain Invents the Infrastructure State.* Cambridge: Harvard University Press.

Han, E. 2017. "Geopolitics, Ethnic Conflicts along the Border, and Chinese Foreign Policy Changes toward Myanmar." *Asian Security* 13: 59–73.

Hopkins, T. K. , I. Wallerstein. 2016. "Patterns of Development of the Modern World-System." *Fernand Braudel Center for the Study of Economies, Historical Systems, and Civilizations* 39: 83–128.

Hoyle, R. W. 1994. *Tudor Taxation Records: A Guide for Users.* London: PRO Publications.

Innes, M. 2009. *State and Society in the Early Middle Ages: The Middle Rhine Valley, 400–1000.* Cambridge: Cambridge University Press.

Ikegami, E. 2005. *Bonds of Civility: Aesthetic Networks and the Political Origins of Japanese Culture.* Cambridge: Cambridge University Press.

Jagchid, S. , J. van Symons. 1989. *Peace, War, and Trade along the Great Wall: Nomadic-Chinese Interaction through Two Millennia.* Bloomington: Indiana University Press.

Kang, D. C. 2010. "Hierarchy and Legitimacy in International Systems: The Tribute System in Early Modern East Asia." *Security Studies* 19: 591–622.

Kennedy, P. 1987. *The Rise and Fall of the Great Powers: Economic Change and Military Conflict from 1500 to 2000.* Lodon: Vintage.

Kiser, E. 1999. "Comparing Varieties of Agency Theory in Economics, Political Science, and Sociology: An Illustration from State Policy Implementation." *Sociological Theory* 17: 146–170.

Kiser, E. , D. Kane. 2007. "The Perils of Privatization: How the Characteristics of Principals Affected Tax Farming in the Roman Republic and Empire." *Social Science History* 31: 191–212.

Kiser, E. , J. Schneider. 1994. "Bureaucracy and Efficiency: An Analysis of Taxation in Early Modern Prussia. " *American Sociological Review* 59: 187–204.

Kiser, E. , J. Baer. 2005. " The Bureaucratization of States: Toward an Analytical Weberianism. " in J. Julia Adams, E. S. Clemens, A. S. Orloff (eds.), *Remaking Modernity: Politics, History, and Sociology*. Durham: Duke University Press.

Kleiboer, M. 1996. " Understanding Success and Failure of International Mediation. " *The Journal of Conflict Resolution* 40: 360–389.

Lachmann, R. 1989. "Origins of Capitalism in Western Europe: Economic and Political Aspects. " *Annual Review of Sociology* 15: 47–72.

Lachmann, R. , J. Adams. 1988. "Absolutism's Antinomies: Class Formation, State Fiscal Structures and the Origins of the French Revolution. " *Political Power and Social Theory* 7: 135.

Lattimore, O. 1940. *Inner Asian Frontiers of China. International research series 21*. New York: American Geographical Society.

Laumann, E. O. , F. U. Pappi. 1976. *Network and Collective Actions: A Perspective on Community Influence Systems*. New York: Academic Press

Levi, M. 1988. *Of Rule and Revenue*. Berkeley: The University of California Press.

Long, T. 2017. " Small States, Great Power? Gaining Influence through Intrinsic, Derivative, and Collective Power. " *International Studies Review* 19: 185–205.

Maier, C. S. 2006. *Among Empires: American Ascendancy and its Predecessors*. Cambridge: Harvard University Press.

Mann, M. 1984. "The Autonomous Power of the State: Its Origins, Mechanisms and Results." *European Journal of Sociology* 25: 185−213.

McAdam, D. 1982. *Political Process and the Development of Black Insurgency, 1930−1970*. Chicago: The University of Chicago Press.

McAdam, D., J. D. McCarthy, M. N. Zald. (eds.). 1996. *Comparative Perspectives on Social Movements: Political Opportunities, Mobilizing Structures, and Cultural Framings*. Cambridge: Cambridge University Press.

McAdam, D., S. Tarrow, C. Tilly. 2001. *Dynamics of Contention*. Cambridge: Cambridge University Press.

McNeill, W. H. 1992. *The Rise of the West: A History of the Human Community—With a Retrospective Essay*. Chicago: The University of Chicago Press.

Meyer, D. S. 2004. "Protest and Political Opportunities." *Annual Review of Sociology* 30: 125−145.

Melissen, J. 2005. *The New Public Diplomacy: Soft Power in International Relations*. New York: Palgrave Macmillan.

Mitsutaka, T. 1971. "A Study on Horse Administration in the Ming Period." *Acta Asiat* 21: 73−97.

North, D. C. 1982. *Structure and Change in Economic History*. New York: W. W. Norton & Company.

Nye Jr., J. S. 2004. *Soft Power: The Means to Success in World Politics and Understand International Conflict*. New York: Public Affairs.

Padgett, J. F., C. K. Ansell. 1993. "Robust Action and the Rise of the Medici, 1400−1434." *American Journal of Sociology* 98: 1259−1319.

Parker, B. J. 2001. *The Mechanics of Empire: The Northern Frontier of Assyria as a Case Study in Imperial Dynamics*. Helsinki: Neo-Assyrian Text Corpus Project.

Perdue, P. C. 2005. *China Marches West: The Qing Conquest of Central Eurasia*. Cambridge: Belknap Press of Harvard University Press.

Pincus, S. 2012. "Rethinking Mercantilism: Political Economy, the British Empire, and the Atlantic World in the Seventeenth and Eighteenth Centuries." *The William and Mary Quarterly* 69: 3-34.

Pincus, S., J. Robinson. 2016. "Wars and State-Making Reconsidered: The Rise of the Developmental State." *Annales: Histoire, Sciences Sociales* 71: 9-34.

Oestreich, G. 1982. *Neostoicism & Early Modern State*. Cambridge: Cambridge University Press.

Reed, I. A. 2017. "Chains of Power and Their Representation." *Sociological Theory* 35: 87-117.

——. 2019. "Performative State-Formation in the Early American Republic." *American Sociological Review* 84: 334-367.

Robinson, D. M. 2013. *Martial Spectacles of the Ming Court*. Cambridge: Harvard University Press.

——. 2020. *Ming China and Its Allies: Imperial Rule in Eurasia*. Cambridge: Cambridge University Press.

Rossabi, M. 1970. "Notes on Esen's Pride and Ming China's Prejudice." *The Mongolia Society Bulletin* 9: 31-39.

Rossabi, M. 1972. "Ming China and Turfan, 1406 - 1517." *Central Asiatic Journal* 16: 206-225.

Rothstein, R. L. 1966. "Alignment, Nonalignment, and Small Powers: 1945-1965." *International Organization* 20: 397-418.

Torres Sánchez, R. 2007. *War, State and Development: Fiscal-Military States in the Eighteenth Century*. Pamplona: EUNSA, Ediciones Universidad de

Navarra, S. A.

Schumpeter, J. A. 1991. "The Crisis of Tax State." in R. Swedberg (ed.), *The Economics and Sociology of Capitalism*. Princeton: Princeton University Press.

Scott, J. 1999. *Seeing like a State: How Certain Schemes to Improve the Human Condition Have Failed*. New Haven: Yale University Press.

Serruys, H. 1958. *Genealogical Tables of the Descendants of Dayan-Qan*. S-Gravenhage: Mouton & Co.

———. 1967. *Sino-Mongol Relations during the Ming II: The Tribute System and Diplomatic Missions (1400 – 1600)*. Belgium: Institut belge des hautes études chinoises.

———. 1975. "Sino-Mongol Trade during the Ming." *Journal of Asian History* 9: 34–56.

Shapiro, S. P. 2005. "Agency Theory." *Annual Review of Sociology* 31: 263–284.

Spruyt, B. J. 2007. "'Can't We Discuss This?' Liberalism and the Challenge of Islam in the Netherlands." *Orbis* 51: 313–329.

Steinmetz, G. 2014. "The Sociology of Empires, Colonies, and Postcolonialism." *Annual Review of Sociology* 40: 77–103.

Stern, P. J. 2015. *Chartering Capitalism: Organizing Markets, States, and Publics*. Bingley: Emerald Group Publishing Limited.

Stinchcombe, A. L. 1990. *Information and Organization*. Berkeley: The University of California Press.

Storr, V. H. 2008. "The Market as a Social Space: On the Meaningful Extraeconomic Conversations that Can Occur in Markets." *The Review of Austrian Economics* 21: 135–150.

Terlouw, K. 2002. "The Semiperipheral Space in the World-System." *Review Fernand Braudel Center for the Study of Economies, Historical Systems, and Civilizations* 25: 1–22.

Thomson, J. E. 1995. *Mercenaries, Pirates, and Sovereigns: State-Building and Extraterritorial Violence in Early Modern Europe*. Princeton: Princeton University Press.

Tilly, C. 1990. *Coercion, Capital, and European States, AD 990–1990*. Cambridge: Basil Blackwell.

Twitchett, D., F. Mote. 1998. *The Cambridge History of China: Volume 8, the Ming Dynasty*. Cambridge: Cambridge University Press.

Vital, D. 2006. "The Inequality of States: A Study of the Small Power in International Relations." in C. Ingebritsen (ed.), *Small States in International Relations*. Seattle: The University of Washington Press.

Waage, H. H. 2007. "The 'Minnow' and the 'Whale': Norway and the United States in the Peace Process in the Middle East." *British Journal of Middle Eastern Studies* 34: 157–176.

Wakeman Jr., F. 1986. *The Great Enterprise the Manchu Reconstruction of Imperial Order in Seventeenth-Century China*, Vol. 1. Berkeley: The University of California Press.

Waldron, A. 1995. *From War to Nationalism: China's Turning Point, 1924–1925*. Cambridge: Cambridge University Press.

Wallerstein, I. 1976. "Semi-Peripheral Countries and the Contemporary World Crisis." *Theory and Society* 3: 461–483.

——. 1979. *The Capitalist World-Economy*. Cambridge: Cambridge University Press.

——. 1981. "Structural Transformations of the World-Economy." in R.

Rubinson (ed.), *Dynamics of World Development*. Beverley Hills and London: Sage Publications Ltd.

———. 2011. *The Modern World-System I: Capitalist Agriculture and the Origins of the European World-Economy in the Sixteenth Century*. Berkeley: The University of California Press.

Wallerstein, I. , Martin, W. G. , Dickinson, T. 1982. "Household Structures and Production Processes: Preliminary Theses and Findings. " *Fernand Braudel Center for the Study of Economies, Historical Systems, and Civilizations* 5: 437–458.

Wang, L. 2015. "From Masterly Brokers to Compliant Protégées: The Frontier Governance System and the Rise of Ethnic Confrontation in China-Inner Mongolia, 1900–1930. " *American Journal of Sociology* 120: 1641–1689.

Wang, L. , Tian, G. (forthcoming). "Breaking the Containment: Horse Trade between the Ming Empire and Its Northern Neighbors, 1368 – 1570. " *Journal of World History* 32: 37–71.

Wang, Y. 2011. *Harmony and War: Confucian Culture and Chinese Power Politics*. New York: Columbia University Press.

Ward, K. 2009. *Networks of Empire: Forced Migration in the Dutch East India Company*. Cambridge: Cambridge University Press.

Watanabe, H. 1975. "An Index of Embassies and Tribute Missions from Islamic Countries to Ming China (1368–1644) as Recorded in the Ming Shih-lu Classified according to Geographic Area. " *Memoirs of the Research Department of the Toyo Bunko* 33: 285–348.

White, H. C. 1985. "Agency as Control. "in J. Pratt, R. Zeckhauser (eds.), *Principals and Agents: The Structure of Business*. Boston: Harvard Business School Press.

White, R. 1991. *The Middle Ground: Indians, Empires, and Republics in the Great Lakes Region, 1650−1815.* Cambridge: Cambridge University Press.

Wirth, G. 1997. "Rome and its Germanic Partners in the Fourth Century." in W. Pohl (ed.), *Kingdoms of the Empire: The Integration of Barbarians in Late Antiquity.* Leiden: Brill.

Zhang, F. 2015. *Chinese Hegemony: Grand Strategy and International Institutions in East Asian History.* Stanford: Stanford University Press.

从善驭的中间人到驯顺的亲信

——1900—1930 年内蒙古边疆治理系统的变化[*]

王利平

（北京大学教育与人类发展系）

　　本文旨在解释面对 20 世纪初中华帝国的解体，内蒙古所出现的蒙汉关系紧张的时机问题。蒙古人是清帝国（1644—1912）最强大和最重要的少数民族盟友，但 1905 年左右发起的清末新政和 1911 年的辛亥革命改变了他们的政治地位。在中心-边缘的解释模式中，政治集权、国家崩溃和民族主义都是触发帝国治下少数民族分裂的关键事件。然而，上述事件都没有直接导致民族关系的恶化。紧张的蒙汉关系是在清帝国瓦解后过了将近十年才出现的，而彼时中国早已军阀横行。

　　无论是在领土规模、种族多样性还是帝国组织方面，清帝国在很大程度上都类似于奥斯曼帝国和沙皇俄国。在经历 19 世纪的西方现代化之后，这三个帝国都无一例外地经历了戏剧性转变，并且在不同程度上受到帝国解体危机的困扰。毕竟，旨在重新调整少数民族在帝国结

＊　本文原载于《美国社会学杂志》（*American Journal of Sociology*）2015 年第 6 期（第 1641—1689 页），题目为" From Masterly Brokers to Compliant Protégées: The Frontier Governance System and the Rise of Ethnic Confrontation in China-Inner Mongolia, 1900-1930"，由贾宇婧、天格斯译成中文。感谢 Julia Adams、刘思达、Peter Perdue、田耕、徐晓宏、Nick Wilson 以及赵鼎新等人在初稿写作时提供的帮助与建议，对 Mark Gould 对终稿提出的建议以及 AJS 编辑的反馈表示感谢，这些建议极大地帮助了文章的修改。

构中的地位的种种努力,通常都会加剧帝国的危机,进而汇聚成分裂帝国的力量。在这三个帝国中,清朝民族关系的政治化与日趋紧张出现得最晚,而中国独特的边疆治理结构可以解释迟来的民族政治化趋势。

我强调边疆治理系统(frontier governance system)的重要性,它是将边疆与朝廷联系起来,并且在蒙古人和汉人之间架起桥梁的中间治理结构。尽管这一结构在许多场合极大地促进了中央政府的权力扩张,但它并非帝国中心的纯粹代理者。它虽与当地少数民族合作频繁,但也没有与任何特定族群"自然而然地"融合。在内蒙古,这一中间治理结构是一个多民族架构,它由领导满洲驻军的满洲将军、管理蒙古基本行政单位(旗)的世袭蒙古王公以及行政上服从于邻近内地巡抚的汉人移民精英所组成。这一治理结构起到了调节中心与边缘、汉人与蒙古人之间互动的作用,同时具有一定的自主性。分析其结构的转变和最终的解体,即从协调多民族关系的相对松散集合,转变为权力高度集中的经纪系统(brokerage system)①,有助于理解蒙汉关系趋于紧张的发生时机。

在理论方面,中心-边缘的解释模式经常被用来探讨帝国向民族国家转型的过程,它将一系列事件(包括政治集权、民族化和国家崩溃)视为帝国背景下少数民族主义生成的原因。它设想朝廷利用间接统治的方式,将帝国的中心与边缘进行安全的隔离,并设想在向直接治理转变的过程中,边缘日渐被中心控制。这些解释提供了一种简洁但粗糙的帝国组织模式。我想指出,边疆治理系统作为一种治理的中间结构,

① 卡伦·巴基(Barkey, 2008)借用商业世界中的术语来形容奥斯曼帝国的治理模式。她将帝国类比为谈判企业(negotiated enterprise);帝国以众多来自不同宗教背景、族群背景的经纪人(broker)来协调其中心与边缘群体之间的关系,由此构成了具有高度自主性的治理模式。巴基将这一联结中心-边缘的系统称为经纪系统(brokerage system)。

否定了对直接或间接统治的简单化分类。边疆治理系统的性质和转变特征,使我们能够确定政治集权、民族化和国家崩溃在什么条件下加强或缓和了民族间的紧张局势。这一点,将丰富关于中心-边缘之间关系的讨论。

本文分为五个部分。第一部分概述基于中心-边缘的解释模式,分析该理论对帝国的组织、运作和解体的见解,以及我对这些问题的另一种思考。第二部分介绍个案的历史背景以及支持论证的主要数据。接下来的三个部分分析边疆治理体系的转变,并且特别着重于边疆军事首脑的任免及其角色变化。结语将简要讨论,在更为宽泛意义上的比较研究中,中心-边缘的解释模式对帝国和民族主义研究的影响。

一、 中心-边缘的解释模式在帝国研究中的运用

帝国的崩溃通常被认为是少数民族动员的结果。如果这些动员呼吁"使民族的边界与国家的边界保持一致"(Hechter, 2000: 7),那么这种动员可以被界定为民族主义。此类动员不仅可能涉及旨在建立拥有独立国家主权的分离主义运动,同时也可能涉及在不谋求政治独立的前提下,争取特定族群权利的斗争。在此之前,许多研究都阐明了少数民族动员与帝国崩溃之间的因果关系。[1] 尽管它们拥有不同的历史表

---

[1]　关于沙皇俄国和苏联的少数民族动员,参见 Suny(1993)、Brubaker(1994),Beissinger(2002)、Martin(2001)与 Hirsch(2005)。而关于奥斯曼帝国的案例,参见 Davison(1977)、Haddad(1977)、Breuilly(1982)、Keyder(1997)、Wimmer(2002)与 Barkey(2006,2008)。关于族群和欧洲殖民主义,参见 Young(1965)、Mamdani(1996)、Cooper(1997)与 Posner(2005)。

述,但众多研究都将讨论集中在中心与边缘的关系上。帝国的中心与边缘地区之间的动态互动,通常被认为是由一系列关键事件所决定的,这些关键事件包括政治上的中央集权、国家崩溃和民族化。中心-边缘的解释模式认为,上述事件事实上增加或减少了边疆少数民族对中央政权的依附性,并最终决定了帝国在何种程度上得以维持或解体。

(一)基于中心-边缘的解释模式

不同版本的中心-边缘解释模式都强调这样一种观念,即帝国在结构和功能上与民族国家迥然不同。基于对民族国家框架局限性的反思,许多当代学者(Go, 2009; Adam and Steinmetz, 2015)倾向于强调帝国的两个面向:去中心化的(政治)结构与遏制民族冲突的能力。[①]

去中心化的(政治)结构使帝国成为一个领土的集合体,这些领土的人口很少混居在一起,并且与帝国中心疏于交流。大多数帝国中心仅保留最高的象征性权威,同时允许地方政治领袖管理地方事务(Tilly, 1997; Hechter, 2000: 27)。卡伦·巴基(Barkey, 1994)以 18 世纪的奥斯曼帝国为例,表明去中心化的政治结构更多地体现了帝国的强盛,因为它使帝国统治者能够完全适应地方的需求。[②] 殖民主义学

---

① 一些学者对帝国与民族国家之间的二分法表示异议。例如,克里山·库马尔(Krishan Kumar, 2010: 124-128)认为,经常被理想化的欧洲民族国家内部并没有统一,因此它与旧帝国没有区别。另请参阅大卫·阿米蒂奇(Armitage, 2000)对君主立宪制的讨论,以及罗伯特·巴特利特(Bartlett, 1993)对欧洲内部征服的研究。

② 巴基(Barkey, 1994)和其他一些人(如 Salzmann, 1993)认为,赋予地方民兵权力和国家行政管理的私有化并不意味着这段时期内奥斯曼帝国的"衰败"。相反,从 1695 到 1793 年,权力的去中心化产生了庞大、分散但相互联系的国家权力场所,这有助于将国家权力传达到地方的统治领域中,从而"为 1812 年以来建立的中央集权政体奠定了社会基础"。

者(scholars of colonialism)则使用"间接统治"来表达帝国的去中心化结构。间接统治是 19 世纪英国的一项创新,旨在解决殖民主义扩张所带来的问题,因为这些新的问题挑战了早期以传播文明和文化同化为己任的统治形式。[①] 根据卢加德(Lugard, 1965)勋爵的表述,"间接统治"的典型宗旨是将地方统治者纳入帝国权力体系,帝国中心得以用最小的代价高效地统治殖民帝国(Mamdani, 1996)。

许多学者也试图通过中心-边缘的关系来解释帝国如何成功地遏制了民族主义。迈克尔·赫希特(Michael Hechter)的观点就具有代表性。他认为间接统治是一种权威去中心化的结构,其中权威在中心及其下属行政单位之间进行分配(例如,省、州、地区和地方;Hechter, 2000: 27)。这些较低级别的行政单位可能在文化上是异质的,但在内部往往是同质的(Hechter, 2000: 43)。这样的结构允许拥有少数民族背景的地方权威在一定程度上摆脱帝国中心的任意干预和胁迫,进而对自己的治理负责。而地方之间缺乏交流,进一步增加了任何横向动员的成本,减少了不同民族人口之间接触的机会(Hechter, et al., 2006);同时还减少了群体比较的可能性,因为族群的比较往往是导致民族冲突的关键原因(Horowitz, 1985: 165)。

然而,间接统治尽管有其优势,但无法避免一些破坏中心与边缘关系的戏剧性事件的发生,而这些事件往往会引发帝国的危机。实际上,相对自治的地方治理体系为边缘的分离运动提供了组织资源。一个腐朽的中央政府(central state)失去了社会控制的能力后(Tilly, 1997; Hechter, 2000: 33-34),常常给边缘族群动员创造了机会,利用它来重

---

① 根据弗雷德里克·库珀(Cooper, 1997: 410)的观点,早期的殖民政权有时会认真对待改革派的议程。然而至 20 世纪 20 年代,英国和法国都逐渐用名义上的"间接统治"取代了它们传播文明的任务,进而使部落权威的"习惯"得以维护。

新处理不满和调整集团利益的分配（Davison, 1977; Khalidi, 1977; Haddad, 1977; Campbell, 2007）。另外, 诸如世界大战或国内自由主义改革之类的冲击, 也可能成为促使中央与边缘地区失去往日平衡的催化事件。例如, 艾伦·科米索（Comisso, 2006）阐明了第一次世界大战是如何在哈布斯堡帝国和奥斯曼帝国中为少数民族动员创造机会的, 这种情况因列强的干预而进一步加剧。马克·贝辛格（Beissinger, 2002）则用另一种角度描述了苏联迅速的自由主义转向: 这场自由主义改革产生了一系列"有争议的事件", 使各加盟共和国和少数民族领导人之间产生了激烈竞争, 进而引发了边缘地区少数民族身份的重新定位, 最终导致苏联在政治上的分裂。

在恶化多民族关系的戏剧性推动事件中, 最重要的是帝国从间接统治转变为直接统治（Doyle, 1986; Hechter, 2000; Wimmer, 2002; Barkey, 2008）, 这通常体现为国家民族主义（state nationalism）的形式（Anderson, 1983）。直接统治以牺牲地方自治为代价, 增加了国家对基层的渗透。将主导文化强加于当地的少数民族, 严重影响了当地人民的文化自治。于是, 族群关系进一步恶化。这些研究阐明了中心和边缘之间不断产生变化的动态性, 它们试图表明, 面对包括政治集权、民族化以及国家崩溃和强权的介入等一系列事件, 帝国无疑是脆弱的。对此, 奥斯曼帝国和俄罗斯帝国的少数民族运动的历史文献提供了佐证。

（二）奥斯曼帝国与俄罗斯帝国中的少数民族动员

19 世纪, 崛起于多地的少数民族主义运动通常被视为奥斯曼帝国灭亡的原因之一。在多个边疆地区中, 希腊-巴尔干地区受到最多的关注,对研究奥斯曼帝国的民族问题提供了重要启发。[①] 从 19 世纪中叶开始,奥斯曼帝国对民族国家的强力建构被认为对中央政府和地方少数民族的关系产生了不利影响,最终导致了离心运动,并且摧毁了整个帝国。

奥斯曼帝国的统治者在十三四世纪左右,先后征服了西安纳托利亚、保加利亚、希腊北部、波斯尼亚和塞尔维亚,并且稳固了对欧洲西南部基督教贵族的统治(Shaw, 1976-1977: 12)。经过了与萨法维德人的战争,占领安纳托利亚东部并最终征服阿拉伯世界,奥斯曼人的东方征讨于 16 世纪结束。然而,从 17 世纪中叶到 18 世纪,特别是在巴尔干地区,奥斯曼帝国的统治越来越去中心化。正如巴基(Barkey, 2008: 241)所暗示的那样,这种改变的主要原因是国际贸易的蓬勃发展,巴尔干因此成为一个商业中心,基督教徒和犹太商人通过其家庭成员在欧洲城市间建立了广泛的商业亲属网络。后来,当奥斯曼苏丹在 19 世纪中叶发起旨在各个领域加强国家控制的坦齐马特(Tanzimat)改革时,谋求自治并高喊族群与民族国家相关口号的抵抗运动迅速爆发,并吞噬了整个巴尔干地区。

针对奥斯曼帝国传统的去中心化式的统治,学者使用不同的名称来描述它(例如,indirect rule [间接统治],Hechter [2000];mosaic structure [镶嵌结构],Wimmer [2002];brokerage system [经纪系统],Barkey [2008]),但他们都同意,在奥斯曼的历史中,政治的去中心化是先于边缘族群动员的。坦齐马特改革旨在赋予国家以足够权力,使其能够与欧洲大国对抗,而这正标志着奥斯曼帝国向民族国家的过渡。

---

① 关于"西部边疆"中的少数民族如何首先发起民族主义运动来挑战奥斯曼帝国,请参见戴维森(Davison, 1977)、哈达德(Haddad, 1977)、布劳伊(Breuilly, 1982)、基德(Keyder, 1997)、巴基(Barkey, 2008)等的研究。

通过实行议会制和教育改革,中央政府破坏了边缘少数民族精英的政治生态及文化自治(Wimmer, 2002: 166),这些事件引发了帝国边缘的分裂主义。

　　而沙皇俄国的灭亡则展示了另一种可能。少数民族的动员与无产阶级的社会革命相融合,它们彼此渗透并产生了延伸到俄罗斯帝国之外的广泛暴力和影响(Lenin, 1995 [1914]; Slezkine, 1994; Hagen, 1997; Martin, 2001; Riga, 2008)。1905 年前后的沙皇改革在许多领域都加强了国家控制。由于缺乏向上的流动性,各个少数民族(特别是犹太人、波兰人、德国人和其他先进的少数民族)中的中产阶层和上层中产阶级,不仅惧怕俄罗斯的无产阶级,同时也对俄罗斯扩张的国家权力感到恐惧,因为后者的苛捐杂税使他们的生活逐渐陷入贫困。[①] 与奥斯曼帝国一样,俄罗斯激进的民族国家建设严重加剧了中央政府与边疆少数民族的矛盾。但与奥斯曼帝国完全不同的是,布尔什维克党动员了少数民族的不满,因为他们无所不包的革命力量融合了族群革命与无产阶级革命。

　　尽管沙皇俄国的案例与中心-边缘模式非常吻合,但应该指出的是,罗曼诺夫王朝几个世纪以来一直是一个多语言和多宗教的国家,它并非被划分为明确的民族单位,宗教和非族群的差异是切分这一国家结构的重要基础(Brubaker, 1994: 12)。中心-边缘关系的结构最适合用来描述苏联而不是沙皇俄国,所以布鲁贝克(Brubaker, 1994)使用嵌套式的中心-边缘相互作用模型来解释苏联的少数民族主义的兴起。

　　苏联是一个以族群-区域联邦主义(ethnoterritorial federalism,即加

---

① 关于少数民族精英和俄罗斯无产阶级的共同命运,请参见里加(Riga, 2008, 2012)的研究。

盟共和国)为基础建立的联合体,"(这种制度)利用、遏制、引导和控制潜在并具有破坏性的民族政治表达"(Brubaker, 1994: 49)。为了明确各加盟共和国的政治边界,苏联领导人推行严格的民族识别制度,鼓励学习民族语言,培养少数民族的干部和知识分子,并进行深思熟虑与积极的民族建构。中央政府协调了这些名义上的民族单位组织,每个民族单位代表一个族群的边界。① 20 世纪 80 年代后期,当自由主义改革下放了苏联中央政府的控制权时,中央与边缘地区之间的管辖权斗争趋向于不平衡的状态,中央与边疆地区关系的第一层瓦解了,随后苏联境内爆发了规模巨大的分离主义浪潮。② 更重要的是,在每个加盟共和国中,中心-边缘关系的第二层也恶化了。因为每个加盟共和国都是根据命名民族(titular nation)领土的联邦制法律来建立的,而对于更小的少数民族,中央政府仅赋予它们一定的文化自治权。结果,这些边缘的族群-文化共同体争夺命名民族的支配性地位,在独立之后,它们之间的紧张关系有增无减。

换句话说,苏联被扩散的中心-边缘冲突分为两个层次:一个在中央政府与各共和国之间展开,另一个在各加盟共和国与其内部的少数民族之间展开。嵌套模型(the nested model)使中心-边缘关系变得更加复杂,它不仅承认边缘是不均匀的,而且认为边缘是被多个族群分裂的。在苏联的案例中,少数民族动员的催化剂是中央政府控制的突然松懈,而不是

---

① 明晰国家/民族界限,使其与各个加盟共和国的领土-行政边界接轨,是苏联政治家和民族学家共同努力的成果,参见 Suny(1993)和 Martin(2001)的研究。

② 莫蒂尔(Motyl, 2001)同样强调,苏联的解体始于中央官僚体制的功能失调,这迫使边疆地区自治。贝辛格(Beissinger, 2002: 26-27)也认为,在自由主义改革开始后,由"国家权威的松绑"所产生的政治氛围为边疆族群动员提供了机会。当看到中央政府无力实施镇压性对策时,周边少数民族抓住了这次机会,挑战中央政府所赋予的苏联身份认同。

政治集权。尽管存在这些主要差异，嵌套模型仍将重点放在一系列加剧紧张关系的事件上，这一模型预设了中心与边缘边界明晰。

　　上述研究都集中在中心与边缘的关系上，并且通过它说明少数民族主义的爆发与帝国衰落之间的关系。它们假定帝国是由一个中心以及多个边缘所组成，根据权力去中心化的统治原则，后者最多只能与前者松散耦合。所以，边疆政治精英享有高度的自治权，因为权力去中心化的政治结构减少了帝国范围内中央政府与不同民族之间的影响及接触。得益于这种政治结构，许多帝国成功地遏制了周边的离心运动。

　　导致边缘地区分裂的事件多种多样。比如，暴力革命的破坏会让帝国中心突然崩溃。而边缘地区如果形成了国家之外（nonstate）的经济纽带，则会促进周边人口之间的横向联系，进而导致边缘地区分裂。在奥斯曼-巴尔干地区的案例中，我们可以看到这一点。像苏联一样，国家权力的突然削弱可能是边缘分裂的另一个催化剂。最重要的是，对边缘地区的刺激可以从间接统治转向直接统治，这种统治方式的转变旨在增强国家的权力和整个帝国文化的同质性。这些变化都有助于中心-边缘关系的重新定位。如果通过艰难交涉还是未能平息双方的矛盾，就有可能引发边疆地区的分离运动。这种模式在奥斯曼帝国、沙皇俄国以及苏联的部分历史中得到了证明。那么，针对清帝国边缘少数民族动员出现的原因与时机，中心-边缘模型能否提供同样有力的解释呢？

　　本研究的重点是清末民初（即1890至1930年）的内蒙古。这个时期可以分为三个阶段：清末蒙地放垦时期（1900—1911）、辛亥革命和过渡时期（1912—1916）以及北洋军阀割据时期（1917—1930）。在第一阶段和第三阶段，中央政府都进行了积极的政治集权化，分别由清廷和地方军阀政权实施。内蒙古的族群冲突与动员迟至第三阶段才全面爆发。在第二阶段，我们看到了随着帝国中心的瓦解，新兴的民国政府曾试图使边疆机构汉化。在此期间,族群关系仍然相对平稳。在传统帝国解体的背景下,姗姗来迟的民族问题意味着我们需要对其产生的原因寻找新的解释。

二、　边疆治理结构

1644 年,在经历了满洲人的征服之后,汉地与蒙古地区边界的不确定性逐渐消失,彼时的内蒙古已经成为中华帝国内的稳定边疆地区(Lattimore, 1940; Perdue, 2005)。与巴尔干或东欧地区的公国不同,内蒙古从未拥有一个类似的、可以超越任何地方政治中心的最高统治者。相反,流动的蒙古人分散在较小且孤立的行政单位中,其政治交流很少超出氏族与部落的范围。为了适应当地蒙古人的分布状况,清帝国建立了一个复杂的治理体系来利用其流动性,并且同时赋予了他们相对的自治权。这些措施使蒙古人与大多数汉人区别开来。与之相对,清廷在汉人区采用的是常规的科层管制。

在清帝国,内蒙古境内分为四个东部盟(哲里木盟、卓索图盟、昭乌达盟以及锡林郭勒盟)和两个西部盟(乌兰察布盟和伊克昭盟)。①

---

① 察哈尔八旗、归化城土默特两旗以及分散在该地区的四个特殊的牧场(商都、明安、太仆寺左翼牧场和太仆寺右翼牧场)通常被称为"内属蒙古",以区别于"内蒙古"(谭惕吾,1935:34—37)。尽管贾斯汀·提格(Justin Tighe)将内属蒙古译为"宫廷蒙古",但我从字面上将其翻译为"内部蒙古"。在内蒙古,蒙古人不是由世袭的扎萨克王爷统治,而是由帝国任命的总管统治。与内蒙古的情况相比,该地区居民的自主性受到更多的限制(Tighe, 2005: 39)。旗是清朝统治下蒙古的基本军事和民政组织。关于旗的行政构架,请参见布伦纳特(Brunnert, et al., 1911)或阿伯利与弗里兰(Aberle and Vreeland, 1962)等人的简述。

在东部,清代的内蒙古不包括呼伦贝尔副都统辖下八旗所居住的东北地区;在西部,它也没有包括原甘肃省和宁夏省境内的卫拉特蒙古人的居所。在这个广阔的疆域中,清朝皇帝对内蒙古的治理很大程度上是依靠内蒙古的盟旗制、满洲驻防将军以及与邻近内地省份之间的合作来完成的。图1展示了清朝时期内蒙古的治理结构。

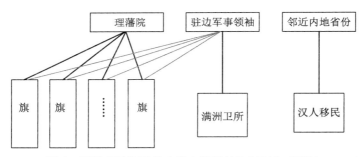

图 1　清政府统治下的内蒙古治理结构(1644—1900)

清朝治理内蒙古的基本单位是盟旗制。除了由皇帝直接任命非世袭官员统治的察哈尔八旗和归化城土默特旗外,内蒙古大部分地区被划分为承认世袭扎萨克贵族统治的旗和盟。内蒙古地区的旗,是结合了民政和军事职能的十进制组织。它通常在高原地区上拥有 3000—8000 名成员,而在近内地的地区则有 15,000—25,000 名成员(Atwood, 2002: 24)。[①] 旗被分为若干"苏木"(蒙古语意为"箭头"),每个苏木都被要求提供 150 名具有服兵役能力的成年男性。除具有军事职能外,旗"是统治领主的世袭领地,这位领主会在一众官员的协助下管理其属民和领地,并对其属民拥有司法裁量权"(Boldbaatar and Sneath, 2006: 299)。为了防止蒙古人的自由流动,满洲皇帝将旗的边界固定下来。在

---

① 在这个十进制行政系统中,蒙古人被组织成十户、百户和千户的单位。

清朝统治下,内蒙古被分为 49 个旗。负责旗务的扎萨克通常会是孛儿只斤家族的后代(成吉思汗的黄金家族),他们都是从旗内贵族中挑选出来的。一般情况下,旗内有六个等级的贵族。旗上设盟,满洲统治者将其设置为各旗领王爷们决策蒙旗之间重要事务的临时组织。[1]

　　盟旗制允许蒙古精英阶层管理自己的内部事务,表面上类似于间接统治,然而盟旗的自主性受到了其他治理机构的限制。首先,旗隶属于理藩院,理藩院是一个负责边疆事务和维系与藩国之间朝贡关系的中央机构。[2] 其次,它们还要面对镇守边疆的军事总督的例行检查。在驻军总督中,内蒙古最重要的三个角色是绥远将军、察哈尔都统和热河都统。[3] 最后,蒙旗的自主性进一步受到邻近内地行省巡抚的监督和限制。内蒙古在地理上毗邻华北,贫穷的汉人农民、小贩、逃犯和散兵游勇经常越过长城,渗入边境。这种迁移也导致了中国省级行政部门向内蒙古地区的渗透。因此,清廷在内蒙古部分地区建立了内地式的地方政府,特别是厅,以管理边疆地区的汉人移民。[4]

---

① 更多详细信息,请参见赛航、金海和苏德毕力格(2007:8—9)的作品。苏德毕力格指出,并非所有蒙古人都被组织到盟旗制中。内属蒙古人没有世袭的扎萨克领袖。相反,非世袭的总管或副总管直接统治他们;满洲皇帝可酌情裁撤这些官员。内属蒙古人,包括那些与朝廷有亲密关系的人或曾经的反叛者,被精心置于满洲朝廷的直接控制之下。

② 更多详细信息,请参见赵云田(1993:338—340,105—108)和赛航、金海和苏德毕力格(2007:6—7)的作品。

③ 绥远将军创立于 1737 年。这个职位原本只负责两个归化城土默特旗、乌兰察布盟和伊克昭盟的军事事务。1761 年,设立察哈尔都统,驻地为张家口,负责管理八个察哈尔旗和四个牧场,以及锡林郭勒盟的军事事务。1810 年,热河都统设立,负责卓索图盟和昭乌达盟的军事。

④ 厅是民政系统内的一个特殊部门,在边疆分布广泛。根据斯金纳(Skinner, 1995 [1977]: 303)的说法,"虽然在中国,州、府和县最为普遍,但设立独立或半独立的厅却是将内亚地区纳入中国行政管理体系的有力手段"。厅是边境省份的一种延伸,但通常由同知(provincial military circuits)管理,而不是被紧密组织为省的下级单位。

　　总而言之,在清朝统治下,内蒙古地区由多个机构管理,各旗的自主性因理藩院、满洲军事首领和邻近的行省政府的干预行为受到削弱。在清朝大多数时期,这种治理机制都是松散的,只有在 20 世纪初清末新政开始后,它的整合过程才发生显著变化。该治理体系是中华帝国的独特特征,并使中心-边缘的动态机制和影响变得复杂。我将重点关注制度变革和统治能力重建,使用一手与二手文献——蒙藏院的档案资料以及驻军总督、汉人移民精英、中央政府和内地省份之间的往来信件,展示这些力量之间的复杂互动。我还汇编了主要驻军总督的传记,以说明在清末民初的 40 年中,边疆统治群体是如何被重塑的。在编写传记资料时,我主要运用《清史列传》(国史馆和中华书局,1928)、《民国人物大辞典》(徐友春,2007)、《清代人物传稿》(清史编委会,1984)、私人编辑的年谱及学者的传记,还有驻军总督出版的个人回忆录、方志和二手文献。这些资料将表明,相对于政治集权、国家崩溃和民族化等戏剧性事件,边疆治理制度的兴衰能够更为恰当地解释内蒙古族群动员的时机问题。①

三、 驻边将领治下的土地放垦与中间人系统
（1900—1911）

　　1895 年甲午战争失败后,清廷发起新政,而土地改革则是其中的一部分。在提高国家治理能力和整合地方社会层面,清末新政类似于

---

① 即使我试图在此研究中加入蒙古人的声音,但目前仍然缺乏足够的资料来丰富他们的概况和活动。我希望可以通过将来的研究纠正此缺陷。

1839 年的奥斯曼帝国坦齐马特改革和 19 世纪 60 年代的沙俄农奴制改革。[1] 这场土地改革被称为"放垦"[2],其最重要的目标是正式向农民开放原本仅为蒙古人保留的牧场。首先,同意开放土地的旗需要向朝廷提交详尽的土地登记簿,然后由朝廷派遣专员进行现场土地调查。放垦的负责人通常由驻防将领担任,他们在特定的地点/地区设置垦务局,将渴望获得放垦土地的商人以及农民集中组织起来。负责人将耕种许可证出售给想要耕种的农民,并帮助朝廷收取地租和税款。这些新举措极大地扩大了国家税收的来源。[3] 通过将私人土地交易入刑,放垦负责人将内蒙古地区的大部分土地权益移交国家财政,使国家能够决定土地收入的分配和对失地蒙古人支付补偿金的数额。

在整个土地改革的过程中,驻防边疆的将军与都统的地位逐渐凌驾于边疆治理系统中的其他角色之上。他们获得了蒙古各旗和汉人移民精英的支持,成为边疆土地交易中最强大的经纪人。由于驻边将领是朝廷派遣的代表,因此他们在蒙古政治中的强势存在是政治集权的另一个标志。为什么这种集权趋势没有直接触发边疆族群动员?

土地权益的集中化并没有导致中央政府对蒙地事务的直接控制。相反,集权化过程伴随着边疆治理体系的巩固,使得这套制度成为中央与边疆、汉人与蒙古人之间的中间机构。依靠蒙古旗民和汉人移民的支持,驻边将领大大提高了边疆治理系统的整合程度。他们减少了来自理藩院和邻近内地省份的不必要干预,并在蒙古人和汉人之间架起

---

[1]　有关坦齐马特改革的详情,请参阅 Ichiko(1980)。

[2]　放垦在中文中的字面意思是"开垦新土壤"。我在这里使用的是泰伊(Tighe, 2005: 102)的翻译。

[3]　根据宝玉(1985:38)的观点,1902—1911 年间,绥远的押荒银和地价银为朝廷增加大约 2,641,200 两白银的财政收入。

了桥梁。如果说改革前的边疆治理体系表现出松散的结构——其中，蒙古的盟旗、理藩院、驻防边疆的将军与都统以及权力扩张的汉地行政机构都各自占据着一个独立运行的空间（a separate functioning niche），那么在土地改革后，治理体系的特征就是上述四者之间形成了广泛的联系。这个新的体系成为一个坚实的中间机构，改变了中心与边缘的联系，极大地分散了政治集权的压力。

（一）治理结构的转变

理藩院与蒙古人的往来交流是受法律严格规定的，因此它的角色不太可能被改变。与此相反，驻防边疆的将军与都统的角色则没有被法律明确。除了维护边疆安全外，他们的职责往往是根据特殊需要而变化的。驻边将领对边疆事务的透彻了解和处理棘手情况的能力，使他们成为实施土地改革的理想人选。驻边将领采取了两项行动来加强边疆管理系统的整合：一是同时控制垦务局和汉人厅县；二是将权力渗透进蒙旗旗务，减少蒙旗与理藩院之间的联系。这些措施紧密地联结了蒙古旗民、满洲驻军和汉人移民精英的利益。驻边将领巩固了中间管理机构，该机构最终成为晚期中华帝国内中央政府与边缘地区关系的重要缓冲机制。我用最重要的驻边将军之一（贻谷）的经历来说明这一转变的过程。

满洲官员贻谷，是内蒙古最著名的垦务管理者和驻边将领。在1903年被任命为绥远将军之前，时任督办蒙旗垦务大臣的贻谷就展现出了处理蒙地事务的能力。除了在绥远设立督办蒙旗垦务总局外，他还分别在丰宁、张家口设立垦务局，旨在署理察哈尔右翼旗和察哈尔左翼旗的垦务。此外，他为乌兰察布盟和伊克昭盟建立了西蒙垦务总局。

1902 年 9 月,贻谷成立了东路和西路垦务公司,负责察哈尔、乌兰察布盟和伊克昭盟的土地事务。这些机构在他从督办垦务大臣升任绥远将军的过程中得到保留,并且被进一步规范化(赵云田,1989:157—160;赛航、金海、苏德毕力格,2007:78—79)。

此时汉人移民大量涌入内蒙古,各地人口的成倍增加挑战了各厅县对于民人原本就脆弱贫乏的管理(Tighe,2005:65)。这些新近成立的汉民地方管理机构最初由邻近省份控制。贻谷怀疑它们的作用,他在一份奏折中表示,尽管驻防边疆的将军与都统不应该干涉各厅县的管辖权,但随着土地改革的深入和蒙汉纠纷的增加,由驻边将领建立并管理的统一民政体系势在必行,因为统一的民政管理可以使驻边将领更有效率地统筹管理蒙汉事务。[①] 事态的发展显然大大提高了驻边将领的行政权力,贻谷的影响力在汉人土地投机者和移民中迅速扩大。以往分配给汉地管理机构的权力被驻边将领占据,这种情况也发生在蒙古人的民政管理领域。

"放垦"所产生的"机会主义氛围"(Atwood,2002:45)刺激了许多贫穷的蒙古王公,他们向驻边将领求助。许多小贵族(petty nobles)甚至平民百姓都在努力争取一部分土地收入。在这个过程中,蒙旗政府逐渐屈服于军事将领。在处理王公的要求和请愿时,军事将领试图限制理藩院的干预,而后者是拥有朝廷正式授权管理蒙地事务的机构。比如,1901 年,为响应乌兰察布盟坚拒放垦的要求,贻谷曾向理藩院求助。光绪皇帝随后颁布诏书,命理藩院敦促乌兰察布盟和伊克昭盟遵守该命令(李克仁,1990:133)。但是随着土地改革的进行,贻谷对理藩

---

① 贻谷在《奏为遵议绥远建省以固边卫谨条拟大概办法恭折仰祈》中提出了在绥远建省的方法,以巩固边防(贻谷,1974:321—338)。

院的态度发生了变化。在 1905 年 9 月 8 日的奏折中,贻谷严厉谴责理藩院对土地利益的要求是十分不合适的。[①] 显然,贻谷在这里试图削弱理藩院对蒙地的控制。

简而言之,驻防边疆的将军与都统试图垄断汉民和旗民控制权的努力,最终导致了满洲驻防、内地厅县和蒙旗的合流。多民族行政管理机构被完全置于驻边将领的监督之下(图 2 显示了土地放垦后的内蒙古治理结构)。边疆治理体系的整合为民国初年内蒙古的新领土划分铺平了道路。[②] 它在保证国家对该地区的控制时,也规避了中央政府向蒙地施加直接统治的可能。

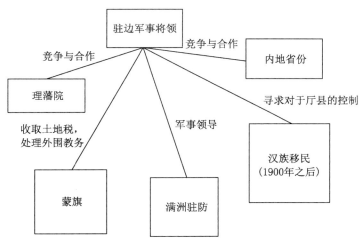

图 2　内蒙古的治理结构(1900—1917)

---

① 见《绥远奏议》,光绪三十一年(1905)9 月 8 日(贻谷,1974:369—370)。

② 1912 年,中华民国总统袁世凯(1859—1916)责令山西省放弃归绥巡道管辖下的 12 个县(清朝统治下的 12 个厅),并将其置于绥远将军的统辖之下。同时,他下令将绥远城、乌兰察布盟和伊克昭盟合并为一个特别区(张遐民,1984:57)。与此类似,袁世凯下令建立热河和察哈尔特别区。这三个特别区由三名都统领导。

（二）为什么族群动员没有发生？

　　根据中心-边缘的解释模式，一旦中央政府强化了对边缘的控制，便会激发边缘族群的抵抗运动。在清帝国的案例中，土地改革无疑加强了中央政府对蒙地的控制，因为蒙古人被剥夺了保留和出售土地的自由。而蒙旗最初的政治自主性也受到了限制：改革之后，蒙旗在处理自身土地事务时不得不请示驻防边疆的将军与都统。的确，与奥斯曼帝国的坦齐马特改革相比，内蒙古边境的土地改革缺乏文化同化的强有力议题。[①] 根据中心-边缘理论，尽管文化同化的程度很低，但中央集权本身仍会在蒙古人中引起极大的不满。在这种情况下，为什么中央集权未能引发强势的族群动员？

　　我们可以从边疆治理体系的结构中寻找答案。作为中介机构，它表现出中间人系统的强大特征：驻边将领充当中心与边缘、汉人与蒙古人之间的经纪人，通过减少蒙旗和理藩院之间的联系来调解中心与边缘的关系，即调节蒙汉之间的互动。

　　首先，驻边将领的集体身份认同，是解释其在边疆地区具有博弈能力（brokerage）的重要因素。在军阀割据之前，驻边将领具有"中央政府代理人"（central state agents）的共同身份。在此期间，大多数边防将领都不是在边疆出生或长大的，其局外人身份使得他们能够扮演调节蒙汉互动的经纪人的角色。从 1900 至 1916 年间驻防边疆的将军与都统的教育背景（见表 1）中，我们发现了一个共同的模式：大多数驻边将领

---

① 锡良是另一位积极参加土地改革的重要边疆都统。在其奏稿（锡良，1959）中，我发现有七件直接关于解决土地问题，五件涉及地方行政管理，四件涉及矿务，三件涉及税收，两件涉及军事重组，五件关于剿匪，只有两件关于人才举荐问题。

都接受了精英教育,他们通常是举人出身,不过在 1905 年废除科举后,也有许多人从著名的现代军校毕业。[①] 在八位帝制时期的满洲军事长官中,有四位具有与普通汉人官僚一样的功名。除了受过高等教育外,他们还通过在整个帝国范围内军政职位上的轮转而享有广泛的官僚人脉网络(见附录)。许多将领的职业特点是在内、外蒙古和满洲之间频繁变换驻防地。他们还曾于职业生涯的不同阶段在理藩院任职。这些军事长官中的一些人,甚至像汉人士大夫一样,在中央政府(如翰林院)或地方省份中担任不同职位(最好的例子是锡良)。值得注意的是,尽管满洲将领在 1911 年辛亥革命后由汉人将领取代,但这一重组并没有改变其集体身份认同的根本性质。

可以断定,在 1916 年之前,驻防边疆的将军与都统是中央政府代理人(central state agents),他们的权威并不源于地方政治世界。在早期现代的欧洲,面对国家渗透的局部障碍,专制君主在建立国家时经常采用中央政府代理人制度来打破僵局(Beik, 1985; Kettering, 1986; Lachmann and Adams, 1988)。通过将驻边将领置于蒙古王公之上来管理土地事务,清朝皇帝大大巩固了中央政府在边疆的力量。由于中央政府代理人并非植根于当地社会,在欧洲国家形成过程中,其不留情面的攫取行为饱受批评。[②] 但是,在内蒙古案例中并非如此。比起与其相对的军阀,担任中央政府代理人的驻边将领不论对蒙古人还是汉人

---

① 晚清军国主义的兴起是一个重要的历史现象。在废除科举后,很多中国青年学子将进入新式军校学习作为另一种选择。北洋武备学堂由李鸿章(1823—1901)于 1885 年建立。学校采用了德国式的现代军事教育方式,目的是为中国培养精锐的军事官员。民国初年,几乎所有最杰出的毕业生都成为有影响力的政治人物。因此,早期的中华民国政府也被称为"北洋政府"。

② 自托克维尔以来,这一直是一种经典的说法。杜赞奇(Duara, 1988)对现代中国集权化过程中地方政治的退化也有过类似讨论。

移民都更为宽容。局外人的身份使他们拥有一定信誉,凭借此点,他们能不偏不倚地与蒙古人和汉人群体进行广泛合作。具有讽刺意味的是,随着这种经纪系统的整合程度更高,其与各方权力博弈的特征也变得更加重要。

表1　1901—1916 年驻防边疆的将军与都统的生平与背景①

姓名	出生地	在内蒙古的职务	教育背景
永德	正白旗	绥远将军(1894—1901)	不详
信恪	镶黄旗	绥远将军(1901—1903)	荫生
贻谷	镶黄旗	绥远将军(1903—1908)	进士
堃岫	正白旗	绥远将军(1910—1911)	不详
锡良 (1953—1917)	蒙古 镶蓝旗	热河都统(1902,1911)	进士
廷杰	正白旗	热河都统(1905—1909)	进士
奎顺	正蓝旗	察哈尔都统(1900—1904)	捐生
升允 (1858—1931)	蒙古 镶黄旗	察哈尔都统(1905)	荫生
松寿 (?—1911)	正白旗	察哈尔都统(1904—1905); 热河都统(1903)	荫生
诚勋	正红旗	察哈尔都统(1907—1909); 热河都统(1909—1911)	荫生

① 民国官员的个人信息比清政府官员的信息更完整,特别是任期与生卒年。除了三位主要的满洲官员(贻谷、廷杰和锡良)的传记非常详细外,大多数满洲官员的生平资料均摘自《清代官员履历档案全编》(秦国经等,1997)、《满族大辞典》(孙文良等,1990),总体来说是非常简略的。这些人担任职务的情况并不一定是这样,只是我们缺乏足够的资料。另外,我也没有找到与色楞额(热河都统)有关的传记信息,因此他没有出现在此表中。

姓名	出生地	在内蒙古的职务	教育背景
张绍曾 （1879—1928）	直隶 （河北）	绥远将军（1912 年 10 月—1914 年 4 月）	北洋武备学堂与 日本陆军士官学校
潘榘楹 （1882—?）	山东	绥远都统（1914 年 4 月—1916 年 10 月）	日本陆军士官学校
蒋雁行 （1875—1941）	直隶	绥远都统（1916 年 10 月— 1917 年 6 月）	北洋武备学堂与 日本陆军士官学校
何宗莲 （1864—1931）	山东	察哈尔都统（1912 年 10 月—1915 年 8 月）	北洋武备学堂
张怀芝 （1861—1934）	山东	察哈尔都统（1915 年 8 月—1917 年 1 月）	北洋武备学堂
田中玉 （1864—1935）	直隶	察哈尔都统 （1917 年 1 月—10 月； 1918 年 3 月—1919 年 12 月）	北洋武备学堂
熊希龄 （1870—1937）	湖南	热河都统（1912 年 12 月—1913 年 8 月）	进士
姜桂题 （1843—1922）	安徽	热河都统（1913 年 8 月—1921 年 9 月）	不详

注：（1）进士是科举考试的最高等级，每隔三年授予一次进士头衔，而每次仅有
100 至 400 位考试者能够获得。因而在传统中国，进士头衔的拥有者是不折
不扣的精英。
（2）袁世凯在 1912 年时规范了驻边军官的称呼，此后，"绥远将军"之称被
"绥远都统"所取代。关于潘榘楹的就任时间，我所收集到的信息存在冲
突，《大辞典》记录的是 1914 年，但根据人物年谱则为 1915 年。

驻边将领向蒙古人保证，他们的主要目的不是代表国家获得土
地利润，而是消除困扰蒙古人多年的私垦弊病。正如贻谷所言："在
昔地皆封禁，后来半属私开，生计早已不在牧而在耕矣。垦务宗旨，
因蒙地久为私垦所占，不若准予开垦，既可与蒙古利源，又可清私垦

积弊。"[1]贻谷还成立了东路垦务公司,主要是为了抵消汉人大商人对土地的垄断。他自豪地指出,在东路垦务公司获得的收入总计 30 万两,而土地商人仅分得 7 万两。[2] 他进一步指责土地测量不准确,认为这给蒙古人带来了巨大的利益损失。随着时间的流逝,贻谷担心未在私人土地合同中指定土地的位置和大小会引起巨大的纠纷。[3]更糟糕的是官方规定的缺乏,贻谷注意到:"有霸种多年,抗阻不给者,侵占不已,世业全失,无地者有地,有地者无地,此亟宜整顿者一也。劣蒙觊觎公产,勾串奸民,私相租典。或以一地而转售数人。或藉一地而侵越数地。辗转弊混,尽入私肥。"[4]禁止私地交易因而减少了蒙古人与民人的直接土地交易,这致使他们之间的土地争议有所减少。

此外,驻边将领采取了一系列政策,以适应蒙古人与汉人移民的差异化需求。在对失地蒙古人进行补偿时,军事将领们避免采取统一且清晰一致的政策。他们试图适应蒙古人原有的复杂区分体系,以区分土地的状态与特权。土地可被分为生地/熟地(以开垦程度为依据)、上/中/劣等地(以位置与肥沃程度为依据),以及各种享有特权的土地(privilege land)。这些享有特权的土地被赐予特定的官员、蒙旗政府、

---

① 《绥远通志稿》由绥远通志馆于 1937 年编成,是内蒙古地区最完整的方志。它包含有关绥远历史上,特别是民国初期发生的重大事件的主要资料。该方志在中日战争期间遭受了一些破坏。战后,约有 113 册完好无损。我使用的是内蒙古人民出版社出版的最新编辑版本(2007),其中包含 100 卷。此段引用来自《清光绪间贻谷主办蒙垦始末》,该文献收录于绥远通志馆(2007,第 38 卷:194)。

② 见《清光绪间贻谷主办蒙垦始末》,收录于绥远通志馆(2007,第 38 卷:195)。

③ 参见贻谷于光绪二十七年(1901)12 月 2 日递交的垦务奏议,收录于绥远通志馆(2007,第 38 卷:204)。

④ 见《参案调查记》(对贻谷在土地放垦事件中不法行为的调查),光绪三十一年(1905)收录于绥远通志馆(2007,卷 38:235)。

驻防军、牧民,以示皇恩。除此之外,它们还涵盖了地方厅县土地(local subprefecture government)、绥远当局的农田,以及与蒙古贵族通婚的满族皇子的土地。它们同样涵盖了蒙古王公与平民的自给土地、官方牧场、抚恤绝嗣家庭的土地,以及寺庙的土地。我将这些土地称作"享有特权的土地",以强调它们与普通土地待遇不同:它们并不会被轻易放垦,并且即便放垦,土地的主人也会得到更多补偿。[①] 对于交付了耕种许可证以及土地税的汉人移民,驻边将领同样试图适应其多样化需求。他们在生地与熟地之间做出区分,后者指涉的是个别蒙古贵族在放垦之前私下租给汉人小农的土地。两种土地都在严格的监管中被调查与开放,但其许可证的价格则各不相同。相较熟地,生地的佃农要花更多的钱来购买土地许可证。[②]

为了消除汉人移民的疑虑,驻边将领在降低地价上花费了巨大努力,他们延迟了交付租金的最后期限,增加了谷物种子的贷款,并将犁耕工具借给小农。与此同时,将领们加快了灌溉系统的建设并提供了其他辅助设备。[③] 在土地需缴税之前,他们设置了五年的宽限期。在很多情况下,这个宽限期可以延长至八年。[④] 汉人定居地的稳定对于边疆管理系统的巩固同样至关重要,因为地方政府的资金就来自购买许可证和缴纳租税的汉人移民。如果没有这些资金,地方管理者很难改善基础设施,比如修路和建立学校。如果没有移民,这些额外的财政负担就会落在蒙古人的身上。此外,汉人移民也在财政上支持了盟旗。

---

① 更多细节可参见《参案调查记》,收录于绥远通志馆(2007,卷38:269)。
② 更多细节可参见《参案调查记》,收录于绥远通志馆(2007,卷38:269)。
③ 见《清光绪间赊谷主办蒙垦始末》,收录于绥远通志馆(2007,卷38:20)。
④ 参考自姚锡光的《筹盟刍议》(1908)。姚锡光是一位晚清官员,以对边务有着深刻洞见而著称。收录于内蒙古图书馆(2008:38—39)的文献更多的是关于蒙古人所留有土地的优先权信息,可参考 Wang(2014)。

向民人卖地的很大一部分收入又流回到了蒙旗以及喇嘛庙的手中,尽管他们在这次改革中丧失了土地所有权。稳定汉人移民的情况因而可以使蒙汉之间互补的政治经济关系有所演进。

总之,虽然土地改革大大减少了蒙古人在土地所有权与管理权上的自治性,同时加强了国家在边疆的权威,但它并没有激起强烈的族群动员,主要原因在于改革巩固了一个中间管理层组织,但并未将其变为一个简单的中央下设机构。这个中间结构以驻边将领为核心,成功地调节了在土地关系中呈现的蒙汉关系以及中心-边缘关系。蒙民丧失了自由地处置他们土地的权利,但获得了购买许可证耕种土地的汉民们的大笔补偿费。蒙民虽然没有赋税义务,但也并未完全与其土地分离,因为一方面,他们获得了大部分地租或部分地税;另一方面,汉人移民则获得了稀缺的可耕地资源。汉人移民所缴纳的地租与地税,相较于中国的其他地区更为低廉,因而他们乐于接过支持地方政府运行的经济负担。因此,通过作为中介者的驻边将领的努力,土地放垦没有成为加剧蒙汉关系恶化、严重危及少数民族利益的恶性事件。恰恰相反,它促生了蒙古旗民与汉人移民之间的互补关系。这一经纪系统确保了中央集权虽在一定程度上不断加强,但其压力被分散,因此没有激发少数民族的族群动员。

(三) 辛亥革命与过渡时期

在土地放垦时期,国家的集权化并不是通过国家中枢机构的扩张,而是通过经纪人(连接中心与边缘、汉人与蒙古人的驻边将领)力量的成长而体现的。在土地放垦改革之后,中国发生了一系列变革,其中最重要的是 1911 年的辛亥革命,这是一场推翻了持续近三百年满清政府统治的民族主义革命。有学者认为，清政府的倒台以及汉人军阀在边疆的崛起，带来了边疆分离的危机（Crossley，2005；Esherick，2006；Friskesjo，2006）。然而，这一可能性并未落实。

不同于那些认为蒙古人将从新成立的中华民国分离的预期，即便驻边将领并非满人，而是汉人，蒙古人仍旧持续地依附于驻边将领。经纪系统的作用似乎没有被满汉军事领袖的变换所干预。不仅蒙古人，汉人移民同样强烈倾向于保持边疆管理系统的完好无损。对于清廷统治的倾覆以及即将到来的民国政府的统治，蒙古人当时也许隐隐感到不安，但这种一般性的忧虑既并没有具体转化成对汉人军阀政权之敌意，也没有转化成对当地汉人移民之敌意。恰恰相反，在驻边将领的中介作用下，蒙古人继续与汉人移民合作。帝国中心的坍塌所产生的毁灭性影响，似乎并未波及蒙古边疆。除了暂时的无序外，最剧烈的波澜由民国新政权边政一体化（administrative unification）的尝试引起。1912 年，理藩院被重命名为蒙藏事务局。这一新机构由内务部而不是大总统直接领导。接着是一系列同化或汉化边疆管理体制的努力，起先为驻边将领所抵触。这些将领虽是汉人，但拒绝服从中央政府的命令。张绍曾彼时任绥远将军，率领一支驻防军队守卫内蒙古西部。在 1912 年 11 月 13 日递交蒙藏事务局的请愿书中，他声称 1912 年 4 月 21 日的公告是引发蒙古分歧的根源。① 这个公告简要勾勒了五族共和的基本原则，并且强调了取消边民"藩属"身份之目标。张绍曾代表蒙古人做出抗议，并且请求中央政府放弃边政一体化的目标。他强调，大多数蒙古贵族会憎恨中央政

---

① 参见伊盟绥远城察哈尔都统等关于地方制度等问题给蒙藏院咨呈等公文，蒙藏院档案，全宗卷 440，案卷号 23。蒙藏院档案是蒙藏事务局的档案文件记录，资料来自内蒙古大学蒙古学中心，原件现存于南京中国第二历史档案馆。

府对其自主地位的剥夺,因为他们恐惧此举将毁灭其传统与信仰。蒙古出身的荣勋同样做出了类似的干预行动,他曾于 1912 年受大总统袁世凯之托,平叛东北蒙古起义。①

这些干预表明,新成立的民国政府试图集中管控并统一对于边疆的管理;但也同样表明,中央政府的此种尝试(至少在某种程度上)被边疆统治者所柔化。军事将领们的族群认同似乎并没有与他们在边疆管理系统中所扮演的角色直接相关。边政一体化是中央政府的目标,也为邻近的内地省份所拥护,后者试图借此吞并内蒙古的厅县来扩大管辖范围。不过即便如此,蒙古人与汉人移民在这期间并没有因为他们族群身份的差异而分裂。

直隶省一度试图将热河的汉人移民管辖权转移至其控制之下。然而,汉人移民却表示出与驻边将领共进退的强烈愿望。在一封由热河同乡会寄给大总统与国务院的信件②中,热河的移民领袖表明,他们愿意同蒙古人一样留在热河都统的管辖之下。他们拒绝与蒙古人的区别管理,并否决被转交由直隶省直接管辖的提议,恳请中央政府不要应和地方省份的野心。他们坚持认为,在赤峰与朝阳新成立的州县不应由直隶省而仍应由热河下辖。他们甚至建议,将热河转化为管理特区,从而全然切断其与直隶省的联系。

与汉人移民相似的是,蒙古人同样感受到了边政一体化过程中所潜藏的危机。他们也强烈反对邻近的直隶省吞并热河民人的管辖

---

① 参见荣勋(蒙藏事务局副总裁)于 1912 年 11 月 23 日递交给总统与总理的报告,以及大总统、蒙藏院对各盟旗有关地方制度咨、呈、陈条等公文的照复,蒙藏院档案,全宗卷 440,案卷号 22。

② 参见热河同乡会上达总统与国务院的信件(年月不详,但从蒙藏事务局回复的时间推断,信件可能是在 1912 年 10 月 15 日之前所写),伊盟绥远城察哈尔都统等关于地方制度等问题给蒙藏院咨呈等公文,蒙藏院档案,全宗卷 440,案卷号 23。

权。在一封由喀喇沁右翼旗 1912 年发出的电报①中，喀喇沁王公表明，将民人从蒙古人的治理体系中移除并分配给直隶省管理的这一设想，令他不安与愤怒。喀喇沁王公、汉人移民精英以及驻边将领的反应表明，这三者在反对边政一体化的行动中结成了同盟。他们的共同利益在土地放垦时期萌芽，在革命爆发之后则愈加巩固。他们的行动证实了我对边疆管理体系的观点：作为一个中间结构，它在华夏中心和边缘之间担当了十分重要的缓冲角色。这个高度整合的系统缓和了革命和随后边政一体化（或同化）行动所带来的冲击。北洋政府迅速意识到，相较于瓦解这一中间纽带，利用与控制更加有益于边疆稳定。②

　　总之，1911 年的革命瓦解了满人的统治，并带来了暂时性的失序。革命之后，不论中央政府还是邻近内地的省份，都着手实施边政一体化的计划。这些变革也许在某种程度上激起或引发了内蒙古族群动员的可能，但却并未形成大规模的冲突和对立。这一反常结果应在很大程度上归功于边疆管理体系的稳定性。不幸的是，此一体系所维持的平衡在 20 世纪 20 年代地方军阀崛起之后遭遇了真正的挑战。

---

①　参见喀喇沁右翼旗向总统、国会、参议院以及蒙藏事务局发送的电报（1912 年 11 月 22 日），伊盟绥远城察哈尔都统等关于地方制度等问题给蒙藏院咨呈等公文，蒙藏院档案，全宗卷 440，案卷号 23。喀喇沁王公对陆钟岱存在顾虑，因为他是奉中央政府之命在该地区收集信息的官员。详见陆钟岱发给大总统、国会、蒙藏事务局的电报（1912 年 12 月 1 日）。

②　参见蒙藏事务局于 1912 年 10 月 15 日递交给国务院的文件，伊盟绥远城察哈尔都统等关于地方制度等问题给蒙藏院咨呈等公文，蒙藏院档案，全宗卷 440，案卷号 23。

四、军阀统治时期的边疆政治（1917—1927）

政治碎片化的新高峰 20 世纪第一个十年末期涌现，它发生在袁世凯逝世之后。强大核心的缺位，致使许多北方省份的军政领袖试图扩大自己的影响。这些人成为了混战的军阀，立足于省来建立割据政权，以实现征服彼此的目的。军阀试图吞并边区的一部分，以扩展省区地界。在争夺蒙古边地的过程中，他们用自己的亲信替代了原来的驻边将领。自此，原有的中介系统破碎了。内蒙古紧张的族群关系在这一关节点一触即发。1916 年，袁世凯的死亡标志着一个关键的转折点，将中国从一个相对完整的政权变为割据的政权。军阀的统治深刻影响了内蒙古治理体系的稳定性。

（一）治理结构的新变局

地方割据政权为驻边将领的选任提供了新的人才库，他们与 1917 年之前担任此一角色者的教育背景与治理经验全然不同（见表 2 及附录表 2）。彼时正是地方军阀参与全国范围权力竞争的高峰时期。在 1917 到 1920 年间，驻边管理者的组成与此前相比并没有发生天翻地覆的变化，而是沿袭了 1916 年之前的模式。三位绥远都统（蒋雁行、陈光远、蔡成勋）都毕业于北洋武备学堂；两位察哈尔都统（田中玉、王廷桢）同样是北洋武备学堂的毕业生；还有一位察哈尔都统——张敬尧，毕业于袁世凯创设的保定陆军军官学堂，而其前身同样是北洋武备学堂。热河都统的情况稍有不同，这是由于掌握权力时间最长的都统姜桂题并未接受过任何正式教育,他的名望主要来自军事能力。姜桂题是毅军旧部,毅军则是李鸿章淮军的分支,后者是北洋军事学堂建成后最具权威的军事组织。即便存在教育背景上的差异,姜桂题和他的同袍们类似,在出任都统一职前已在全国多处有过治理经验。

上述这批领袖是光芒黯淡的中央政府代理人的最后遗迹,他们的影响在 20 世纪 20 年代军阀登上国家政治舞台后逐渐消散。陈光远和蔡成勋二人在 1924 年直系军阀战败后退隐。田中玉在 1923 年被罢免。同年,王廷桢出于对内战的不满主动请辞。姜桂题在内战全面爆发之前便已去世。只有张敬尧仍然活跃在 1920 年之后的政坛上:他先是投靠了张作霖与张宗昌的奉系军阀,后来又加入了伪满政权。中央政府代理人在边疆政治的残余在 20 年代初几乎消失,而他们的退场给地方军阀心腹们的上位提供了空间。

表 2　边疆军事管理者的生平背景(1917—1928)

姓名	出生地	在内蒙古的职务	教育背景
蒋雁行 (1875—1941)	直隶	绥远都统(1916 年 10 月—1917 年 6 月)	北洋武备学堂与 日本陆军士官学校
陈光远 (1873—1939)	直隶	绥远都统(1917 年 7 月—9 月)	北洋武备学堂
蔡成勋 (1873—1946)	天津	绥远都统(1917 年 8 月—1921 年 5 月)	北洋武备学堂
马福祥 (1876—1932)	甘肃	绥远都统(1921 年 5 月—1925 年 1 月)	武举
李鸣钟 (1886—1949)	河南	绥远都统(1925 年 1 月—1926 年 1 月)	陆军第二十镇 随营学堂
刘郁芬 (1886—1943)	直隶	绥远都统 (1926 年 1 月)	北洋速成武备学堂

姓名	出生地	在内蒙古的职务	教育背景
蒋鸿遇 （？—1929）	直隶	绥远都统（1926 年 1 月—7 月）	北洋速成武备学堂
宋哲元 （1885—1940）	山东	热河都统（1925 年 12 月—1926 年 4 月） 绥远都统（1926 年 7 月—9 月）	陆军第六镇 随营武备学堂
商震 （1887—1978）	浙江	绥远都统（1926 年 9 月—1927 年 9 月）	北洋速成武备学堂
满泰 （1883—1934）	蒙古土默 特左翼旗	绥远都统（1927 年 9 月—11 月）	私塾
郭希鹏 （1890—1969）	奉天	绥远都统（1927 年 11 月—1928 年 3 月）	东三省军事学校、 日本千叶骑兵学校
汲金纯 （1877—1948）	奉天	热河都统（1921 年 9 月—1922 年 5 月） 绥远都统（1928 年 3 月—5 月）	不详
张敬尧 （1881—1933）	安徽	察哈尔都统（1917 年 10 月—1918 年 3 月）	保定陆军军官学校
王廷桢 （1876—1940）	天津	察哈尔都统（1919 年 12 月—1920 年 9 月）	北洋武备学堂与 日本陆军士官学校
张景惠 （1871—1959）	奉天	察哈尔都统（1920 年 9 月—1922 年 5 月）	不详
张锡元 （1870—1941）	直隶	察哈尔都统（1922 年 5 月—1924 年 12 月）	保定陆军军官学堂
张之江 （1882—1966）	直隶	察哈尔都统（1924 年 12 月—1926 年 3 月）	东北陆军讲武堂
鹿钟麟 （1886—1966）	直隶	察哈尔都统（1926 年 4 月—8 月）	私塾

姓名	出生地	在内蒙古的职务	教育背景
高维岳 (1875—1938)	奉天	察哈尔都统(1926 年 8 月—1928 年 8 月)	东北陆军讲武堂
赵戴文 (1867—1943)	山西	察哈尔都统(1928 年 6 月—11 月)	东京宏文学院师范科
姜桂题 (1843—1922)	安徽	热河都统(1913 年 8 月—1921 年 9 月)	不详
王怀庆 (1876—1953)	直隶	热河都统(1922 年 5 月—1924 年 7 月)	北洋武备学堂
米振标 (1860—?)	陕西	热河都统(1924 年 7 月—12 月)	不详
阚潮洗 (1884—1951)	奉天	热河都统(1924 年 12 月—1925 年 12 月)	东北陆军讲武堂
汤玉麟 (1871—1937)	奉天	热河都统(1926 年 4 月—1928 年 12 月)	不详

在 1920 年之后,一群新的官员开始涌现,他们是地方军阀们驯服的共谋者(见附录表 2)。他们中的十四位与三位主要的地方军阀存在着强关系,其中六位是冯玉祥十分信赖的下属。有些人(如张之江)在冯玉祥还是一个东北的小军官时,便是他的亲密同僚。有些人(如刘郁芬、宋哲元、张之江、鹿钟麟)在冯玉祥早期直接统领的第 16 混成旅起家。其他人(李鸣钟与张之江)在河南与陕西享受过冯玉祥的支援。同理,六位张作霖的亲信(郭希鹏、汲金纯、张景惠、高维岳、阚潮洗以及汤玉麟)都于奉天部队中成长壮大。

相较而言,作为阎锡山亲信的商震与赵戴文,此二人的背景似乎没那么明确。商震在革命之前加入了东北新军,并且在陆建章派驻陕西的部队中短暂地工作过。即便与冯玉祥有过交集,商震仍在 1915 年投奔了阎锡山,并在此后竭诚为晋军服役。赵戴文是一位卓越的平民军官,但同时也是晋系军阀的核心成员。[①] 所有这些军官的治理经验都十分匮乏,他们只对个别的军阀效忠过。

与前辈相比,这群人有着次等的教育背景(见表2)。在他们之中,只有四人(刘郁芬、蒋鸿遇、商震、张敬尧)是保定陆军军官学校的正式毕业生。其中的两位,宋哲元(第6镇)和李鸣钟(第20镇),在服役的陆军随营学堂接受了短暂的、非正式的军事训练。有四位(郭希鹏、张之江、高维岳与阚潮洗)在东北当地由张作霖创建的军事学校(即东北陆军讲武堂)中接受教育,而另外四位(鹿钟麟、米振标、姜桂题与汤玉麟)则似乎没有任何接受正式教育的经历,他们的军事生涯就是从普通士兵开始的。还有两位(汲金纯、张景惠)在投靠张作霖之前,曾为绿林出身。

这些新的治理者不再代表一个第三方,并且不再能够熟练处理边疆事务。作为地方军阀的亲信,他们对军阀政权效忠,在蒙古人眼里,这预示着汉人政权向蒙古的入侵。图3揭示了军阀割据时期内蒙古的治理结构。这一新结构意味着一个统一的中央政府被以汉人军阀为首的竞争性地方政府(competing regional government)所代替。沿袭自理藩院的蒙藏委员会不再能够积极地发挥作用,关于这一部门的档案记录显著减少(只有五份档案留存)[②]。中心的解体与地方军阀主义的扩

---

① 另外五人与之类似,不过与军阀的关联更加暧昧。马福祥是一位穆斯林将军,立足于穆斯林(回民)占据统治地位的甘肃、青海地区,因此他并不是西北政治中无足轻重的人物,而被视为对西北边疆至关重要的平衡性力量,并且频繁成为内蒙古多方势力争夺的对象。满泰是一位蒙古革命分子,他短暂任职绥远都统的经历仅是一次意外事件。张锡元是半吊子的冯党,因为他在直系军阀兵败时才投奔了冯玉祥。他并不属于冯的心腹,这点从他于1924年退休一事中不难得到印证。

② 参见蒙藏院档案,全宗卷440,案卷号22、23、24。

张完全动摇了土地放垦时期建立的经纪系统。

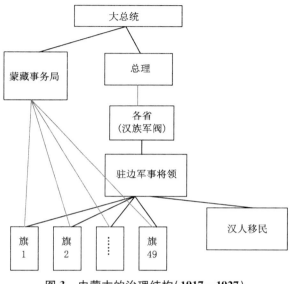

图 3　内蒙古的治理结构(1917—1927)

（二）族群关系如何恶化?

　　军阀统治是一个增加了不安全性、高速军事动员以及资源汲取能力的多极政治系统。在这一期间,国家可估算范围内的军队增长十分可观:1916 年的军队超过 50 万人,到 1918 年突破了 100 万,1924 年之后超过了 150 万,到 1928 年则突破了 200 万(Chi, 1976: 78)。1925 年夏天,冯玉祥掌握了超过 10 万的精兵。[1]　及至 1925 年

---

[1]　严格而言,这仅仅是冯玉祥亲自掌握的第一民兵部队之数。由冯的下属所掌握的第二、第三编,未能如冯的亲兵一般组织有序。第二编同样扩张迅速,截至 1925 年夏,增至 25 万人。第三编的兵员超过 3 万人。详情可见 Sheridan(1966:160-163)。

9月,张作霖的东北部队接近35万人,几乎是1924年直奉战争之前的两倍规模,这还不包括其在热河和山东的余部(McCormack, 1977: 147)。即便是最保守的阎锡山,也在直奉战争后招募了超过10万人的军队(Gillin, 1967: 109)。

高强度的军事扩张使得增加甚至过度进行经济汲取成为必要,这是促进地区集权化的重要因素。阎锡山素以吝啬著称,然而在1928年,他的省政府开支相较于1925年增长了350%;尽管税收收入增长迅速,其年度赤字也从68.5571万元飙升到了1364.7万元(Gillin, 1967: 110)。为了增加收入,一些军阀扩大了征税范围,并开始依赖各类外国贷款(张作霖依靠日本的贷款,冯玉祥则倚靠苏联的支持)。他们中的许多人还借助非法手段,操纵货币价值或从鸦片种植中获利。

边地在这一剧烈的经济剥削浪潮中遭受重创,军阀时期的统治者们采用了更激进的土地开垦计划。1925年,主管西北防务的元帅冯玉祥在察哈尔设置总部。在驻边将军的支持下,他在该地发起了开发和移民的五年计划(Sheridan, 1966: 149-151)。根据王德胜(1987:79)的研究,这些在1912到1928年被调查、公开的土地,价格急剧上涨。在1912到1917年间,每年开垦的土地不到1500顷。从1917到1926年,则超过了1.7万顷;在1925到1926年间,3.6万顷的土地被开垦,由此达到峰值。此后有所减缓,但年均开垦土地仍旧超过了3000顷。

在土地开垦的新浪潮之中,驻边将领完全服从于庇护他们的军阀,不再担任中介者的角色。他们站在军阀政权的一边,对蒙古人和汉人都报以敌意。例如,按照当地惯例,公家牧地的所有权以及授予没有子嗣的家户以助其维持生计的"绝户地",原本并没有被严格规定下来。面对政策上的模糊性,贻谷下令将这些土地的租税交给旗人政府。① 然而，当这一新规由阎锡山的亲信商震所执行时，他于1926年宣称：

> （第七条）地户不在绥远，又无租种之户，地亩荒芜，致官岁租无从征收者。由该县知事每于截数后，通知地户，或登报公布，或咨该地户原籍地方官。催其完较答复。如地户仍不完交答复，地荒芜满5年者，此地即认作绝户地，归公另效。②

新政策规定，这些没有明确主人的土地归各省所有，而非蒙古人所有。它们被没收，以扩大军阀们的财富。这些举动违反了先前土地改革时期的规定，即只要是在蒙古盟旗范围内的土地，蒙古人就永远优先享有其利益。另外，由于军阀们不再审慎考虑蒙古人在放垦土地上的权益，他们试图减少土地分类的多样性，并将土地政策简单化。1927年，绥远都统下属的土地垦务局宣称，土默特旗赠予蒙古王公的特权土地应转成可征税的常规土地，并称"同一县治，而办法两歧，亦非政体所宜"③。多数蒙古王公被这一变故所激怒，他们对汉人军阀的敌对情绪有所增加，因为驻边将领完全倒向了汉人军阀一方，他们最迫切的考虑是经济汲取，而不是平衡蒙汉之间的关系。

汉人移民同样感受到了军阀统治的压迫性。军阀及其代理人对扶植汉人居民并不怎么感兴趣，他们挪用水利灌溉的款项，增加了多数小农的赋税，这使无助的小农纷纷逃亡。汉人移民购买的土地很快荒芜，亏欠蒙古人的租金也再未付清。蒙古人的境遇因为汉人移民的离开而

---

① 《参案调查记》，藏于绥远通志馆（2007，卷38：270）。
② 《整顿皇族处分条例》，藏于绥远通志馆（2007，卷38：369）。
③ 《整顿皇族处分条例》，藏于绥远通志馆（2007，卷38：388）。

严重恶化,因为地方政府原本向汉人索取的多数赋役现在落在了他们身上。汉人移民的离开摧毁了边疆治理体系的另外一根支柱。如今,蒙古人要应召缴纳赋税和提供劳役,以支持地方基础设施的建设。①这使得蒙古人和汉人军阀及其亲信走向了直接的对立。

简言之,军阀政权打破了原本由驻边将领在土地改革时期精心搭建的边疆治理体系。军阀统治通过完全降伏驻边将领,破坏了中心与边缘、汉人与蒙古人之间的中间纽带。军阀们的主要兴趣在于巩固其地方王国,因而不再谨慎摸索能够平衡多方利益的中间道路。他们的努力导向了地方性集权。蒙古人意识到,他们与汉人军阀的直接对抗已不可避免。由于缺乏中间力量来调节蒙汉之间的对立,冲突持续不断而又十分惨烈。情况与十年之前大不相同,在强大的中间治理结构(驻边将领)的作用之下,与汉人联合的前景不再吸引蒙古人。相反,他们在其他蒙古人中寻求同盟。

五、 余论

本文聚焦于三个阶段,其中的每一个阶段,都发生了主流的中心-边缘视角下能够激发族群冲突的典型事件。第一阶段受到了土地改革部署的重大影响,这在很多方面类似于晚期的奥斯曼帝国与沙皇俄国为加强国家力量所进行的改革。但与上述两个国家不尽相似的是,虽然内蒙古的土地改革显著地减弱了盟旗对土地的控制,但并未直接导致大规模的族群对立。这一案例表明,政治的集中化与一个中间机构

---

① 《民国十年至民国二十年垦务概况》,藏于绥远通志馆(2007,卷 38:359)。

（边疆管理体系）的形成和巩固相辅相成。在这一边疆管理体系中，驻边将领扮演着强有力的中介者角色：他与多方政治势力的博弈，协调了整个体系内部的平稳运转。政治集中化并没有被破坏，而是被中心与边缘、汉人与蒙古人之间纽带的加强所促进。中间治理者这一层级大大缓冲了集权化所带来的压力。蒙古人在这一过程中并未受到侵害，因此，族群动员并未显著发生。

在第二阶段中，民国建立。政治上的失序以及边疆机构的汉化本应该激化蒙汉对立，但该现象并没有发生。蒙古贵族与汉人移民领袖并未因族群差异分道扬镳，他们在共同利益的指引下向驻边将领所领导的边疆治理体系渗透。这一体系再次保护内蒙古边疆免受本应导向族群分裂的重大事件之影响。

第三阶段以北洋政府的倒台以及汉人军阀的出现为特征。他们在军事上将边疆简化为军阀政权的附庸，任用自己的亲信作为驻边将军。这些实践完全摧毁了中间治理结构，中心与边缘、汉人与蒙古人之间的联结随着边疆治理系统的瓦解而消散。蒙古被突然置于军阀政府直接的、明目张胆的剥削之下，而蒙汉之间的对立也因此变得严峻起来。第三阶段最清晰地显示出中心-边缘范式的力量所在，所谓政治集权化会激化族群动员，但这却是在地区层面而不是在国家层面发生的。

内蒙古的例子揭示了单一的特殊事件，如政治集权、国家崩溃、民族化等等，很难决定所有帝国内部族群冲突分裂所发生的时机与可能性。当我们关注到中间治理结构转型的复杂机制时，这些事件的实际影响变得并不显而易见。因为这一中间治理结构是多民族的，由来自中央与地方的代理人共同组成，并结合了直接治理与间接治理的共同特质。这一结构挑战了中心-边缘的解释，后者恰恰预设直接统治与间接统治之间的对立二分。此外,当这一结构随着中央政府的瓦解而趋于消散之后,从直接统治向间接统治转型的后果在地区性层面体现得最为显著。换句话说,蒙汉的族群对立是在地区层面而不是国家层面上显现出来的。基于这些发现,我们可以建立一个新的中心-边缘的模型,这一模型将连接中心与边缘的中间关系的结构性决定作用计入考量,并且关注这些关系如何缓解了那些能强有力裂解帝国的事件之影响。

族群认同并非由先天决定,等待着被后天唤醒,也不是知识分子的纯然建构。相反,它是建基于关系之上的,人们能以多种方法看待自我与他者之间的关系(Gould, 1995),是个体在这些关联中的位置决定了在何种程度上哪一种特殊的身份被优先考量。不论是在土地开垦时期还是革命之后的过渡时期,蒙古人都首先将自身看作边疆治理体系中的一元,即便他们与汉人移民在语言、习俗、文化与职务方面不尽相同。当维系这一身份的边疆治理系统在军阀时代破裂时,蒙古人发现自身与入侵的汉人政权形成了直接对立。这一新的位置确证了蒙古人无法和汉人分享任何共同利益,他们必须在政治上联合起来对抗后者。边疆管理系统促进了蒙古人与汉人移民的交叉认同的形成,两个群体中的精英同时都是边疆治理系统中的重要成员,而他们的交叉认同随着汉人军阀的兴起而消解。当交叉认同不复存在时,人们对社会动员的高期待将一触即发(Gould, 1995: 17)。

在很多世界性帝国中,半边缘代表的是参与“边缘性的远程奢侈品贸易”的中间层(middle stratum),他们的经济活动很大程度上提升了地方社会孤立群体的内聚力(Wallerstein, 1974: 405)。中心掌握了强大的军事力量,保障了他们在帝国权力作用范围内分配经济资源的权力。对于中心而言,谨慎操控中间层是帝国稳定的关键:一方面,中心会允许中间层积累一部分的贸易利益,所以地方社会的潜在领袖会被中心买通;另一方面,中心需要通过频繁地采取没收手段,限制中间层的壮大,否则中间层的力量就要超越中心。半边缘就是这个中间层,在世界经济中同时扮演两种角色:它既是被剥削者,又是剥削者,很大程度上减缓了中心与边缘之间的张力,并且因此降低了中心可能会面临的来自其他部分联合反对的可能性(Wallerstein, 1974: 405)。

这一对于中心与边缘对立极化的新的关注,引起了我们对于帝国解体的边界问题以及其他帝国少数族群的民族主义的反思。在奥斯曼帝国或者沙皇俄国中,是否存在以一个维持交叉认同的中间治理结构为形式的半边缘? 如果半边缘存在,它的转型与这两个国家少数族群的民族主义有何关联? 奥斯曼帝国的学者们早已注意到了奥斯曼社会交错的划分(intersecting division)。沿着宗教这一最重要的线索,奥斯曼帝国的统治被分成了四个米勒特(millet),分别是希腊东正教、犹太人、亚美尼亚和穆斯林的米勒特①。然而,米勒特主要行使司法及宗教权威,负责世俗治理的权威则分布在其他诸如行省、城市、乡村等地(参见 Shaw, 1976-1977: 150-151; Wimmer, 2002: 159-162)。这些交错的部分模糊了奥斯曼帝国中心与边缘之间的界限,而在何种程度上各部分的交错形成了一个能够支撑交叉认同的中介治理层,则是一个有趣的问题。

沙皇俄国同样被分解成交互错杂的多个部分。正如沃克(Walker,

①　希腊东正教的米勒特(millet)将保加利亚、西伯利亚以及希腊的教区(patriarchate)整合在君士坦丁堡的引领之下。犹太穆勒特是由伊斯坦布尔的大拉比(rabbi)带领的,并且吸引了从东欧、西班牙、葡萄牙、德国以及中欧地区的移民。亚美尼亚的米勒特统治了不属于其他宗教群体的子民们,比如吉普赛人、亚述人、叙利亚与埃及的基督教一性论者、波斯尼亚的波哥米尔派等。穆斯林的米勒特管理了绝大多数的穆斯林人口,并在征服阿拉伯人之后迅速扩张。可参考 Shaw(1976—1977:151—152)。

2006)所指出的,沙皇统治下的俄国从未借助以"横向的兄弟情谊"构成的国族认同来将帝国整合为一体,而是建立在东正教的正统原则(宗教的)以及沙皇的专制力量(政治的)之上。东正教徒与异教徒之间的差异,以及贵族与小农之间地位的差异,远远超越了沙皇俄国的族群差异。① 因此,沙皇俄国的构成比简单的中心-边缘模型要复杂得多,其后果便是复合的政治身份。这种复合身份是否以及在何种情况下丧失显著性,并被一个强有力的族群身份所代替,同样能够刷新我们对沙俄帝国解体的理解。

---

① 沃克(Walker, 2006)指出,只有欧洲的殖民帝国强调种族差别。斯廖兹金(Slezkine, 1994)同样指出,俄罗斯人相对于摩尔达维亚人的优越性更多地与教育而非族群性相关。然而,学界自 20 世纪 90 年代起普遍认为俄罗斯帝国是多民族帝国,比如赫什(Hirsch, 2005)揭示了从沙皇帝国到苏维埃共和国时期,持续性的民族志知识的生产与运用对多民族政策的塑造作用。

附录

表1　1900—1916 年驻防边疆的将军与都统履历

姓名	履历
永德	察哈尔都统（1880），乌里雅苏台将军（1901），旋即因义和团事自杀。
信恪	密云副都统（1898），江宁将军（1900）。
贻谷	光绪十八年（1892）进士，后投入荣禄门下。在 1901 年督办蒙旗垦务之前，历任翰林院编修、詹事府少詹事、国子监司业、兵部左侍郎。
堃岫	历任理藩院右、左侍郎（1906），赴德国考察（1907），乌里雅苏台将军（1908）。
锡良	平遥县知事（1893），沂州府知府（1895），山西按察使（1898），湖南布政使（1899），山西巡抚（1900），河南巡抚（1901），四川总督（1903），云贵总督（1907），东三省总督（1909）。
廷杰	承德府知府（1876），湖南岳常澧道道台（1890），奉天府府尹（1897），直隶布政使（1898），盛京将军（1905）。
奎顺	西宁办事大臣（1891），乌里雅苏台将军（1904）。
松寿	工部右侍郎（1902），兵部尚书（1905），闽浙总督（1907）。
张绍曾	炮兵队官（1901），北洋常备军第二镇第五标帮统（1903 年），北洋督练公所参谋总办（1904），陆军第二十镇统制（1911），长江宣抚使（1912）。
潘榘楹	陆军第 20 镇标统（1907），陆军第 20 镇 39 协协统（1911）。
蒋雁行	革命前任陆军第十三混成协协统，后任江北军政府都督，江北检查使（1913）。
何宗莲	第一北洋教练处总办（1904），第一协统领官（1906），陆军第一镇统制官兼甘肃河川镇总兵（1907）。

姓名	履历
张怀芝	陆军第五镇统制官(1909),甘肃提督(1911),天津镇总兵(1911),山东防务大臣(1912),安徽巡抚(1912)。
田中玉	任北洋教练处总办,第二镇第四协统领(1904),任广东新军混成协统领(1906),东北三省督练公所总参议(1907),任江苏新军第二十三混成协统(1910),任山东兖州镇总兵(1911),任山东民政长、山东巡防总领(1912),北京政府陆军部次长(1915),调任吉林省督军(1916)。
熊希龄	留学日本(1900),任教于常德中学(1903),随五大臣出洋任二等参赞(1905),东三省农工商局总办(1906),奉天盐法道(1910),江苏都督府财政司司长(1911),内阁财政总长(1912)。
姜桂题	加入僧格林沁部镇压捻军(1865),之后随左宗棠镇压陕甘回乱,任云南临元镇总兵后加入宋庆的毅军(1894),新建陆军右翼翼长兼步兵第一营统带(1896),重庆镇总兵代甘肃提督(1900),率武卫右军驻扎北京(1901),直隶提督兼统武卫左军(1908)。

资料来源:孙文良等主编《满族大辞典》1990 年版、国使馆与中华书局编《清史列传》1928 年版、徐友春主编《民国人物大辞典》2007 年版。

表2　1917—1928 年驻防边疆的将军与都统履历

姓名	履历
蒋雁行	辛亥革面前任江苏江北督练公署参议兼陆军第 13 协协统,江北护军使(1913)。
陈光远	陆军第 4 镇第 8 协统领(1910),陆军第 4 镇统制(1911),北京总统府咨议官(1912),热河巡防营统领兼赤峰镇守使(1913)。
蔡成勋	京畿附近驻屯军副司令(1900),浙江第 21 镇统领(1911),大总统府侍从武官(1912),陆军第 1 师第 1 混成旅旅长(1913),陆军第 1 师第 1 旅旅长(1914),陆军第 7 军军长(1917)。
马福祥	加入董福祥甘军(1898),阿尔泰护军使(1904),宁夏镇总兵(1912)。

姓名	履历
李鸣钟	步兵团长(1917),步兵旅长兼归德镇守使(1921),第11师第21旅旅长兼豫东镇守使(1922),第8混成旅旅长(1924),冯玉祥麾下国民军第1军第6师师长(1924)。
刘郁芬	革命前任云南陆军第十九师排长,革命后于北京陆军军士学校任教练官(1912),陆军第10混成旅参谋长(1912)、第11师参谋长、第11师第22旅旅长。国民军第2师师长(1924),代理甘肃军务督办(1924)。
蒋鸿遇	于冯玉祥第二十六混成旅担任参谋、教官,国民军第12师师长(1925)。
宋哲元	加入冯玉祥属下陆建章部(1912),第16混成旅第1团少校团副(1914),第一营营长(1917),第25混成旅旅长(1922),国民军第11师师长(1924)。
商震	山东第2混成旅旅长(1912),陕西省第1旅旅长兼陕北卫戍司令(1915),山西省第四混成旅旅长(1917),山西省暂编第1混成旅长(1924)。
满泰	绥远省革命积极分子,国民军骑兵旅第五旅旅长(1926)。
郭希鹏	东北陆军骑兵第八旅第二团团长(1925),第十六师师长、陆军中将(1927),绥远都统,察哈尔西镇守使(1927)。
汲金纯	绿林出身后加入奉军,陆军第28师第56旅旅长(1913),陆军第28师师长(1917),热河都统(1921),任奉军第四军副军长兼第九师师长。
张敬尧	加入袁世凯北洋陆军(1896),陆军第6师第11旅第22团团长,第3混成旅旅长(1914),征滇临时军务处第2路总司令,率军入川迎击护国军(1916),加入皖系任苏皖鲁豫四省交界剿匪督办(1917)。
王廷桢	留日归国加入清朝御林军(1903),禁卫军统领(1909),天津镇守使(1913),江苏省江宁镇守使(1914),长江巡阅副使(1917)。
张景惠	革命前在任奉天前路各巡防营管带、帮带,于奉系军队服役(1912—1918),陆军第16师师长兼察哈尔都统(1920)。

姓名	履历
张锡元	河南省新军第 29 混成协第 58 标标统(1911),河南省陆军第 1 师师长,河南省陆军第 9 师师长(1914),京畿步兵第 2 旅旅长(1916),奉命讨伐陕西靖国军(1918),陕西省潼关镇守使(1921),后加入冯玉祥部。
张之江	加入天津新军(1903),奉天第一混成协哨官(1907),加入冯玉祥组织的武学研究会(1910),晋北东路司令部第二等参谋(1912),冯玉祥麾下第 16 混成旅步兵第 2 团团长(1918),陕西省陆军第 11 师步兵第 22 旅旅长(1921)。
鹿钟麟	加入陆军第六镇(1907),第 6 镇第 40 协第 79 标副官(1910),参加滦州起义但起义失败(1912),在冯玉祥第 16 混成旅任职(1916—1921),河南全省警务处处长(1922),京师警备司令兼陆军第一师师长(1924)。
高维岳	陆军第 27 师参谋长(1912),陆军第 53 旅旅长(1921),东北陆军第 7 军军长(1925),张作霖麾下安国军第 3、4 方面集团第 9 军军长(1926)。
赵戴文	赴日留学(1905),加入阎锡山晋系并任山西都督府秘书长(1912),山西省督军公署参谋长(1916),第 4 混成旅旅长(1917),加入中国国民党山西分部(1926)。
姜桂题	加入僧格林沁部镇压捻军(1865)之后随左宗棠镇压陕甘回乱,任云南临元镇总兵后加入宋庆的毅军(1894),新建陆军右翼翼长兼步兵第一营统带(1896),重庆镇总兵代甘肃提督(1900),率武卫右军驻扎北京(1901),直隶提督兼统武卫左军(1908)。
王怀庆	加入聂士成淮军(1892),被袁世凯任命为北洋常备军骑兵第 2 协协统(1905),被徐世昌任命为东三省督署军务处会办兼奉天中路统领(1907),滦州都督、天津镇总兵、多伦镇守使(1912),冀南镇守使(1914),帮办直隶军务(1918),步兵统领兼陆军第十三师师长(1919),直皖战争中任京畿卫戍司令(1920)。
米振标	早年加入李鸿章的淮军并在宋庆的毅军中服役,热河省林西镇守使兼热河军务帮办(1913),在姜桂题任热河都统时在其手下任热河副都统、前敌总司令、毅军总司令(1921)。

姓名	履历
阚潮洗	加入张作霖部(1906),第27师参谋、第27师炮兵第27团团长(1917),奉天陆军第2混成旅旅长(1918),吉长镇守使(1919),第二次直奉战争中任东北陆军第3师师长(1924)。
汤玉麟	革命前任职于奉天前路巡防营,陆军第27师骑兵第27团团长(1912),帮助张勋复辟,失败后逃亡蒙古(1919),东三省巡阅使署中将顾问(1919),第11混成旅旅长(1920),张作霖麾下安国军第12军军长(1926)。

资料来源:徐友春主编《民国人物大辞典》2007年版。

参考文献

宝玉,1985,《清末绥远垦务》,载《内蒙古史志资料选编》,内蒙古地方志编
　　纂委员会总编室编印。

国史馆,1928,《清史列传》,上海:中华书局。

蒋铁生,2003,《冯玉祥年谱》,济南:齐鲁书社。

李克仁,1990,《清代乌兰察布垦务初探》,载《内蒙古垦务研究》第一辑,呼
　　和浩特:内蒙古人民出版社。

内蒙古图书馆,2008,《内蒙古历史文献丛书之四》,呼和浩特:远方出版社。

秦国经,1997,《清代官员履历档案全编》,上海:华东师范大学出版社。

清史编委会,1984,《清代人物传稿》上编第一卷,北京:中华书局。

赛航、金海、苏德毕力格,2007,《民国内蒙古史》,呼和浩特:内蒙古大学出
　　版社。

绥远通志馆,2007,《绥远通志稿》,呼和浩特:内蒙古人民出版社。

孙文良等,1990,《满族大辞典》,沈阳:辽宁大学出版社。

谭惕吾,1935,《内蒙之今昔》,上海:商务印书馆。

王德胜,1987,《北洋军阀对蒙政策几个问题的初析》,载《内蒙古近代史论
　　丛》第三辑,呼和浩特:内蒙古人民出版社。

锡良,1959,《锡良遗稿(奏稿)》,北京:中华书局。

徐友春等,2007,《民国人物大辞典》,石家庄:河北人民出版社。

阎伯川先生纪念会,1988,《民国阎伯川先生锡山年谱:长编初稿 1—6(民国
　　前二十九年至民国四十九年)》,台北:台湾商务印书馆。

贻谷,1974,《绥远奏议》,载《近代中国史料丛刊续辑》第十一辑,台北:文海

出版社。

张遐民,1984,《王同春与绥远河套之开发》,台北:台湾商务印书馆。

赵云田,1989,《清代蒙古政教制度》,北京:中华书局。

——,1993,《中国边疆民族管理机构沿革史》,北京:中国社会科学出版社。

Aberle, David F., Herbert Vreeland. 1962. *Chahar and Dagor Mongol Bureaucratic Administration: 1912-1945*. New Haven: HRAF Press.

Adams, Julia, George Steinmetz. 2015. "Sovereignty and Sociology: From State Theory to Theories of Empire." *Political Power and Social Theory* 28: 269-285.

Anderson, Benedict. 1983. *Imagined Communities: Reflections on the Origin and Spread of Nationalism*. London: Verso.

Armitage, David. 2000. *The Ideological Origins of the British Empire*. Cambridge: Cambridge University Press.

Atwood, Christopher Pratt. 2002. *Young Mongols and Vigilantes in Inner Mongolia's Interregnum Decades, 1911-1931*. Leiden: Brill.

Barkey, Karen. 1994. *Bandits and Bureaucrats: The Ottoman Route to State Centralization*. Ithaca: Cornell University Press.

——. 2006. "Changing Modalities of Empire: A Comparative Study of Ottoman and Habsburg Decline." in Joseph Esherick, Hasan Kayah, Eric Young (eds.), *Empire to Nation*. New York: Rowman & Littlefield.

——. 2008. *Empire of Difference: The Ottomans in Comparative Perspective*. Cambridge: Cambridge University Press.

Barkey, Karen, Robert van Rossem. 1997. "Networks of Contention: Villages and Regional Structure in the Seventeenth-Century Ottoman Empire." *American Journal of Sociology* 102: 1345-1382.

Bartlett, Robert. 1993. *The Making of Europe: Conquest, Colonization, and*

Cultural Change, 950-1350. Princeton: Princeton University Press.

Bearman, Peter. 1993. *Relations into Rhetorics: Local Elite Social Structure in Norfolk, England, 1540-1640.* New Brunswick: Rutgers University Press.

Beik, William. 1985. *Absolutism and Society in Seventeenth-Century France: State Power and Provincial Aristocracy in Languedoc.* Cambridge: Cambridge University Press.

Beissinger, Mark R. 2002. *Nationalist Mobilization and the Collapse of the Soviet State.* Cambridge: Cambridge University Press.

Boldbaatar, J., David Sneath. 2006. "Ordering Subjects: Mongolian Civil and Military Administration." in David Sneath (ed.), *Imperial Statecraft: Political Forms and Techniques of Governance in Inner Asia, Sixth to Twentieth Centuries.* Bellingham Washington: East Asian Studies Press.

Breuilly, John. 1982. *Nationalism and the State.* Chicago: The University of Chicago Press.

Brubaker, Rogers. 1994. "Nationhood and the National Question in the Soviet Union and Post-Soviet Eurasia: An Institutionalist Account." *Theory and Society* 23: 47-78.

——. 2004. *Ethnicity without Groups.* Cambridge: Harvard University Press.

Brunnert, Īppolīt Semenovīch, V. V. Hagelstrom, Nī Kolesov, Andrei Terent'evich Biel'chenko, Edward Eugene Moran. 1911. *Present Day Political Organization of China.* New York: Paragon.

Campbell, Elena. 2007. "The Muslim Question in Late Imperial Russia." in Jane Burbank, Mark von Hagen, Anatolyi Remnev(eds.), *Russian Empire: Space, People, Power, 1700-1930.* Bloomington: Indiana University Press.

Chi, His-sheng. 1976. *Warlord Politics in China, 1916-1928.* Stanford: Stanford University Press.

Comisso, Ellen. 2006. "Empire as Prisons of Nations versus Empires as Political Opportunity Structures: An Exploration of the Role of Nationalism in Imperial Dissolutions in Europe." in Joseph Esherick, Hasan Kayah, Eric van Young (eds.), *Empire to Nation: Historical Perspectives on the Making of the Modern World*. New York: Rowman & Littlefield.

Cooper, Frederick. 1997. "The Dialectics of Decolonization: Nationalism and Labor Movements in Post-War French Africa." in Frederick Cooper, Ann Laura Stoler (eds.), *Tensions of Empire: Colonial Cultures in a Bourgeois World*. Berkeley: The University of California Press.

Crossley, Pamela. 2005. "Nationality and Difference in China: The Post-Imperial Dilemma," in Joshua A. Fogel (ed.), *The Teleology of the Modern Nation-State: Japan and China*. Philadelphia: The University of Pennsylvania Press.

Davison, Roderic. 1977. "Nationalism as an Ottoman Problem and the Ottoman Response." in William W. Haddad, William Ochsenwald (eds.), *Nationalism in a Non-National State: The Dissolution of the Ottoman Empire*. Columbus: Ohio State University Press.

Doyle, Michael W. 1986. *Empires*. Ithaca: Cornell University Press.

Duara, Parasenjit. 1988. *Culture, Power and the State: Rural North China, 1900-1942*. Stanford: Stanford University Press.

Esherick, Joseph. 2006. "How the Qing Became China." in Joseph Esherick, Hasan Kayah, Eric van Young (eds.), *Empire to Nation: Historical Perspectives on the Making of the Modern World*. New York: Rowman & Littlefield.

Friskesjo, Magnus. 2006. "Rescuing the Empire: Chinese Nation-Building in the Twentieth Century." *European Journal of East Asian Studies* 5: 15-44.

Gillin, Donald G. 1967. *Warlord: Yen Hsi-shan in Shansi Province, 1911 - 1949*. Princeton: Princeton University Press.

Go, Julian. 2009. "The New Sociology of Empire and Colonialism. " *Sociology Compass* 3: 1-14.

Gould, Roger V. 1995. *Insurgent Identities: Class, Community, and Protest in Paris from 1848 to the Commune*. Chicago: The University of Chicago Press.

Haddad, William W. 1977. "Nationalism in the Ottoman Empire. " in William W. Haddad, William Ochsenwald (eds.), *Nationalism in a Non-National State: The Dissolution of the Ottoman Empire*. Columbus: Ohio State University Press.

Hagen, Mark von. 1997. "The Russian Empire. " in Karen Barkey, Mark von Hagen (eds.), *After Empire*. Boulder: Westview Press.

Hechter, Michael. 2000. *Containing Nationalism*. New York: Oxford University Press.

Hechter, Michael, Tuna Kuyucu, Audrey Sacks. 2006. "Nationalism and Direct Rule. " in Gerard Delanty, Krishan Kumar (eds.), *Handbook of Nations and Nationalism*. Thousand Oaks: Sage Publications.

Hirsch, Francine. 2005. *Empire of Nations: Ethnographic Knowledge and the Making of the Soviet Union*. Ithaca: Cornell University Press.

Hobsbawm, Eric, Terence Ranger. 1992. *The Invention of Tradition*. Cambridge: Cambridge University Press.

Horowitz, Donald L. 1985. *Ethnic Groups in Conflict*. Berkeley: The University of California Press.

Hucker, Charles O. 1995. *A Dictionary of Official Titles in Imperial China*. Stanford: Stanford University Press.

Ichiko, Chuzo. 1980. "Political and Institutional Reform, 1901-1911. " in John

King Fairbank, Denis Crispin Twitchett (eds.), *The Cambridge History of China*, Vol. 11. Cambridge: Cambridge University Press.

Keyder, Caglar. 1997. "The Ottoman Empire." in Karen Barkey, Mark von Hagen (eds.), *After Empire*. Boulder: Westview Press.

Kettering, Sharon. 1986. *Patrons, Brokers, and Clients in Seventeenth-Century France*. New York: Oxford University Press.

Khalidi, Rashid. 1977. "Arab Nationalism in Syria: The Formative Years, 1908–1914." in William W. Haddad, William Ochsenwald (eds.), *Nationalism in a Non-National State: The Dissolution of the Ottoman Empire*. Columbus: Ohio State University Press.

Kumar, Krishan. 2010. "Nation States as Empires, Empires as Nation States: Two Principles, One Practice?" *Theory and Society* 29: 119–143.

Lachmann, Richard, Julia Adams. 1988. "Absolutism's Antinomies: Class Formation, State Fiscal Structures and the Origins of the French Revolution." *Political Power and Social Theory* 7: 135–175.

Lattimore, Owen. 1940. *Inner Asian Frontiers of China*. New York: American Geo graphical Society.

Lenin, Vladimir Ilyich. 1995 [1914]. "The Right of Nations to Self-Determination." in Omar Dahbour, Micheline R. Ishay (eds.), *The Nationalism Reader*. Atlantic Highlands: Humanities Press.

Lugard, F. D. [Frederick Dealtry]. 1965. *The Dual Mandate in British Tropical Africa*. Hamden: Archon Books.

MacKinnon, Stephen R. 1980. *Power and Politics in Late Imperial China: Yuan Shi-kai in Beijing and Tianjin, 1901–1908*. Berkeley: The University of California Press.

Mamdani, Mahmood. 1996. *Citizen and Subject: Contemporary Africa and the*

Legacy of Late Colonialism. Princeton: Princeton University Press.

Martin, Terry. 2001. *The Affirmative Action Empire: Nations and Nationalism in the Soviet Union, 1923–1939*. Ithaca: Cornell University Press.

McCormack, Gavan. 1977. *Chang Tso-lin in Northeast China, 1911–1928: China, Japan, and the Manchurian Idea*. Stanford: Stanford University Press.

Motyl, Alexander J. 2001. *Imperial Ends: The Decay, Collapse, and Revival of Empires*. New York: Columbia University Press.

Perdue, Peter. 2005. *China Marches West: The Qing Conquest of Central Eurasia*. Cambridge: Belknap Press of Harvard University Press.

Posner, Daniel N. 2005. *Institutions and Ethnic Politics in Africa*. Cambridge: Cambridge University Press.

Riga, Liliana. 2008. "The Ethnic Roots of Class Universalism: Rethinking the 'Russian' Revolutionary Elite." *American Journal of Sociology* 114: 649–705.

——. 2012. *The Bolsheviks and the Russian Empire*. Cambridge: Cambridge Uni versity Press.

Salzmann, Ariel. 1993. "An Ancien Régime Revisited: 'Privatization' and Political Economy in the Eighteenth-Century Ottoman Empire." *Politics and Society* 21: 393–423.

Shaw, Stanford J. 1976–1977. *History of the Ottoman Empire and Modern Turkey*. Cambridge: Cambridge University Press.

Sheridan, James E. 1966. *Chinese Warlord: The Career of Feng Yü-hsiang*. Stanford: Stanford University Press.

Skinner, G. W. 1995 [1977]. *The City in Late Imperial China*. Taipei: SMC Publishing.

Slezkine, Yuri. 1994. "The USSR as a Communal Apartment, or How a Socialist

State Promoted Ethnic Particularism. " *Slavic Review* 53: 414−452.

Suny, Ronald Grigor. 1993. *Revenge of the Past: Nationalism, Revolution, and the Collapse of the Soviet Union*. Stanford: Stanford University Press.

Tighe, Justin. 2005. *Constructing Suiyuan: The Politics of Northwestern Territory and Development in Early Twentieth-Century China*. Leiden: Brill.

Tilly, Charles. 1997. "How Empires End. " in Karen Barkey, Mark von Hagen (eds.), *After Empire*. Boulder: Westview Press.

Walker, Edward. 2006. "The Long Road from Empire: Legacies of Nation Building in the Soviet Successor States. " in Joseph Esherick, Hasan Kayah, Eric van Young (eds.), *Empire to Nation: Historical Perspectives on the Making of the Modern World*. New York: Rowman & Littlefield.

Wallerstein, Immanuel. 1974. "The Rise and Future Demise of the World Capitalist System. " *Comparative Studies in Society and History* 16: 398−415.

Wang, Liping. 2014. "" State, Relational Governance and Nomads' Sedentarization: Land Reform in Inner Mongolia, 1900−1911. " *Comparative Studies in Society and History* 56: 714−744.

Wilson, Nicholas Hoover. 2011. "From Reflection to Refraction: State Administration in British India, circa 1770−1855. " *American Journal of Sociology* 116: 1437−1477.

Wimmer, Andreas. 2002. *Nationalist Exclusio and Ethnic Conflict: Shadows of Modernity*. Cambridge: Cambridge University Press.

——. 2008. "The Making and Unmaking of Ethnic Boundaries: A Multilevel Process Theory. " *American Journal of Sociology* 113: 970−1022.

Young, Crawford. 1965. *Politics in the Congo: Decolonization and Independence*. Princeton: Princeton University Press.

财政社会学视角下的政权持续问题
——基于中国案例[*]

张长东

（北京大学政治学系）

在过去十年[①]，非西式民主模式政权维系自身存续的能力差异及其原因取代了转型范式，成为比较社会科学研究中的重要议题（Art, 2012; Brancati, 2014; Brownlee, 2002; Levitsky and Way, 2010）。为了解释这种差异现象，比较政治制度尤其是比较政权研究产生了"制度转向"（Pepinsky, 2013），重在考察各种制度和机构[②]的作用——立法机构、政党组织和选举程序、强力部门和安全机关（Bellin, 2004; Way, 2005）、政党的干部选拔（Gallagher and Hanson, 2013）和信息传递机制（King, Pan and Roberts, 2013; Lorentzen, 2013; Stockman and Gallagher, 2011）。这些对政权延续能力的制度解释虽极大地丰富了我们对比较政治制度的理解，但亦存在不少缺陷，如逻辑缺乏自洽，具有

---

[*] 本文原载于《社会学理论》（*Sociological Theory*）2017 年第 1 期（第 39—63 页），题目为"A Fiscal Sociological Theory of Authoritarian Resilience: Developing Theory through China Case Studies"，由王子琛译成中文，张长东校对、删减和修订。

[①] 本文发表于 2017 年，成稿于 2015 年。——译者注

[②] "制度转向"的英文为 institutional turn，institution 既有制度又有机构的意思，本文根据其具体意思使用。

功能主义倾向,未能提供内生性制度解释(Art,2012),[①]以及忽视统治者的两难困境,因而倍受批评。例如,克努森和尼高(Knutsen and Nygård,2015:657)的研究说明,民主的门面机构(如议会)和制度(选举)对政权韧性的影响实际上是虚假关系,而呼吁研究其他的政权特征对政权存续的作用。

　　本文尝试以税收制度这一目前为止仍被忽视的至关重要的国家制度来解释政权韧性。整体而言,比较制度学者对税收的重要性关注不足,大量研究将其与战争合在一起,作为西欧现代国家建构的引擎(Dincecco,2011;Kiser and Kane,2001;Kiser and Schneider,1994;Levi,1988;Mann,1993;Schumpeter,1991[1918];Slater,2010b;Tilly,1990;Weber,1968)。虽然自"二战"以来,大规模的国家间战争并未对多数发展中国家构成威胁,但税收在塑造发展中国家和转型国家的国家-社会关系方面却非常重要。税收往往能够重建国家和社会(Brautigam,Fjeldstad and Moore,2008;Martin,Mehrotra and Prasad,2009)。列维茨基和韦(Levitsky and Way,2010)认为,税收是维持政权组织性权力(organizational power)的两个制度基础之一,史密斯(Smith,2007)和斯莱特等人(Slater,2010b;Slater and Fenner,2011)则将税收视为国家行政能力的重要部分。除此之外,其他学者几乎未提及税收的独立作用。但很多国家的政策制定者却深刻认识到了税收体制对维持其权力的重要性。例如,中共十八届三中全会决议提出,"财政是国家治理的基础和重要支柱,科学的财税体制是优化资源配置、维护市场统一、促进社会公平、实现国家长治久安的制度保障"(中国共产党中

---

① 比宾斯基(Pepinsky,2013)认为,这些制度不是原因,而是伴生现象,因为制度没有起到独立的作用。

央委员会,2013)。鉴于税收在理论和政策两方面的重要性,当下迫切需要研究税收为何并如何影响政权韧性。

本文希望通过对中国这一案例进行研究,发展出一个有关政权延续能力的财政社会学理论,从而为该主题做出贡献。中国正在经历的税收国家转型,使其成为非常适合这一理论视角的理想案例。前述斯莱特和芬纳(Slater and Fenner, 2011)讨论的税收基础性权力机制(infrastructural power),对于解答政权韧性非常重要,但他们所言的制度对政权的特征而言是中立的,而权威政权(或称非西式民主政权)是否具有韧性,根本问题在于是否可以解决两个与税收有关的悖论:增长悖论和代表悖论(其概念将在下一节中进行定义)。在税收国家部分转型的背景下,中国政府通过低制度化的税收体制,广泛依赖非税收入、间接税和国有企业(SOE)的半税收制度,解决或至少部分缓解了上述悖论,尽管低制度化税收和半税收制度亦存在一些负面后果,可能影响政权的长治久安。

一、 税收制度与政权韧性

政权的稳定性是一个定序变量,从韧性(或持续性)到存续(survival),再到不稳定和瓦解。对政权韧性而言,我使用了加拉格尔和汉森(Gallagher and Hanson, 2013: 187)的定义:韧性政权不仅能够存续,而且还能调整适应,同时促进国家军事和经济实力的增长,实现国强民富。即使遇到社会和经济发生重大危机,其权威仍可不受挑战。斯莱特和芬纳(Slater and Fenner, 2011)关于政权的持续性定义与之类似:以决定性地有利于政权延续的方式,应对、克服、避免或解决危机。在本文中,我将政权韧性和持续性视为同义词使用。这个定义区别于政权存续："存续仅仅只是在一段时间内维持权力。"(Levitsky and Way, 2012: 870)

　　税收体制如何促进政权持续？斯莱特和芬纳(Slater and Fenner, 2011)以及史密斯(Smith, 2007)将税收制度视作四类基础性权力[①]机制的原因。首先,税收制度可以汲取收入以支持政府功能,包括国家强制能力、公共服务的提供以及对政权支持者的笼络,进行制度建设和联盟构建(Slater, 2010a)。其次,税收制度可以获得公司和个人信息,这可以反促官僚机构的内聚力,也有助于构建国家渗透社会的能力。再次,税收制度可以强制对手,而这带来最后一点——税收制度可以培养依赖性。初步看来,税收的基础性权力机制能很好地解释中国案例。

　　中国经历了近四十年的快速经济增长,税收收入也随之快速增长。在许多方面,中国政府都从税收的迅速增长中受益,包括增加对公共支出、强力机构和社会福利项目的拨款。随着税收收入的快速增长(21世纪初期增长率约为20%),中央政府得以在2006年取消农业税,大幅减少了农村地区的冲突,巩固了农村地区的稳定。此外,政府使用来自税收的巨额资金提供公共品,包括社会福利计划和教育设施(Shue and Wong, 2007)。这些投入帮助中央政府维持稳定并获得政治支持(Lü, 2014)。对强力机构(例如军队和警察系统)的支出也在迅速增加,此外,政府还雇用大量网警来强化网络监管(King, et al., 2013),从而维持了政权稳定。国家也加强了对社会的保护,而税收制度在这方面至关重要:中国政府从21世纪头十年中期大幅增加税收收入时,开始了

_____

[①]　曼(Mann, 1984)发展了基础性权力的概念,用它来指代国家向社会渗透并在其领域内执行政策的能力。斯考切波(Skocpol, 1985)和米格代尔(Migdal, 1988)提出了一个类似的概念——国家能力。米格代尔列出了四种类型的国家能力:渗透、管制、汲取和(以特定的方式)挪用(资源)。

对福利制度的大幅改善。

税收制度对所有类型的国家都很重要。基础性国家权力机制本身是政治性中立的——民主和非民主政权如果拥有更高的税收能力，都更容易维持下去。但如果要看非西式民主政权特有的持续性问题，则需要考察其面对的两个具体税收悖论：代表悖论和增长悖论。只有当一个权威政权能够成功解决或缓解这两个悖论时，该政权才能获得韧性。

那么，中国政府在大力提高其基础性国家权力的同时，是如何解决代表悖论和增长悖论的呢？随着中国从计划经济的非税收国家过渡到税收国家，国家必须更深地与社会接触来获得税收。我将指出，中国采用低制度化税收制度和半税收国家模式来解决上述两个悖论，并保持了政权韧性。

二、 税收悖论和两个机制

我们现在考察税收制度的两个维度：正式的税收制度安排和税收征管实践（包括非正式的一面）。不同的税收制度存在多个维度上的差异：收入来源及其构成——领地国家或税收国家（Schumpeter，1991[1918]）、分权的程度、法治化程度、总体税收负担、税收累进程度以及其他相关因素。大多数税收制度研究都集中在税收种类的立法（Ardanaz and Scartascini，2013；Steinmo，1993）及其在政府不同层级的分配上。[1] 有些学者利用政府层级财政关系的视角来研究政权稳定性

---

[1] 财政分权被认为在促进中国经济增长（解决增长悖论）方面发挥着重要作用。我在另一篇论文中讨论了财政分权和税收征管体制对政商关系、经济增长和支配模式的影响，参见 Zhang（2019）。

（Zhan，2009），研究还发现了非税收收入在发展中国家（Wong，2009）和转型国家（Turley，2006）中的重要作用。利伯曼（Lieberman，2003：43-45）提供了一个研究税收制度的分析框架，他将税收国家定义为"一方面是国家行政和官僚机构，另一方面是公民或纳税人之间的一系列关系的加总，表现为一系列国家税收政策和行政实践。……税收涉及两项主要任务：制定一套税收政策并将国家有权征收的税款编入法典，以及以行政形式实施这些政策"。然而，罕有研究涉及税收征管，或曰税收的征收实践，①特别是在将其作为政权韧性解释变量的视角下。在本文中，我使用了利伯曼（Lieberman，2003：50-52）对税收行政的定义，即"纳税人登记、税基计算和实际的税收征税"，同时关注潜在的偷税漏税和导致这些偷税漏税的非正式行为。

　　前文提到的两个悖论之一涉及代表性与税收之间的关系，我称之为代表悖论。熊彼特（Schumpeter，1991［1918］）在近一个世纪前就指出，从封建领地国家②到税收国家的转型导致了西欧民主政府的出现。梯利（Tilly，1990）和曼（Mann，1993）都进一步提出，当西欧国家转型到税收国家时，一方面，国家深入渗透社会以汲取更多财政和人力资源；另一方面，国家要从社会行动者那里获取合作，导致双边的互为开放，这使社会也渗透进了国家。这一逻辑也就是通常所说的通过税收获取代表权（representation through taxation）。这个关系的变化使国家的基础性权力增加，而专断性权力（despotic power）削弱。梯利和曼提供了历史制度

① 白素珊（Whiting，2001）对私营企业税收的研究是一个例外，该研究将税收视为影响地方政府行为的因变量（其对私营部门存在收入依赖）而不是自变量。

② 封建领地国家是指统治者不通过税收，而是通过农奴缴纳租金作为支撑资金的国家（Schumpeter，1991［1918］）。在利伯曼（Lieberman，2003）的税收国家类型中，1978年之前的中国被称作一个"共产主义（非税收）国家"。

主义的解释,其他学者则提供了理性选择制度主义的解释。例如玛格丽特·列维(Levi, 1988)提出了"准自愿服从"理论,为基础性权力和专断性权力的演化提供了微观基础。该理论指出,除了强制力量,政府需要通过改革让自己变得更加民主和可信,从而获取公民的准自愿服从。[1] 格尔巴赫(Gehlbach, 2008: 61)将通过税收获取代表权定义为"政治家和有组织部门之间围绕公共品提供的讨价还价(权利)"。

伴随着计划经济向社会主义市场经济体制的转型,中国当前也正在向税收国家转型,在这个背景下,代表性悖论具有特殊的重要性。熊彼特(1991[1918])曾经指出税收制度在"国家的性质、形式和命运"中的重要性,从封建领地国家到税收国家的转型,为民主化转型提供了良好的机会。尽管这一理论很重要,但财政社会学研究很少关注税收对政治的影响(Martin, Mehrotra and Prasad, 2009)。[2] 为研究这一转型,我使用利伯曼(Lieberman, 2003: 43)对税收国家的定义:"一方面是国家行政和官僚机构,另一方面是公民或纳税人之间的一系列关系加总,显现为国家税收政策和行政实践。"根据这个定义,中国正在经历税收国家转型。在计划经济时期,中国的税收特征类似领地国家,因为在公有制之下,税收的意义不彰。在 1959 至 1981 年的大部分时间里,私营企业缴纳的税收约占国家总税收的 1%,国有企业(通过税收和利润上缴)缴纳了财政收入的 80%。在此期间,中国税收收入从 164.67 亿元

---

① 有关此财政宪制主义理论的实证检验,参阅蒂蒙斯(Timmons, 2005, 2010)。阿西莫格鲁(Acemoglu, 2010; Acemoglu, Johnson and Robinson, 2002)等人提出了强税收国家的可问责性悖论,但没有回答这种共存性的原因。

② 马丁、梅赫罗特拉和普拉萨德(Martin, Mehrotra and Prasad, 2009: 2)写道:"我们认为,在有关社会变迁的任何比较或历史研究中,通过将税收的社会关系置于中心,这一领域有关现代性的传统研究都可能被改写。"另一个重要的税收政治的合集是蒂加姆、菲耶尔斯塔和摩尔(Brautigam, Fjeldstad and Moore, 2008)的作品。

增加到 547.48 亿元(《中国税务年鉴》[1993])。现在,中国的私营企业贡献了三分之二的 GDP 和大约 60% 的国家税收,[①]中国政府大约征收了 GDP 的 20% 作为税收收入。一个问题出现了:中国的税收国家转型是否会带来代表权挑战?

第二个悖论是增长悖论。很多学者论证,良好的税收制度不具有掠夺性,短期税收增长应同时不损害长期经济增长潜力(Acemoglu, Johnson and Robinson, 2002; Auerbach, 2002; Levi, 1988; North, 1990)[②]。经济增长是绩效合法性的主要来源,而经济危机可能是任何政权失败的主要原因。一个有利于政权存续的税收制度应当既可以增加税收,又有利于实现可持续的经济增长,避免经济危机、抗税暴乱以及可能的革命——这种悖论在西式民主国家也存在,但因其对税收立法有更多制衡,并且依赖于程序合法性而非绩效合法性,故而不是致命的挑战。正如历史学家(如 Kuhn, 2002; Skocpol, 1979)所指出的,大多数中国朝代都经历了经济状况的改善时期,但其财力却依靠强制性资源获取能力来维持,这中间往往伴随着大规模腐败、经济停滞和财政危机,进而引发叛乱和随后的王朝瓦解。

史密斯(Smith, 2007) 和斯莱特和芬纳(Slater and Fenner, 2011)或其他学者,都没有涉及税收(或其他制度)对政权韧性带来的增长悖论。除了斯莱特和芬纳提出的四个基础性权力机制之外,税收制度还

---

① 由于中国政府主要依赖间接税,企业缴纳了约 90% 的税款(2014 年个人所得税占比为 6.9%)。在企业缴纳的税款中,估计国内民营企业缴纳的税收占总税收的 51%(国有企业缴纳 33%,其余由外资企业缴纳)。(以上数据来自国家税务总局:税收统计快报,百分比由中央政府私营经济资深政策顾问陈永杰估计。)在国家层次,央企缴纳了大部分国有企业税收;在地方层次,民营企业的税收份额占比更高。

② 阿西莫格鲁等人(Acemoglu, et al., 2002)发现,在建立了榨取式制度(掠夺性税收制度)的殖民地,经济往往停滞不前或增长缓慢。即使这些地区在殖民初期发展得不错,它们的增长也会因殖民者建立的产权制度而日渐落后。

有两个重要的机制用以缓解税收悖论。不过,当两个机制并存时,其作用可能会相互抵消,这迫使统治者必须做出长期权衡。

第一个机制是低制度化的税收制度:设定很高的名义税率,但通过降低实际征收的有效税率来促进经济增长,从而解决增长悖论。在低制度化税收制度下,为了营利,逃税行为变得非常普遍。其结果是纳税人(尤其是私营企业主)在国家面前变得脆弱,从而客观上削弱了纳税者的代表性诉求。[1] 主要的纳税人,尤其是私营企业家,寻求与政府建立实用性的庇护关系,被体制吸纳从而获得保护而不是挑战体制。低制度化的税收制度还削弱了税收行政的有效性,降低了实际的有效税率,客观上减轻了经济增长的负担。

第二种机制是半税收国家:国家高度依赖非税收入、间接税和国有企业来获取财政收入。半税收国家降低了公民的税负感和政府税收征收的成本,增加了政府的自主性,代表悖论由此得到缓解。但它同时也增加了经济不平等并削弱了可持续的经济增长。图 1 显示,两种机制都会影响这两种悖论,只是有时影响的方向不同。

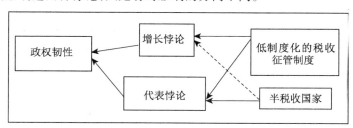

图 1　税收影响政权韧性的悖论和机制

注:实线(从右到左)表示解决悖论的正面影响;虚线表示负面影响。

---

① 正如我将详细讨论的那样,正式税收只是政府收入的一部分,此外还有企业的"税负",包括各种类型的费用、罚款和捐赠。所有这些都可以看作一个广泛的"税收体制",具有低制度化的特点。

三、 数据和研究设计

为了回应莫尔塞（Morse，2012：163）的提议——对于政权的比较亟需更多涉及中层的、以案例为基础的研究，我使用理论导向的案例研究，尝试基于中国税收制度来构建一个"条件性的、包括细节的且同样具有概括性的理论框架"（Morse，2012：163），从而解释政权持续问题。

中国是研究税收影响政权韧性的理想案例。第一，中国政权表现出韧性：中国共产党执政时间长久，学者普遍将中国视为一个具有适应性和灵活性的政权（Dimitrov，2013；Nathan，2003；Shambaugh，2008）。第二，中国正在从一个税收占财政收入比重很低的"共产主义税收国家"，转型为一个依靠税收来支付大部分政府支出的税收国家。按照熊彼特等人的理论，这或许会影响政权的持续性（Greene，2010；Schumpeter，1991 [1918]）。第三，作为一个大国，中国的国内因素更加突出，而国际力量对中国政权的影响是有限的。第四，现有的对于政权韧性的制度解释，包括选举和立法机构，都不能很好解释中国个案，因为中国的直接选举集中于村委会（严格意义上不能算作政府）和基层立法机关（县乡两级人民代表大会）。而人民代表大会的一个重要功能是对经济精英的吸纳—— 一些经济精英存在不安全感，这部分源于税收制度的低制度化。

本文依赖多种资料来源，包括官方统计数据、二手数据、实地田野调查、深度访谈、政府和地方人大档案（已出版或未出版）以及媒体报道。从 2007 至 2014 年，我到访了四个省和直辖市的八个县，访谈了数十名税务员和政府官员、民营企业家、行业协会领导、税务学者，以深度了解税收制度和其他相关问题。此外，我阅读了浙江某县 1980—2011 年的地方人民代表大会档案、山西某县 2004—2012 年的地方税务局档案，以及山西另一个县 2001—2010 年的地税局档案与该省地税局的期刊。[①] 鉴于逃税是一个敏感话题，我使用多个不同来源来交叉验证数据，以确保研究的信度和效度。本研究的一个部分还使用了北京大学中国国情研究中心的问卷调查数据（在此我感谢狄蒲忠教授慷慨授予了数据使用权）。尽管访谈调研数据来自经济发展水平、地理条件和产业结构各不相同的八个县，但它们的税收征管制度和实践基本一致。因此，本文采用求同法，并认为基于这些县的讨论可以实验性地适用于整个中国。由于中国的大部分税收直接从工商业领域征收，我主要关注中产阶级，尤其是私营企业主——他们支付了大部分税收，虽然最终由消费者买单。

四、 低制度化税收和代表性悖论

改革开放以来，中国政府在经历税收国家转型的同时，显著地提高了税收能力。1978 年以前，中国政府直接控制生产资料，不太需要社会行动者的合作来确保收入。自 21 世纪初以来，中国政府的税收已约占 GDP 的 20%。1994 年的税制改革显著地提高了税收行政的有效性，而此后的几轮税改进一步提高了税收行政的自主性和效率[②]。然而，

---

① 为了获取真实的信息，我在县税务局招待所住了两个星期，与税务官员面谈聊天，阅读他们的文件。

② 关于有效税收体制的理论讨论，请参见凯泽和施耐德（Kiser and Schneider，1994）的研究。

中国的税收制度仍然是低制度化的,[1]仍然存在以下弱点:过高的名义税率、过高的税务人员自由裁量权以及近似于现代包税制的税收任务制。

首先,中国的税收立法程序是由行政机构主导的。1985年全国人大常委会将税收权委托下放给国务院及其部委(主要是财政部和后来分设的国税总局)[2]。私人企业家和利益集团因此缺乏为税收政策制定的游说渠道。相关部委设定了高名义税率:增值税(VAT)为17%,企业所得税率为33%。[3] 这个税率意味着:绝大部分处于低边际利润率行业的私营企业,在缴税后获得的利润较低——"如果依法纳税,将是亏钱的"。因此,他们往往通过逃税增加利润。

其次,各级税务人员拥有很高的自由裁量权。税务行政基于三项

---

① 如前所述,学术界对这个问题的研究严重不足。本部分基于笔者的实地调查(采访记录和政府档案)与深入的媒体报道,后者包括:《税务官员的税务简史》,《中国新闻周刊》2011年第1期和《基层税务官员权力有多大?》,《中国新闻周刊》2011年第3期,以及不同年份的《中国税务年鉴》、金鑫(2008)有关税改的历史背景陈述及余鸿(2007)的有价值的研究。作为法学学者,崔威(Cui, 2015)发现,中国的税收管理是一个相对缺乏研究的"黑箱",指出中国的行政分权程度较高,导致了"不以规则为基础"的税收征管,有关应纳税额的法律信息不完整。我尝试在分析中添加一些经验和概念上的洞见。首先,崔威认为,"分权的税务行政增加了传递税法信息的成本,并改变了纳税人与官员的交易成本,使得大量纳税人可能产生一种'半合法'行为——服从当地税务官员的偏好,却集体无视法律"(第5页)。然而从政治经济学的角度来看,我关注政府与企业之间的权力不对称,而不是交易成本,这对于政治经济学分析来说更为重要。其次,我深挖了超过"不以规则为基础的"税收征管的证据,其中包含了崔威所忽视的许多因素。最后,我将税收征管嵌入更为广泛的行政制度,特别是"压力型体制",以解释低制度化税收和非规则性税收的持续存在,并强调了崔威所忽视的税收制度集中性的一面。

② 1993年4月中国共产党中央财经领导小组批准分税制改革这一设想,1993年8月国务院常务会议通过相关的具体方案,并未经过全国人大及其常委会。

③ 一位资深税法教授解释道,由于当时税收征收能力有限、税基狭窄,国税总局从税收任务出发,将名义税率定得较高(笔者采访,2015年6月11日)。

功能:纳税申报、税收征收、税务稽查。在 20 世纪 90 年代,广泛存在的小型税务机关合并为较大的税务机关(税务所),每个税务机关都有指定的税务服务中心。纳税人需要申报税款,得到税务人员的审批后在税务服务大厅缴纳税款。税务稽查人员会有选择地检查纳税人。起初,税务稽查组成立,此后升级为税务稽查局,成为税务行政机构中最具政治影响力的下属单位。经过多年的行政建设,税务官员的自由裁量权虽然被规制,但依旧不小,表现为应征税款和实际征收税款之间往往存在差距。

最后,与地方政府的其他组成部分一样,税收征管系统在"压力型体制"[①]下运作:上级为下级设定税收目标,税务人员根据上级部门设定的目标征税,而不是根据纳税人的真实应纳税额。当税务员无法完成征收任务时,买税、"寅吃卯粮"收过头税、谎报税收额时有发生。此时,执法者变成了违法者。

虽然税收法规严格,但民营企业和其他纳税人一样,仍有很多机会操纵实际征收过程。逃税现象十分普遍。几乎所有的受访者都明示或暗示道,企业如不逃税便无法获得利润。一位资深税务人员表示,他在两个县从事税务管理工作的 30 年中,只对一家企业未能找出任何逃税行为。[②] 普遍的逃税使实际税率维持在相对较低的水平,有利于经济增长的同时又没有挑战国家政权,并提供了足够的国家收入,尽管此收

---

① "压力型体制"的定义为:"为了实现经济赶超计划完成上级领导设定的目标,县、乡级党委和政府向下级组织和个人下达可量化衡量的目标,下级组织和个人必须在规定时间内完成指定目标。干部达到这些目标的表现将在经济和政治上受到奖励或惩罚。"(荣敬本等,1998:28)

② 这家特殊的公司是一家外资连锁超市(笔者采访,2010 年 6 月 13 日)。受访者要求匿名。

入比实际可以征收到的少。①

　　企业如果被抓到偷税漏税,则可能面临严重的惩罚性损失,因此需要寻求保护人来代表他们的利益。获取这些保护的方式有很多,其中包括加入各级人民代表大会和人民政协。经过三十多年的改革,民营企业已成为中国许多地区地方税收的主要来源。② 一些民营企业家得以利用经济影响力在政治上变得"积极",加入人大、政协或地方行政机构。尤其在富裕地区,民企代表已经成为人大代表中仅次于党政干部的第二大群体。③ 根据我 2010 年在六个县进行的采访,大约 30% 的县级人大代表是民营企业家。这些代表相比要求公共品提供的制度性改革,更热衷于为自己寻求保护或者特权。④ 一些较大的纳税人可能确实具有很强的议价能力,但地方政府通过提供税收减免来吸引投资,使得纳税人依赖于政府,这便构成了一种通过税收获得代表权的形式。总之,低制度化税收通过削弱纳税人(特别是私营企业家)的议价能

---

① 通过推动经济快速增长,扩大税基,中国共产党增加了税收。同时,由于工业化和经济增长,非正规经济也相对减少,企业增多。这样一来,通过降低交易成本,税务局能更容易征税。

② 在全国层面,民营企业(不包括混合所有制企业)2006 至 2010 年仅缴纳 10.2% 的税收(笔者根据国家税务总局 2011 年数据计算)。但在县级和地市级,特别是在一些沿海省份,民营企业缴纳的税收占总税收的三分之一以上,很多纳税大户都是民营企业。

③ 官方统计将私营企业家与其他"社会群体",如工人、农民、知识分子和干部归为一类。LPPCC 有一个名为经济界的类别,但许多民营企业家在其他界别(例如,科技界、干部)中都有职位,因此没有关于其数量的精确数字。

④ 对于地方人大是否更具代表性的问题,学界尚无共识。马尼恩(Manion, 2014)声称地方人大正变得更具代表性,但 Yan(2011)将地方政协作为一种有效的吸纳工具,而 Sun、Zhu 和 Wu(2014)将地方人大描述为"组织性的庇护平台"。我参与了这场辩论并支持庇护论:许多私营企业家成为地方人大代表的动机是建立庇护关系,以在低制度化税收中获得保护,代表他人并不是这些私营企业家的主要目的(Zhang, 2017)。

力,在一定程度上解决或缓解了代表悖论。

五、 半税收国家

中国的国家税收中,接近三分之一来自国有企业(中央层面更高),税收总体上高度依赖间接税和各种收费。我借用马骏(2011)的说法,将中国称为"半税收国家"。

表1说明了半税收状态下的收入明细情况。2014年,个人所得税仅占全部税收收入的6.9%,且仅由约2%的人口缴纳。大部分收入还是来自国企,[①]以及国家和地方层面的间接税——增值税、消费税、营业税和企业税。

表1　2014年以税种划分的税收明细(包括非税收入、政府基金、
国有资产运营收入。单位:1亿元;百分比)

项目		数量	预算内收入占比(%)	税收收入占比(%)	财政收入占比(%)
预算内收入		152,217			65.96
预算内收入	国内增值税	31,109	20.44	24.91	13.48
	国内消费税	10,542	6.93	8.44	4.57
	营业税	19,313	12.69	15.46	8.37
	企业所得税	27,125	17.82	21.72	11.75
	个人所得税	8618	5.66	6.90	3.73

---

① 据马骏(2011)估计,2007年国有企业占国家税收的比重为35%。由于近年来国有企业迅速扩张,现在其在国家税收中的份额应该更高。

（续表）

	项目	数量	预算内收入占比（%）	税收收入占比（%）	财政收入占比（%）
预算内收入	进口产品增值税和消费税	12,517	8.22	10.02	5.42
	出口退税	−12,867	−8.45	−10.30	−5.58
	印花税	2553	1.68	2.04	1.11
	车船税	2793	1.83	2.24	1.21
	契税	3899	2.56	3.12	1.69
	土地增值税	3832	2.52	3.07	1.66
	耕地占用税	2097	1.38	1.68	0.91
	城镇土地使用税	2142	1.41	1.72	0.93
	非税收入	27,325	17.95		11.84
政府基金		42,330			18.34
国有资产经营收入		2560			1.11
土地出让金		33,657.73			14.59
总计		197,107			100.00

数据来源：财政部官网。

　　需要缴纳个人所得税的公民很少，但他们最终通过购买行为支付了间接税。由于这些税是隐藏的，并不会被完全感知为额外的税负，这自然有利于政权韧性。这一点得到了调查数据的支持。2014年北京大学当代中国研究中心进行的一项全国随机抽样调查显示，公民对其税负的认知度较低。表2显示，相对于类似群体或相比于自身获得的公共服务，公民通常不了解他们的税收负担程度。在"有意见"的受访者中，也只有不到10%的人认为自己的税负太高；61.4%的人认为，与所获得的公共服务相比，他们的总体税负是公平的。

表2　城市居民对税负的感知（2014）

税收负担	和身边的人相比			和您得到的公共服务相比		
	频率	%	1—4 的%	频率	%	1—3 的%
1. 太高	279	6.8	15.9	399	9.7	27.0
2. 合适	626	15.2	35.6	907	22.0	61.4
3. 太低	84	2.0	4.8	171	4.1	11.6
4. 不好说	767	18.6	43.7	N. A.	N. A.	
5. 不知道	2297	55.6		2581	62.5	
6. 无回答	75	1.8		70	1.7	
N	4128	100	100	4128	100	100

数据来源：北京大学中国国情研究中心，2014 年公共服务与政府支持问卷调查数据库。

一系列非税收入同样削弱了民众的税负感。比如，土地出让金曾经占地方收入的三分之一乃至一半以上。地方基建投资甚至商业融资的一个同等重要的来源是地方政府的融资平台。[1] 土地财政在一段时期内维持了经济增长率，帮助了地方政府弥补支出负担和税收能力之间的差距。尤其在华东地区，土地收入和土地财政成为维持政府投资、主导增长的重要融资方式（Whiting, 2011；周飞舟，2012）。这种模式确保了中国自 2006 年以来维持 8% 的 GDP 增长率，即便在 2008 年金融危机期间也是如此。[2] 非税收入赋予了地方政府更多的自主性，实际上缓解了代表权悖论。

---

[1]　在向地方政府投放贷款前，银行要求其提供抵押担保，这导致地方政府使用土地作为贷款担保（周飞舟，2012）。

[2]　中国的 4 万亿经济刺激对维系 2008 年的经济增长至关重要。

六、 结论和讨论

许多帮助统治者维持权力的制度/机构都需要支付高额成本。同样,税收提供了政府所需的收入,但它往往会增加社会的代表性要求,而其与经济增长的复杂关系最终会威胁到政权韧性。正如本文所示,税收作为一种制度可以通过解决、缓解或加剧双重税收悖论来强化或削弱这些帮助维持政权的机制。中国的具体案例表明,税收带来的国家基础性权力机制确实有助于政权韧性。本文试图进一步深入探讨威权政权在其统治中面临的双重悖论——增长悖论和代表悖论,以建立一个基础性的关于政权韧性的财政社会学理论。

本文讨论了中国共产党如何通过低制度化税收和对非税收入与间接税的依赖来缓解代表悖论:削弱纳税人的议价能力,降低他们的税负感,并增强国家的自主性。这样,政权在不削弱其专断性权力的情况下提高了其基础性权力。然而,任何收益都有成本:半税收国家会导致高度的不平等与效率低下,不利于经济的可持续增长,从而在缓解代表悖论的同时引发了增长悖论。与此同时,低制度化税收制度在政府和企业之间产生了庇护关系,使协同性政企关系难以建立,而协同性政企关系对于产业升级至关重要(Evans, 1995)。

除了分析统治者面临的双重悖论,本文试图为建立政权韧性内生性解释的学术努力做出贡献。事实上,熊彼特(Schumpeter, 1991 [1918]: 101)认为,税收既是重大社会政治变化的"后果",也是其"原因"。最近,贝斯利和佩尔松(Besley and Persson, 2014)明确了国家能力(尤其是财政能力)和经济发展之间的互补性(或双向反馈系统)。

因此,在没有进一步研究的情况下,我们可能并不清楚威权主义统治和税收政治之间是否隐含着一种反向因果关系,这使得财政社会学解释可以成为关于政权韧性的内生制度解释的一部分。未来的工作应努力明确这种因果关系的方向,以确保其有效性;在这里,我将尝试从理论角度分析,如何从现有的研究结果中推断出这种因果性。

本文主要关注税收制度对一党制政权韧性所产生的因果性重要性,我将简要描述这一隐含的反向因果关系。执政党有改革现行税收制度的权力;它可以提高其国家基础性权力,从而更好地应对各种财政危机(例如 20 世纪 90 年代初期的财力危机①以及 1998 年和 2008 年两次金融危机)并解决或缓解双重税收悖论。在 1994 年以来的税收国家转型背景之下,中国共产党高度集中的政治权力(特别是其有效的干部管理制度)对税收制度改革的推动非常重要,②尤其体现在税收行政的理性化和税收的集权化两方面,这显著改善了国家的税收能力,提高了"两个比重"③。尽管许多学者和世界银行(Bruhn, 2011: 1)都认为,"降低公司税可以增加投资,减少正规企业的逃税,促进正规企业的创建,并最终提高产出和 GDP",但这种策略更有可能削弱国家对民营企业家的社会控制。因此,这种原则上听起来是好的经济政策,却可能是坏政治。事实上,出于意识形态性和工具性的双重原因,中国共产党仍

①　在 20 世纪 90 年代初期,当两个比率(税收/GDP 比率和中央税收/全国税收比率;参见 S. Wang 和 Hu, 2001)迅速下降时,财政危机出现了。中央政府无法筹集必要的税收来支付其支出。

②　在对苏联(1985—1991)和中国(1979—1994)的比较研究中,索尔尼克(Solnick, 1996)认为,中国共产党保持了其等级制权威。参见 Whiting(2001)和 Zhan(2009)对税收权力再集权化的讨论。

③　我遵循贝斯利和佩尔松(Besley and Persson, 2011)将制度发展划分为两个阶段来解决副现象问题的方式:首先,统治者选择是否投入资源来提高税收能力;其次,当决定投资后,税收制度因其惯性而变得重要,它们对统治者产生了制度约束。

倾向于发展壮大国有企业。或许是因为是害怕对经济和社会造成潜在的破坏性影响，房地产税迟迟未能开征，相反，在营改增改革（亦即用间接税替代直接税）中，进一步以实际行动加强了间接税的重要性。

　　然而，这种反向因果关系并不一定意味着统治者可以依照其愿望来操纵、改变任何税收制度。[①] 首先，即使是中国共产党的最高领导人也需要在执政联盟中实现最小限度的共识（如 1994 年税改时所体现的那样）。与此同时，为了保持稳定，各省可以从任何可能被认为对地方管理不利的税改中得到补偿。改革的实施和推进也需要坚定的决心和巧妙的策略。朱镕基副总理在与各省领导讨价还价时，采用了"分而治之""存量不动、增量改革"的策略，使各省更容易接受他的提议。其次，改革产生了许多意想不到的后果（例如，经济的快速增长为中央政府带来了远多于地方政府的税收，地方政府增加了大量的土地收入以及地方债，等等），这些后果如同准参数（quasi-parameter）[②]一样，尤其在短期中难以改变。再次，税改成功的关键可能在于确保地方政府的既得利益——中央政府必须与地方政府分享税收增长的蛋糕。一些发达省份对改革仍犹豫不决，其中一部分地方领导因阻挠中央的路线而受到惩罚。在微观层面，税务官员因税收的增长得到更多奖金（与收入相关的绩效奖金）和更多自由裁量权（这带来更多"个人"的福利），因而支持改革。最后，（重新）加强党对经济领域的渗透不是可行选项。市场化与私营部门的扩大意味着党对经济的渗透力被大幅削弱，其动员能力亦被限制。更重要的是，如果中国共产党通过更强的政党渗透性来获取收入，其代表悖论将自动成为增长悖论。在极端情况下，

---

① 　见 Pepinsky（2013）关于政权韧性的制度解释中的外生性问题。
② 　关于使用准参数解释内生制度变迁，参见 Greif 和 Laitin（2004）。

政府可以像在 20 世纪 50 年代那样将私营部门(和外资企业)全部国有化,但计划经济已被证明是失败的战略。因此,当前的改革某种程度上产生了两个悖论的局部均衡。[①] 图 2 说明了国家政权韧性与税收制度之间的互为因果关系。

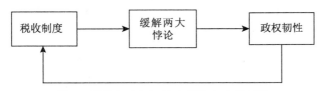

图 2　税收和政权韧性之间的内生因果性

一党制国家与税收制度之间的这一互补性,远不是良性循环或解决政体长治久安问题的灵丹妙药,因为"发展集群"(Besley and Persson, 2011)和"有效国家"(Dincecco, 2015)都需要某种类型的代表制度。如果税收制度将进一步变化,未来会变得如何? 为了回答这个问题,本文通过将税收作为政治变革的起因,并回应熊彼特等人被人忽视的呼吁(Martin, Mehrotra and Prasad, 2009),为新财政社会学——也被称为税收政治的一批新文献,做出了贡献。正如贝斯利和佩尔松(Besley and Persson, 2011)所指出的,国家需要投入资源以建立税收能力;中国政府建立了两个互相独立的税收行政部门,雇佣了"百万税收大军"[②]。贝斯利和佩尔松(Besley and Persson, 2011, 2014)提出,一些国家已经成功地实现了"发展集群",即高水平的经济发展、法治、民主和社会福利的结合,而其他国家则一无所获。换言之,税收和合法性在

---

① 部分改革均衡参见赫尔曼(Hellman, 1998)。

② 官方统计数字是 50 万,但是这仅包括公务员,不包括事业编人员。各种媒体,包括国税总局负责人的公开演讲,都提到有"100 万税务人员"。此外还包括许多合同工,其人数难以估计。另注:国税局和地税局在 2018 年 8 月合并为国税局。

发达国家是具有互补性的。丁切科（Dincecco，2015）还发现，从以财政的碎片化和绝对主义式支出控制为特征的旧体制，向以财政集权和议会对支出的监督为特征的有效国家的演变，对长期经济增长至关重要。因此对这些国家而言，即便税收占据了国家 GDP 的很大比重，税收悖论也同样没有产生。但是在发展中国家，正当性和税收能力并不一定可以互相补充。中国案例在好几个方面与发展集群不同：法治程度低，立法机关弱小，以及非常有限和累退的社会福利计划（Gao，2010）。

　　作为对财政社会学的贡献，本文也是不断涌现的关注发展中国家税收的文献之一，并展现了另一条在没有战争或战争威胁下税收与国家建构之间关系的轨迹。在西欧国家案例之外，对转型国家税收的研究给税收如何重塑国家和社会提供了更多证据。例如，伊斯特尔（Easter，2008）将税收描述为涉及国家和社会及国家内部权力资源再分配的国家重建过程，以后共产主义的视角描述了这个问题。共产主义遗产攸关重要。后共产主义案例不同于弱国家努力从强势社会行动者的手中夺取权力的经典国家建构案例。[①] 但是，伊斯特尔的实证研究并没有明确指出这一点，贝斯利和佩尔松在他们关于发展集群的研究中亦然，而丁切科更喜欢强调偶然性和机会。本文通过考察中国——一个面临最近才从国家中出现的弱小市场[②]和在数十年的战争、土地改革及"文化大革命"中被转型的弱小社会的强大国家的案例，为后共产主义国家与经典国家建构的比较研究做出贡献。这些特征意味着当下中国的国家与社会（以及国家重建）之间的税收议价过程不同于 17 至 19 世纪的西欧，也不同于未能提高税收能力的其他发

---

① 因此，我们可以通过比较转型国家和前面所提到的其他两种类型来做出"时机与事件顺序"（Pierson，2004）的论证。

② 正如诺顿（Naughton，1995）所指出的，"从计划（经济）中长出"。

展中国家(Piracha and Moore, 2016)。

再次申明,政权韧性和税改的未来非常难以预测,但我们可以做出几个推断。调整税收体制需要重新分配中央与地方之间的财权和事权,授权各级人大加强对税收行政和政府支出(预算)的监督与制度化,重新定义国有企业和直接税的作用。不过,随着经济增长,这两个税收悖论会不会变成单一悖论呢? 也就是说,增长和代表性之间的紧张关系是会加剧,还是中国会启动政治改革以实现进一步的经济增长? 与西式民主国家不同,威权主义国家需要更多地依赖间接税和非税收入来建立税收能力,从而(至少在短期内)解决代表悖论。与此同时,正如财政宪制主义理论所指出的,要推动政府采取更多的再分配政策,为社会福利提供更多支出,需要一个更具代表性的政府以更具社会道德和责任感的方式回应公民需求。因此,从长远来看,在最近进行的央地财政关系再调整之外,中国可能还需要建立一个更加以规则为基础的税收制度和使该制度能够被推行的一定程度上的政治问责机制。[①]

七、 致谢

感谢白素珊、玛格丽特·列维、陈玲、龙彦、马啸、郭强、朱天飚、四名《社会学理论》期刊的匿名评审和主编所提出的极富价值的评论与建议,尤其要感谢米格代尔和丹·斯莱特对我的鼓励和建议。文责自负。

[①] 时任财政部部长楼继伟(2013)承认,长期来看,完善财税体系需要法治和公民社会。

参考文献

曹正汉、史晋川，2009，《中国地方政府应对市场化改革的策略：抓住经济发展的主动权——理论假说与案例研究》，《社会学研究》第 4 期，第 1—27 页。

金鑫，2008，《金鑫税收文选》，北京：中国税收出版社。

楼继伟，2011，《中国需要继续深化改革的六项制度》，《比较》第 6 辑。

——，2013，《中国政府间财政关系再思考》，北京：中国财政经济出版社。

马骏，2011，《中国财政国家转型：走向税收国家?》，《吉林大学社会科学学报》第 1 期，第 18—30 页。

荣敬本等，1998，《从压力型体制向民主合作体制的转变》，北京：中央编译出版社。

余鸿，2007，《从"专管员"到"税管员"——一字之变折射我国税收征管模式嬗变》，《中国税务》第 4 期，第 15—16 页。

中国共产党中央委员会，2013，《中共中央关于全面深化改革若干重大问题的决定》，http://www. scio. gov. cn/zxbd/nd/2013/document/1374228/1374228_1. htm，获取日期：2017 年 1 月 18 日。

周飞舟，2012，《以利为利：财政关系与地方政府行为》，上海：上海三联书店。

Acemoglu, Daron. 2010. "Institutions, Factor Prices, and Taxation: Virtues of Strong States?" *The American Economic Review* 100: 115‑119.

Acemoglu, Daron, Simon Johnson, James Robinson. 2002. "Reversal of Fortune: Geography and Institutions in the Making of the Modern World

Income Distribution. " *The Quarterly Journal of Economics* 117: 1231-1294.

Alm, James. 1996. "What is an ' Optimal' Tax System?" *National Tax Journal* 49: 117-133.

Ardanaz, Martin, Carlos Scartascini. 2013. "Inequality and Personal Income Taxation: The Origins and Effects of Legislative Malapportionment. " *Comparative Political Studies* 46: 1636-1663.

Art, David. 2012. "What Do We Know about Authoritarianism after Ten Years?" *Comparative Politics* 44: 351-373.

Auerbach, Alan J. 2002. "The Theory of Excess Burden and Optimal Taxation. " in Alan J. Auerbach, Martin S. Feldstein Amsterdam (eds.), *Handbooks in Public Economics*. New York: Elsevier.

Bellin, Eva. 2004. "Reconsidering the Robustness of Authoritarianism in the Middle East: Lessons from the Arab Spring. " *Comparative Politics* 44: 127-149.

Benjamin, Dwayne, Loren Brandt, John Giles, Sangui Wang. 2008. "Income Inequality during China's Economic Transition. " in Loren Brandt, Thomas G. Rawski (eds.), *China's Great Economic Transformation*. Cambridge: Cambridge University Press.

Bernardi, L. , Angela Fraschini, Parthasarathi Shome. 2006. *Tax Systems and Tax Reforms in South and East Asia*. New York: Routledge.

Bernstein, Thomas P. , Xiaobo Lü. 2003. *Taxation without Representation in Contemporary Rural China*. Cambridge: Cambridge University Press.

Besley, Timothy, Torsten Persson. 2009. "The Origins of State Capacity: Property Rights, Taxation, and Politics. " *The American Economic Review* 99: 1218-1244.

——. 2011. *Pillars of Prosperity: The Political Economics of Development*

Clusters. Princeton: Princeton University Press.

———. 2014. "The Causes and Consequences of Development Clusters: State Capacity, Peace and Income. " *Annual Reviews of Economics* 6: 927–949.

Boix, Carles. 2003. *Democracy and Redistribution*. Cambridge: Cambridge University Press.

Brancati, Dawn. 2014. "Democratic Authoritarianism: Origins and Effects. " *Annual Review of Political Science* 17: 1–14.

Brautigam, Deborah, Odd-Helge Fjeldstad, Mick Moore. 2008. *Taxation and State-Building in Developing Countries: Capacity and Consent*. Cambridge: Cambridge University Press.

Brownlee, Jason. 2002. "Low Tide after the Third Wave: Exploring Politics under Authoritarianism. " *Comparative Politics* 34: 477–498.

———. 2007. *Authoritarianism in an Age of Democratization*. Cambridge: Cambridge University Press.

Cai, Yongshun. 2008. "Power Structure and Regime Resilience: Contentious Politics in China. " *British Journal of Political Science* 38: 411–432.

Cui, Wei, 2015. "Administrative Decentralization and Tax Compliance. " *University of Toronto Law Journal* 65: 186–238.

Dimitrov, Martin K. 2013. *Why Communism Did not Collapse: Understanding Authoritarian Regime Resilience in Asia and Europe*. Cambridge: Cambridge University Press.

Dincecco, Mark. 2011. *Political Transformations and Public Finances: Europe, 1650–1913*. Cambridge: Cambridge University Press.

———. 2015. "The Rise of Effective States in Europe. " *The Journal of Economic History* 75: 910–918.

Easter, Gerald. 2008. " Capacity, Consent and Tax Collection in Post-

Communist States", in Brautigam, et al. (eds.), *Taxation and State-Building in Developing Countries*. Cambridge: Cambridge University Press.

Evans, Peter B., 1995. *Embedded Autonomy: States and Industrial Transformation*. Princeton: Princeton University Press.

Gallagher, Mary, Jonathan K. Hanson. 2013. " Authoritarian Survival, Resilience, and the Selectorate Theory." in Dimitrov, Martin K. (eds.), *Why Communism Did not Collapse*. Cambridge: Cambridge University Press.

Gandhi, Jennifer. 2008. *Political Institutions under Dictatorship*. Cambridge: Cambridge University Press.

Gandhi, Jennifer, Ellen Lust-Okar. 2009. "Elections under Authoritarianism." *Annual Review of Political Science* 12: 403-422.

Gao, Qin. 2010. "Redistributive Nature of the Chinese Social Benefit System: Progressive or Regressive." *China Quarterly* 201: 1-19.

Gehlbach, Scott. 2008. *Representation through Taxation: Revenue, Politics, and Development in Postcommunist States*. Cambridge: Cambridge University Press.

George, Alexander L., Andrew Bennett. 2005. *Case Studies and Theory Development in the Social Sciences*. Cambridge: MIT Press.

Ginsburg, Tom, Tamir Moustafa. 2008. *Rule by Law: The Politics of Courts in Authoritarian Regimes*. Cambridge: Cambridge University Press.

Greene, Kenneth. 2010. "The Political Economy of Authoritarian Single-Party Dominance." *Comparative Political Studies* 43: 807-834.

Greif, Avner, David D. Laitin. 2004. "A Theory of Endogenous Institutional Change." *The American Political Science Review* 98: 633-652.

Hellman, Joel. 1998. "Winners Take All: The Politics of Partial Reform in

Post-Communist Transitions. " *World Politics* 50: 203-234.

Knutsen, Carl, Håvard Nygård. 2015. "Institutional Characteristics and Regime Survival: Why Are Semi-Democracies Less Durable than Autocracies and Democracies?" *American Journal of Political Science*, article first published online, January 29: 656-670.

King, Gary, Jennifer Pan, Margaret E. Roberts. 2013. "How Censorship in China Allows Government Criticism but Silences Collective Expression. " *American Political Science Review* 107: 1-18.

Kiser, Edgar, Joshua Kane. 2001. "Revolution and State Structure: The Bureaucratization of Tax Administration in Early Modern England and France. " *American Journal of Sociology* 107: 183-223.

Kiser, Edgar, Joachim Schneider. 1994. "Bureaucracy and Efficiency: An Analysis of Taxation in Early Modern Prussia. " *American Sociological Review* 59: 187-204.

Kuhn, Philip A. 2002. *Origins of the Modern Chinese State*. Stanford: Standford University Press.

Kula, Maria, Daniel Millimet, 2010. "Income Inequality, Taxation, and Growth. " *Atlantic Economic Journal* 38: 417-428.

Levi, Margaret. 1988. *Of Rule and Revenue*. Berkeley: The University of California Press.

Levitsky, Steven, Lucan Way. 2010. *Competitive Authoritarianism: Hybrid Regimes after the Cold War*. Cambridge: Cambridge University Press.

——. 2012. "Beyond Patronage: Violent Struggle, Ruling Party Cohesion, and Authoritarian Durability. " *Perspectives on Politics* 10: 869-889.

Li, Cheng. 2012. "The End of the CCP's Resilient Authoritarianism? A Tripartite Assessment of Shifting Power in China. " *The China Quarterly*

211: 595-623.

Lieberman, Evan S. 2003. *Race and Regionalism in the Politics of Taxation in Brazil and South Africa*. Cambridge: Cambridge University Press.

Lorentzen, Peter. 2013. "China's Strategic Censorship." *American Journal of Political Science* 58: 402-414.

Lü, Xiaobo. 2014. "Social Policy and Regime Legitimacy: The Effects of Education Reform in China." *American Political Science Review* 108: 423-437.

Ma, Jun. 2013. "Debt Risks in Local China." *Australia Journal of Public Administration* 72: 278-292.

Ma, Jun, Muhua Lin. 2015. "The Power of the Purse of Local People's Congresses in China: Controllable Contestation under Bureaucratic Negotiation." *The China Quarterly* 223: 680-701.

Manion, Melanie. 2014. "'Good Types' in Authoritarian Elections: The Selectoral Connection in Chinese Local Congresses." *Comparative Political Studies*, available at http://journals. sagepub. com/doi/full/10. 1177/0010414014537027, accessed January 18, 2017.

Mann, Michael. 1984 "The Autonomous Power of the State: Its Origins, Mechanisms and Results." *European Journal of Sociology* 25: 185-213.

——. 1993. *The Sources of Social Power*, Vol. 2. Cambridge: Cambridge University Press.

Martin, Isaac William, Ajay K. Mehrotra, Monica Prasad. 2009. *The New Fiscal Sociology: Taxation in Comparative and Historical Perspective*. Cambridge: Cambridge University Press.

Migdal, Joel S. 1988. *Strong Societies and Weak States: State-Society Relations and State Capabilities in the Third World*. Princeton: Princeton University

Press.

Morse, Yonatan. 2012. "The Era of Electoral Authoritarianism." *World Politics* 64: 161–198.

Nathan, Andrew J. 2003. "Authoritarian Resilience." *Journal of Democracy* 14: 6–17.

Naughton, Barry. 1995. *Growing out of the Plan: Chinese Economic Reform, 1978–1993*. New York: Cambridge University Press.

North, Douglass. 1990. *Institutions, Institutional Change, and Economic Performance*. Cambridge: Cambridge University Press.

Paul, Pierson. 2004. *Politics in Time: History, Institutions, and Social Analysis*. Princeton: Princeton University Press.

Piracha, Mujtaba, Mick Moore, 2016. "Revenue-Maximising or Revenue-Sacrificing Government? Property Tax in Pakistan." Working Papers 14000, Institute of Development Studies, International Centre for Tax and Development.

Peerenboom, R. P. 2002. *China's Long March toward Rule of Law*. Cambridge: Cambridge University Press.

Pepinsky, Thomas. 2013. "The Institutional Turn in Comparative Authoritarianism." *British Journal of Political Science*, first view: 1–23.

Schumpeter, Joseph. 1991 [1918]. "The crisis of tax state." in Schumpeter, Joseph, Richard Swedberg (eds.), *The Economics and Sociology of Capitalism*. Princeton: Princeton University Press.

Shambaugh, David L. 2008. *China's Communist Party: Atrophy & Adaptation*. Berkeley: The University of California Press.

Shue, Vivienne, Christine Wong. 2007. *Paying for Progress in China: Public Finance, Human Welfare and Changing Patterns of Inequality*. London:

Routledge.

Skocpol, Theda. 1979. *States and Social Revolutions: A Comparative Analysis of France, Russia, and China.* Cambridge: Cambridge University Press.

———. 1985. "Bringing the State Back In". in Peter B. Evans, Dietrich Rueschemeyer, Theda Skocpol (eds.), *Bringing the State Back In.* Cambridge: Cambridge University Press.

Slater, Dan. 2003. "Iron Cage in an Iron Fist: Authoritarian Institutions and the Personalization of Power in Malaysia." *Comparative Politics* 36: 81-101.

———. 2010a. *Ordering Power: Contentious Politics and Authoritarian Leviathans in Southeast Asia.* Cambridge: Cambridge University Press.

———. 2010b. "Altering Authoritarianism: Institutional Complexity and Autocratic Agency in Indonesia." in James Mahoney, Kathleen Ann Thelen (eds.), *Explaining Institutional Change: Ambiguity, Agency, and Power.* Cambridge: Cambridge University Press.

Slater, Dan, Sofia Fenner. 2011. "State Power and Staying Power: Infrastructural Mechanisms and Authoritarian Durability." *Journal of International Affairs* 65: 15-29.

Slemrod, Joel. 1990. "Optimal Taxation and Optimal Tax System." *The Journal of Economic Perspectives* 4: 157-178.

Slemrod, Joel, Shlomo Yitzhaki. 2002. "Tax Avoidance, Evasion and Administration." in Auerbach, Alan J., Martin S. Feldstein Amsterdam (eds.), *Handbook of Public Economics.* New York: Elsevier.

Smith, Benjamin B. 2007. *Hard Times in the Lands of Plenty: Oil Politics in Iran and Indonesia.* Ithaca: Cornell University Press.

Solnick, Steven. 1996. "The Breakdown of Hierarchies in the Soviet Union and China." *World Politics* 48: 209-238.

Steinmo, Sven. 1993. *Taxation and Democracy: Swedish, British, and American Approaches to Financing the Modern State*. New Haven: Yale University Press.

Stockman, Daniela, Mary Gallagher. 2011. "Remote Control: How the Media Sustains Authoritarian Rule in China." *Comparative Political Studies* 44: 436–467.

Sun, Xin, Jiangnan Zhu, Yiping Wu. "Organizational Clientelism: An Analysis of Private Entrepreneurs in Chinese Local Legislatures." *Journal of East Asian Studies* 14: 1–29.

Tilly, Charles. 1990. *Coercion, Capital, and European States, AD 990–1990*. Cambridge: Basil Blackwell.

Timmons, Jeffrey F. 2005. "The Fiscal Contract: States, Taxes, and Public Services." *World Politics* 57: 530–567.

——. 2010. "Taxation and Representation in Recent History." *The Journal of Politics* 72: 191–208.

Turley, Gerald. 2006. *Transition, Taxation and the State*. Aldershot: Ashgate.

Sheng, Hong, Nong Zhao. 2013. *China's State-Owned Enterprises: Nature, Performance and Reform*. Singapore: World Scientific.

Wang, Shaoguang, Angang Hu. 2001. *The Chinese Economy in Crisis: State Capacity and Tax Reform*. New York: Routledge.

Waterbury, John. 1997. "Fortuitous By-Products." *Comparative Politics* 29: 383–402.

Way, Lucan A. 2005. "Authoritarian State Building and the Sources of Regime Competitiveness in the Fourth Wave: The Cases of Belarus, Moldova, Russia, and Ukraine." *World Politics* 57: 231–261.

Weber, Max. 1968. *Economy and Society: An Outline of Interpretive Sociology*.

New York: Bedminster Press.

Whiting, Susan H. 2001. *Power and Wealth in Rural China: The Political Economy of Institutional Change.* Cambridge: Cambridge University Press.

———. 2011. "Values in Land: Fiscal Pressures, Land Disputes, and Justice Claims in Rural and Peri-Urban China." *Urban Studies* 48: 569–587.

Wong, Christine. 2009. "Rebuilding Government for the 21st Century: Can China Incrementally Reform the Public Sector?" *The China Quarterly* 200: 929–952.

Wright, Joseph. 2008. "Do Authoritarian Institutions Constrain? How Legislatures Affect Economic Growth and Investment." *American Journal of Political Science* 52: 322–343.

Wright, Joseph, Abel Escriba-Folch. 2012. "Authoritarian Institutions and Regime Survival: Transitions to Democracy and Subsequent Autocracies." *British Journal of Political Science* 42: 283–309.

Zhan, Jing. 2009. "Decentralizing China: Analysis of Central Strategies in China's Fiscal Reforms." *Journal of Contemporary China* 19: 445–462.

Zhang Changdong. 2017. "Reexamining the Electoral Connection in Authoritarian China: The Local People's Congress and Its Private Entrepreneur Deputies." *The China Review* 17: 1–27.

———. 2019. "Asymmetric Mutual Dependence between the State and Capitalists in China." *Politics & Society* 47: 149–176.

Zhang, Changdong, Christopher Heurlin. 2014. "Power Structure and Access to Justice: Mediation and Legal Mobilization in Land Disputes." in Hualing Fu, John Gillespie (eds.), *Resolving Land Disputes in East Asia.* Cambridge: Cambridge University Press.

参军经历与人生成就[*]

张春泥

（北京大学社会学系）

第六次全国人口普查显示，中国人民解放军现役军人人数达 230万（国家统计局，2011），这表明中国拥有规模较大的常备军，同时也拥有规模庞大的退伍军人：人口中有过军旅生涯者高达五千余万人，其中以男性为主，女性相对较少。

美国社会分层的研究普遍发现，兵役经历会对一个人的后续人生轨迹产生重要影响。这些影响体现在退伍军人的社会经济地位（Angrist and Krueger，1994；Browning，Lopreato and Poston，1973；Elder，1987；Fredland and Little，1985）、婚姻（Call and Teachman，1996；Teachman，2007）、犯罪行为（Bouffard，2005；Sampson and Laub，1996）和健康（Teachman，2011）等方面。其中一些研究表明，服役经历对退伍军人的社会经济成就和人生福祉有积极影响（Browning，Lopreato and Poston，1973；Elder，1987；Xie，1992）；而另一些研究却指出，服役不仅无助于退伍军人取得更高的社会经济成就（Angrist and

---

* 本文原载于《中国社会学评论》（*Chinese Sociological Review*）2015 年第 3 期（第 230—254 页），题目为"Military Service and Life Chances in Contemporary China"。本文对内容有所修订和补充。作者感谢谢宇、谭康荣、吴晓刚、金蕾、同钰莹对研究设计和英文版写作的帮助与建议；感谢李洁睿对中文版翻译和改写的协助。

Krueger, 1994),还会给他们带来精神和心理创伤(Aldwin, Levenson and Spiro, 1994; Spiro, Schnurr and Aldwin, 1994),甚至家庭问题(Gimbel and Booth, 1994)。

在当代中国,参军普遍被视为光荣的义务。在主流话语中,参军既是报效祖国的体现,也能砥砺品格、施展才华、建功立业。解放军战士和退伍军人享有较高的社会声望与优惠待遇,尽管军人的声望与待遇在建国后不同的历史时期中有所变化,但军队始终被视为执政的权力基础,[①]正如毛泽东的名言——"枪杆子里出政权"。由于军队构成了国家安全的基础,提供了政治权力的后盾以及经济建设的后备力量,现役军人享有国家提供的津贴或工资、补贴、生活待遇等福利和保障待遇。即便退出现役,在继续完成学业、就业和干部选拔、退休、供养、医疗、交通通信等方面,他们仍会得到安置或帮助。不仅如此,"一人当兵,全家光荣",现役和退伍军人的家属也会受到国家与社会的优待。[②]

除了享有国家的福利优待之外,解放军战士和退伍军人还享有较高的社会声望。军人在中国主流话语中受到极大褒扬。解放军或军人形象通常与"英勇""威武""奉献""光荣"这些褒义词联系在一起,"人民子弟兵"的称呼也着力体现了军民之间的和谐关系和百姓对解放军的拥戴。在抗美援朝时期,解放军战士是文学作品中"最可爱的人";在"文化大革命"时期,士兵与工人、农民并列,被认为是最彻底的无产阶级和具有革命性的阶层之一,也是人民学习的榜样。

---

① 《中国共产党章程》规定,中国共产党坚持对人民解放军和其他人民武装力量的绝对领导。

② 相关待遇可参见《中华人民共和国兵役法》(1955、1984 年),《军人抚恤优待条例》(1998、2004 年),以及《退役士兵安置条例》(2011 年)等文件。

尽管"文化大革命"结束以后,对军人的崇拜有所减退,但解放军战士和退伍军人在主流媒体、官方宣传中的形象仍然崇高。较高的职业声望和社会形象,让军人和退伍军人在婚配和社会交往中受到信任和欢迎。

目前仅有零星研究关注国内参军服役对社会成就的积极影响,例如,吴晓刚和唐启明(Wu and Treiman, 2004)的研究检验了参军对农业户口出身的青年获得非农户口("农转非")的作用。汪建华(2011)研究过参军服役对进入体制内工作、成为干部、户口的"农转非"和入党的作用。但即便如此,尚无研究文献系统、全面地探讨参军服役对后续人生发展的影响,以及参军服役在不同社会群体、不同服役阶段、不同历史时期和不同人生阶段上回报的异质性。鉴于此,本文将全面检验中国的参军经历对男性获得高等教育、初婚、入党、退伍后的收入、住房和职业地位的影响。之所以将分析对象限定为男性,是由于中国女性参军的人数相对较少,在具体的研究数据中很难获得足够多的女退伍军人的个案。另外,在估计参军回报时,过往研究很少关注军人与无参军经历的男性之间的原有差别,本研究将采用倾向值匹配的方法来降低军人的选择性造成的估计偏误。在探讨参军回报的异质性上,本研究区分了不同阶段的服役状态,并将分析参军在不同社会出身群体、不同历史时期和年龄阶段的回报差异,以便更全面地理解参军服役在中国社会分层和社会流动中的作用。

一、 生命历程: 服役经历与人生成就

从社会分层的视角来看,参军服役是人生的转折性事件,这一经历

既受到社会出身的影响,其本身又会影响经历者日后的社会地位与成就(Duncan, Featherman and Duncan, 1972)。在美国,社会学家和经济学家开展过大量经验研究,探讨服役对美国现役或退伍军人的社会经济回报及其他方面的影响。这些研究表明,一方面,服役期间在军队学到的知识和技能及培养的能力和素质会带来人力资本的提升,有助于军人在退伍之后取得更高的社会经济成就(Browning, Lopreato and Poston, 1973; Fredland and Little, 1985)。尤其对于底层青年,服役能让他们远离贫穷和犯罪的原生环境,从此走上正途,实现向上流动(Sampson and Laub, 1996)。另一方面,服兵役也有一定的代价,对一些人而言甚至弊大于利。首先是机会成本。青年早期是大多数人一生中最适合接受高等教育和规划职业生涯的时期,由于服兵役,一些年轻人可能错过了上大学和入行的最佳时机,导致退伍军人(尤其是高中毕业就入伍的军人)与同龄人相比,他们的正规教育经历和职场经验更少,其收入也因此更低(Angrist, 1990; Cohany, 1990)。其次是战争创伤,上战场的经历给一些军人造成了身体或精神的创伤,这对他们退伍后的个人生活和家庭生活造成了长期困扰,也阻碍了他们在退伍后取得更高的社会成就。

为何同样是服兵役,对一些人是阶层跃进的跳板,对另一些人却是走向困境的开端?从生命历程的视角来看,任何人生的转折性事件,既可能带来机会,也可能导向消极结果。人生轨迹由许许多多的转折性事件构成,先前的社会过程会影响后续的社会结果,人们如何经历他们人生中具有转折性意义的重要事件、在什么时机经历、各种转折性事件彼此之间的关系、个人如何应对这些转折性事件,以及他们在应对时所拥有的资源和面对的局限,都会影响后续的人生发展(Elder, 1987)。同样是参军服役的后果,不同人的回报和结局不同,这意味着异质性或差异性是全面理解参军回报或服役效应的重要内容。正如麦克莱恩和埃尔德在综述美国退伍军人文献后所做出的结论,服役对人生的影响是利还是弊,取决于军人的社会出身、入伍年龄、他们服役时所处的历史时期,以及他是否上过战场(MacLean and Elder, 2007)。至于为何会产生这些异质性,桥接假设(the bridging hypothesis)和生命历程理论(life course theory)提供了解释。

桥接假设将参军服役视为通向更好的职业和人生前景的桥梁(Broom and Smith, 1963),该假设多用于解释社会出身不同的人在参军回报上的差异。一般认为,服兵役作为一种桥接性的职业,对人力资本的提升有一定的帮助。军队的军事训练可以磨炼意志、培养能力;士兵在军中也可以学到一些职业技能(如机械修理、驾驶等);军队作为高度科层制的组织,在严守纪律、听从命令、下级服从上级等方面对人的规训还有助于提升个人在其他科层组织中的适应能力。对于美国社会底层和少数族裔青年,他们在原本的生存环境中不太可能获得这些技能和素质,参军服役则为他们提供了提升人力资本的契机与职业桥梁,他们借此可以改变原本堪忧的人生前景,获得较大的回报(Browning, Lopreato and Poston, 1973)。而对于那些家庭背景优越的人而言,他们取得人生成就的途径本就很多,参军服役对他们来说未必是向上流动的最佳桥梁。因此,从桥接假设出发,参军服役对社会出身较低者的回报要大于对社会出身较高者的回报。

在中国的情境中,参军服役也起到类似的桥接作用。长久以来,在户籍制度形成的城乡二元格局下,农村人口向上流动的渠道远少于城市人口。农村出身的男性在教育竞争和入党机会上均不具优势,也很难获得"农转非"的机会,实现由农业户口转变为非农户口(Wu and Treiman, 2004)。在少数几条"农转非"的可能渠道中,参军入伍是其中一种,这尤其适用于农村青年男性。通过服兵役,农村出身的青年男性获得了入党和退伍后安置工作的机会,以及在退伍后获得非农户口和体制内工作的机会(汪建华,2011;Wu and Treiman, 2004)。由此可以假设,参军服役对农村出身的男性会带来较大的社会经济回报。相较之下,服役对城镇出身的男性的回报则不那么明确:虽然城镇出身的军人也可以受益于服役期间人力资本的提升,但由于城镇出身的青年在军队之外也有相对较多取得人生成就的其他资源和渠道,他们在参军服役上的收益会小于农村青年。此外,由于城镇青年男性能够获得的教育资源和升学机会相对较多,服兵役的机会成本对他们来说更大,甚至可能会抵消服役给他们带来的收益。鉴于此,本文的第一个研究问题关注参军回报在社会出身上的异质性:参军服役对农业和非农户口出身的男性的社会经济回报有何不同?

生命历程理论关注人生重大事件发生的历史时期和个体所处生命阶段对经历事件的后果所产生的影响,它可用于解释在不同历史时期服役和在不同年龄入伍所造成的回报异质性。

首先,历史环境塑造了个人的生活轨迹(Elder, 1995, 1998),生逢其时和生不逢时会带来不一样的结果。回到参军的回报上,服役期间的国家政策和宏观社会经济环境都可能影响参军的收益与成本。美国退伍军人研究发现,服役对"二战"退伍军人的人生成就有显著的积极影响,对越战和朝鲜战争时期的退伍军人的影响则有好有坏,而对在全志愿兵役(all-volunteer force, AVF)时期(从1973年开始)服役的退伍军人的人生则以负面影响为主。在中国,参军服役的回报在不同时期是否一致呢? 汪建华(2011)认为,由于改革开放以来国家对就业资源的控制减弱,军人的安置工作变得困难,参军的相对回报下降,但他的研究模型却未能正确检验参军回报在不同历史时期的变化。[①] 另外，虽然在改革中后期国家对企业的行政控制有所下降，但在政治和意识形态上从未放松，对军队的建设和军队人才的培养甚至更为重视。可以推断，在与此相关的一些领域，国家仍然能够保障军人的待遇和前景。因此，不能简单地推测随着时代的推移，参军的回报已全面下降。故而，本文的第二个研究问题关注时代差异性：参军服役对军人社会经济成就的影响是否因时代而异？

其次，生命历程理论还指出，经历人生重大事件的时机会对结果产生影响，在恰当的时候做恰当的事情带来的收益最大（Elder，1995，1998）。埃尔德对美国"二战"退伍军人的研究发现，对于那些在成家立业之前服役的年轻人来说，服役给他们带来的回报往往更高，因为军队为这些人提供了一个正当合理的延期，让他们可以在没有太多负担的情况下，有更多时间来选择和筹划未来。尤其对来自底层的男性青年来说，由于军队为他们提供了一个脱胎换骨的环境，让他们能够与底层社会的越轨行为、不良的社会关系和亚文化划清界限。因此，越早入伍，他们就能越早被再社会化，终身受益的时间也就越长（Elder，1987）。据此，埃尔德认为，早入伍能最大限度地发挥服役的种种益处，而成家立业之后入伍则会扰乱原来的生活轨迹，导致人们在成长机遇与家庭责任之间顾此失彼（Elder，1987）。

在中国，军人的入伍年龄有一定差异。大多数男性的入伍年龄在18—22岁之间，本人自愿的应届高中毕业生最早可在17岁入伍，大学生征兵的最高年龄为24岁。由于不同军种的服役期长短不同，以及义务兵

---

① 汪建华的研究没有构造参军和历史时期的交互项来正确检验参军回报是否随时代推移而下降。他错误地将不同历史时期虚拟变量的主效应变化视为参军回报与历史时期交互效应的变化。

服现役期满之后根据军队需要和个人意愿还可以延迟退伍或转为志愿兵,军人的退伍年龄也存在差异。由于许多人生大事(如上大学、进入职场、恋爱结婚)集中在青年早期,这一年龄段的时间非常宝贵,加之中国在高等教育报考、就业入编、落户、晋升等方面设有诸多年龄上限,早期经历上微小的年龄差别都可能会带来随后人生机遇与选择的不同。比如,国家为退伍军人提供了继续学业的优待政策,[①]但退伍时年龄较大的军人可能迫于成家立业的压力而放弃利用这些教育优待政策,因而发展空间不及那些入伍和退伍时年龄相对较小的军人。因此,本文的第三个问题关注年龄差异:参军服役对社会经济成就的影响是否因服役年龄而异?

最后,生命历程的不同阶段通常以一些重要人生事件作为里程碑,在经历这些事件的同时并伴随角色转换,而不同的角色对人有不同的要求,角色之间存在能否调和的问题,如果难以调和,就会产生冲突和压力以及其他负面结果。这意味着参军服役与其他人生机遇的关系也因军旅生涯的不同阶段而异。比如,军队是一个高度集体化、纪律严明的组织,对军人的行为和活动、作息和生活方式、交往都有严格统一的要求,这可能会与社会生活中的其他角色,比如丈夫的角色产生冲突,因为集体生活和密集的军事训练任务,让人不容易同时兼顾婚姻和家庭生活(Cooney and Hogan, 1991; Goldscheider and Waite, 1986; Hogan, 1978; Segal, 1986)。军人在现役期也有一些与之身份相配套的福利待遇,这些待遇在退伍之后则不再享有。因此,本文第四个研究问题侧重探讨参军回报在不同服役状态上的异质性:从义务兵现役到志愿兵现役(如有)再到退伍,参军服役对社会经济成就的影响如何随服役状态的变化而变?

---

① 参见《中华人民共和国兵役法》(1984 年)第 56 条。

　　从桥接假设和生命历程理论出发,以上四个研究问题提出了研究参军回报异质性的思路。以下我将系统地对这些问题进行检验。

二、　数据与方法

　　本研究的数据来自中国家庭追踪调查(China Family Panel Studies,CFPS)于 2010 年的基线调查。CFPS 是一项具有全国代表性的抽样调查项目(Xie and Hu, 2014),2010 年,该项目的基线调查在全国 25 个省/直辖市/自治区抽取并访问了 14,798 户家庭,完成了 33,600 名 16 岁及以上家庭成员的个人问卷访问。本研究将分析样本限定在出生于 1937 至 1986 年的男性,其中 1937 年的出生队列是在 1955 年中国开始实施义务兵役制时满 18 岁的第一个出生队列,而 1986 年的出生队列是截至 2010 年最后一个达到 18 岁应征年龄的出生队列。

　　CFPS 基线调查数据在研究参军回报上具有两项优势。首先,与汪建华(2011)所使用的 2003 年中国综合社会调查(China General Social Survey, CGSS)和吴晓刚与唐启明(Wu and Treiman, 2004)所使用的 1996 年生活史和社会变迁调查(The Survey of Life Histories and Social Change, LHSC)相比,CFPS 在时间上更晚近,能让本研究在更长的时间跨度中研究参军回报的变化。相较于早期研究的数据,CFPS 的样本涵盖较年轻出生队列的退伍军人,而且男性退伍军人的人数几乎是 CGSS 或 LHSC 的两倍。CFPS 的另一个优势在于,它采集了大量回溯性数据,不仅包括服役经历的起止时间,还有其他人生重大事件的信息,比如升学、结婚和入党的时间。依据服役开始和结束时间,可以区分出受访者在不同年份是现役还是退役的状态;依据参军和其他人生重大事件的信息,可以对个人经历构建出更为丰富的事件史数据。

不过,CFPS 基线调查也存在一些局限。其一是它没有采集服役经历的更多细节,比如军种(如陆军、海军、空军、武警等)、是否上过战场、军衔等。其中,是否上过战场是导致服役带来战争创伤的重要因素,缺乏此类信息对本文的分析内容有一定限制。军衔未知也会影响对参军回报的估计,因为军官转业后通常比士兵退伍有更好的安置待遇,因而发展前景更有保障。对此,我们以服役的持续时间来间接推测军人的军衔高低。根据中国 1955 年以来的兵役制度,本研究将义务兵服现役期满①后仍在服役者,均视为已转为志愿兵服役,或认为已升为军官。

除了一些国家的法律要求青年男性公民必须服兵役外,在大多数其他情况下,参军是军队与个人双向选择的结果,由制度和个人因素共同决定(MacLean and Elder, 2007)。在中国,参军也具有选择性。一方面,征兵对应征者的年龄、文化程度②和体格健康③有严格要求,应征者还必须通过一系列审查,内容包括他们的年龄、户口、职业、政治面貌、宗教信仰、文化程度、现实表现以及家庭主要成员和主要社会关系成员的情况等。④　就个人选择而言,对军队的态度和对服役的机会成本的看法,是影响参军意愿的主要因素。改革开放以来,社会大众对参军的态度

---

① 由于没有军种的信息,本文统一以陆军士兵服役年限来划定。1955—1983 年按照平均 3—4 年来计算,1984 年以后按平均 2—3 年来计算。

② 《征兵工作条例》(1985、2001 年)没有具体规定入伍的最低学历,但该条例要求应征公民应具备"文化程度高"。根据全国征兵报名网站(http://www.gfbzb.gov.cn/bydj/),男兵应征者的学历要求为高中(含中专、职高、技校)毕业以及以上文化程度。

③ 《征兵工作条例》(1985、2001 年)规定征兵开始时,县、市征兵办公室应当安排应征公民的体格检查。体格检查的具体内容由《应征公民体格检查标准》规定,包括身高、体重、肢体、视力、皮肤、牙齿、疾病史等诸多项目。

④ 详细信息可参见《征兵政治审查工作规定》(2004 年)。

变化也是影响个体参军积极性的一个因素(汪建华,2011)。在上述军队和个人的双向选择下,军人实际上是经过筛选的人群,这些经过严格筛选的人即便没有参军,在参军之前就已经具有与其他男性不同的特征。

由于参军服役具有选择性,我们不能简单通过比较有服役经历者和没有服役经历者的社会经济成就来估计参军的回报,因为他们之间的差别除了服役经历外,还受到其他因素的影响。对此,本研究使用倾向性得分(propensity scores)来估计每名男性参军的倾向性,并把退伍军人和与他们条件相似但没有参军经历的男性相互匹配,在配对的基础上,再比较他们之间人生成就的差异,以此减少退伍军人与非退伍军人在服役前的异质性,增加二者之间的可比性。鉴于匹配涉及很多方面的变量,精细匹配(让每个变量的每个取值在两个群体中都相同)是不切实际的,但倾向性得分能够将多个维度的变量简化为单一评分值,以此达到与精细匹配一样好的效果(Rosenbaum and Rubin, 1984)。倾向性得分可通过 logistic 回归模型生成,该模型的因变量为是否有参军服役经历(1=有,0=无)的二分变量。

表 1 的第二列展示了用于生成倾向性得分的 logistic 回归模型的估计值。模型的自变量包括受访者的出生队列、身高(反映体格)、17 岁时的受教育水平、12 岁时的户口性质、母亲的教育程度、父母的党员身份、"文革"时的家庭成分①,以及兄弟姐妹数等已观测到且可能影响参军选择性的因素。从 logistic 回归模型的估计值,我们能更加清楚地看到退伍军人在入伍前与非退伍军人有何不同。比如,出生年代较早、身材高大、

---

① CFPS 提问了受访者"文化大革命"时期的家庭成分,本文将具体回答的家庭成分分为三类:红色阶级(包括革命军人、革命干部、革命烈士、工人、贫下中农等)、黑色阶级(包括地主、富农、反革命、坏分子、右派知识分子、资本家等)和中间阶级(包括文员、商人、手工业者等除了红色和黑色阶级以外的成分)。另见 Walder and Hu(2009)。

17 岁时已受过更多教育、母亲至少具有高中学历、家庭成分较好、农业户口出身、家里兄弟姐妹较多,拥有这些特征的男性更有可能参军入伍。

　　基于表 1 的 logistic 回归模型系数,本研究估计了样本中每一名男性的倾向性得分。分值越高者,其参军的倾向性或可能性就越高。接着,通过使用"贪婪匹配"(greedy matching)的算法,将退伍军人与无参军经历的男性按照 1 比 4 的样本量,将倾向性得分相同或相近者进行匹配,并剔除未能匹配上的非退伍军人个案。最终,本研究构造了一个含 698 名退伍军人和 2032 名非退伍军人的分析样本,之后对参军回报的分析将全部基于这一匹配样本。表 1 的第三、四列分别展示了倾向性得分匹配前后的样本在影响参军倾向性的协变量上的分布。其中,第三列的双变量相关性统计检验显示,在匹配前的初始样本中,退伍军人与无服役经历男性相比,大多数在服役前的个人或家庭特征上存在显著差异;而第四列则显示,在匹配样本中,退伍军人和无参军经历男性在上述所有特征或协变量分布上的差异均消失。换言之,匹配后的无参军经历男性样本与退伍军人样本,在已观测到的参军倾向性上已大致无异,可假定两者的主要差别在于后者将参军服役付诸实践。因此,匹配样本中两个群体在社会经济地位或人生成就上的差异可被认为是参军服役的平均效应或回报。

表 1　参军入伍的倾向性得分预测模型及变量分布平衡性检验

	logistic 回归模型	平衡性检验(X^2 值或 F 值)		
		匹配前	匹配后	自由度
出生队列		116.820 **	6.683	3
1950—1959 年	−0.389 **			
	(0.103)			

	logistic 回归模型	平衡性检验（χ^2 值或 F 值）		
		匹配前	匹配后	自由度
1960—1969 年	−1.341**			
	(0.119)			
1970—1979 年	−1.691**			
	(0.150)			
身高（厘米）	0.040**	37.740**	0.200	1
	(0.007)			
少数民族	−0.209	9.628**	1.350	1
	(0.182)			
12 岁时为非农户口	−0.277*	5.558*	0.432	
	(0.114)			
17 岁时的受教育程度		84.565**	2.299	3
小学	1.033**			
	(0.143)			
初中	1.392**			
	(0.144)			
高中（含职高）或以上	1.940**			
	(0.213)			
母亲拥有高中或以上学历	1.040**	7.739**	0.078	1
	(0.256)			
父母至少一人为党员	0.203	6.890**	1.558	1
	(0.113)			
家庭成分		31.189**	0.755	2

（续表）

	logistic 回归模型	平衡性检验（χ^2 值或 F 值）		
		匹配前	匹配后	自由度
红色阶级	1.150**			
	(0.234)			
中间阶级	0.413			
	(0.253)			
兄弟姐妹数	0.071**	16.950**	0.390	1
	(0.023)			
常数项	−10.909**			
	(1.190)			
Log likelihood	−2352.47			
Wald χ^2	401.82			
自由度	14			
样本数	10,274			

注：括号中的数字为回归系数的标准误；** $p<0.01$，* $p<0.05$。logistic 回归模型的因变量为男性是否为退伍军人（是 = 1，否 = 0）；各虚拟变量的参照类依次为 1937—1949 年的出生队列、汉族、12 岁时为农业户口、17 岁时没接受过教育、母亲的学历为初中或以下、父母中没有党员、黑色阶级成分的家庭。

　　本文拟分析参军服役对一系列社会经济成就和人生发展的影响，具体包括接受高等教育（专科或大学本科）的机会、婚姻、入党、收入、住房和职业。在这些方面，教育是在现代社会中获得社会地位的重要决定性因素（Blau and Duncan, 1967; Featherman and Hauser, 1978; Treiman and Ganzeboom, 1990），接受高等教育更已成为获得较高职业地位和较高收入的必要条件（Fischer and Hout, 2006）。参军服役既可能帮助也可能阻碍人们接受高等教育。一方面，国家对军人接受高等教育会提供一些机会和资助,比如美国《退伍军人权利法案》(G. I. Bill)资助了大批"二战"退伍军人完成大学或者技校教育。中国也为退伍军人提供了报考高等院校、复学、奖助学金、减免学费等方面的政策优待,此外,中国还有专为培养军事人才开设的军队院校,这些院校也面向现役士兵招生。但另一方面,参军服役也会导致过早结束教育或中断学业,军人在大多数同龄人上大学的年龄时服役,可能会错过自己上大学的机会和时间。在"二战"后的美国,那些退伍时年龄较大或退伍前已成家立业的军人,较之比他们年龄更小、尚未成家的退伍军人,更不可能利用《退伍军人权利法案》所提供的免费教育机会,因为他们退伍后要忙于养家糊口,已无时间和精力再回学校深造(Elder, 1987; Xie, 1992)。在中国,由于军人退伍后有机会被安排工作,尤其有机会进入国家机关、事业单位和国有企业(Shichor, 1996),在这些工作机会面前,他们可能也会放弃回到学校接受高等教育。鉴于上述复杂性,本文首先会检验参军服役在高等教育机会上的回报及回报的异质性。

　　本文选取的第二个因变量是男性初婚的时间。男性进入婚姻的早晚反映了他们的社会经济地位:有稳定工作和更好收入前景的男性在婚姻市场上炙手可热,他们能更早进入婚姻;反之,没有工作、工作不稳定或收入低的男性较难找到合适的结婚对象,或达到结婚所需的经济门槛(Oppenheimer, Kalmijn and Lim, 1997; Xie, et al., 2003)。比如,美国的兵役研究发现,在全志愿兵役时期,军人工资的上升和就业的稳定性对军人更早进入初婚有积极作用(Teachman, 2007)。在中国,民间也曾有"嫁人要嫁解放军"的说法。无论是军人的社会经济地位、与之身份相联系的政策福利优待,还是主流媒体和社会舆论对解放军英雄形象的正面宣传,都可能增加军人或退伍军人在婚姻市场上的竞争力,让他们能够更快找到对象,更早进入婚姻。

在中国,党员身份是向上流动的重要政治资本(Bian, Shu and Logan, 2001; Walder, Li and Treiman, 2000)。尽管既有研究已发现,参军服役经历与入党之间存在正相关(Wu and Treiman, 2004;汪建华,2011),但目前仍不明确军人是在服现役期间获得了较多的入党机会,还是通过退伍后的工作安置而拥有更大的入党机会。本研究将梳理参军服役和其他人生重大事件的发生顺序,以检验在不同时代、不同生命历程阶段和服役状态下,参军服役与获得党员身份之间的关系。

此外,本文还将检验参军服役在最终的职业地位和收入上的回报。职业和收入是两个公认能够反映男性社会地位的指标。在职业方面,美国退伍军人研究发现,服役经历对退伍军人就业有所帮助(Fredland and Little, 1985)。中国的研究也发现,退伍军人更可能获得体制内部门的就业机会(汪建华,2011)。但我们对退伍军人的具体职业地位、收入状况等知之甚少。对此,本研究将使用国际社会经济地位指数(ISEI)来衡量职业地位,比较退伍军人与无参军经历男性的职业前景。ISEI反映了各个职业从业者的平均教育和收入水平,从而体现各个职业将人力资本(教育)转化为经济报酬(收入)的能力(Ganzeboom, De Graaf and Treiman, 1992)。在收入方面,比较权威的美国退伍军人研究发现,退伍军人的收入较平民男性更低(Angrist, 1990; Cohany, 1990)。但在中国,由于退伍军人更可能获得体制内工作和入党的机会(汪建华,2011),他们的平均收入状况可能会比无参军经历的普通男性更好。

最后,除了收入外,本研究还将关注退伍军人的家庭财产水平。财富差距也是解释社会不平等形成的重要维度(Oliver and Shapiro,1995)。在各类财产中,房产是保障家庭经济安全和稳定的财富支柱之一;尤其在中国,房产占家庭财富的 74.7%,是中国家庭最主要的财产来源和组成部分(Xie and Jin, 2015)。自住房商品化以来,住房不平等变得日益突出,单位住房的私有化允许个人以体制内较低的价格购买住房,并以较高的商品价格出售,或者获得市场价远高于购买价的住房。在任何一种情况下,那些单位住房福利较好的人从住房市场化过程中获得了较大的财富积累和增长。由于参军服役提供了在退伍后进入体制内就业的机会,因此也可能提高了军人获得单位住房的机会。

在上述因变量中,接受高等教育、初婚和入党是个人教育史、婚姻史和个人成就中的重要事件,对此 CFPS 采集了事件发生的时间节点。因而,在探讨参军服役对接受高等教育、初婚和入党这三方面的影响时,本文将使用事件史分析方法。为此,在匹配样本中,先将数据构造成人-年(person-year)结构,然后分别观测每个人从 16 岁开始每一年进入大学、进入初婚或入党的风险率(hazard rate),即尚未经历某事件的个体在特定时间区间内经历该事件的条件概率。对于上述每一个特定事件 d,均可以定义为一个二分变量 d_{ij},若事件在时间区间 j 内发生在个体 i 身上,则 d_{ij} 等于 1,否则等于 0。我们可以从 16 岁(j=1)之后开始观察,在此后任何一年经历了这一事件的人,其 d_{ij} 等于 1 且退出观察;其余的人则 d_{ij} 等于 0,且会继续观察直至观察期结束(即 2010年);对于到观察期结束时还没经历这些事件的人,则被当成右删失(right-censored)处理。事件史分析的优势在于:第一,能够区分各类重大事件发生先后的顺序,更好地探讨事件发生的前因后果;第二,在研究与人生成就相关的重要经历时,能同时从能否经历(获取)和经历时间的早晚(获取的优先性)两方面进行评价。本研究使用离散时间logit风险模型(discrete-time logit hazard models)来估计参军服役分别对接受高等教育、初婚和入党发生风险的影响。在核心自变量上,参军服役经历是一个依时(time-variant)变量,根据服役开始和结束时间以及服役期长短,将之分成四种状态或四个依次发生的阶段:未服役(包括尚未开始服役的军人和从未服役的无参军经历男性)、义务兵服现役期、志愿兵服现役期、退伍。

在检验参军服役的收入、工作和房产回报时,由于CFPS在这些因变量上没有回溯性数据,无法使用事件史分析,仅能根据2010年基线调查时的个人收入、职业ISEI和家庭房产价值情况进行截面分析。其中,个人收入包括工资、奖金和经营性活动的收入,对收入回报的分析仅针对基线调查时在过去一年有个人收入的受访者。职业地位用受访者当前主要工作的职业ISEI测量,如已退休,则使用退休前最后一份工作的ISEI,对职业地位回报的分析仅针对正在工作或曾经参加过工作的人。CFPS在家庭层面采集了房产信息,鉴于超过80%的中国家庭拥有住房产权,使用"是否拥有房产"这一指标的区分度不大,故使用家庭问卷受访者回答的房产价值。由于个人收入和房产价值呈右偏分布,应对其取自然对数。对这些截面测量的因变量,本研究将在匹配样本中使用常规最小二乘法(OLS)回归模型来估计参军回报或服役效应,比较退伍义务兵、退伍志愿兵与无参军经历男性在这些因变量上的差异,其中以无参军经历的男性作为参照类。

　　为了探讨参军回报在不同户口出身、不同历史时期和生命历程阶段的异质性,在针对上述因变量建立的模型中,本研究会在简化的主效应模型中纳入参军经历与户口、历史时期或年龄组的交互项。其中,户口出身是一个二分变量,12 岁时为非农户口(即城镇出身)取值为 1,为农业户口(即农村出身)取值为 0。历史时期用四个出生队列来划分,分为 1937—1949 年、1950—1959 年、1960—1969 年和 1970—1979 年。生命历程阶段根据年龄划定。自 1955 年新中国颁布第一部《中华人民共和国兵役法》以来,参军服役主要是青年早期阶段的经历。中国的征兵年龄主要集中在 17—24 岁之间。图 1 展示了 2010 年 CFPS 样本中来自不同出生队列的退伍军人从 16 到 40 岁每一个年龄的入伍概率,可以看到,入伍概率在 16 岁起点时为 0,从 17 岁开始上升,在 18 到 20 岁之间达到峰值,在 21 到 24 岁下降。CFPS 样本的年龄别入伍概率与兵役法有关应征年龄的规定相一致,而且不同出生队列者的入伍年

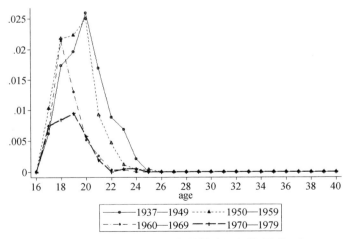

图 1　分出生队列男性随年龄推移入伍的观测概率

龄也相对稳定,即同一出生队列的退伍军人差不多在同一时期入伍。鉴于此,本文将青年阶段分为四个年龄组:20 岁以下、20—24 岁、25—29 岁和 30 岁或以上。其中,20 岁以下是参军入伍的高峰期,同时也是大多数人进入高校的年龄;20—24 岁是完成高等教育、从学校向职场过渡、青年入党的高峰期,对于军人来说通常是义务兵服役期;25—29 岁是男性进入初婚的高峰期,也是职业生涯的早期,对于军人来说大多数已经退出现役或转为志愿兵或成为预备役军官。在事件史分析中,年龄组是依时变量。在截面因变量的 OLS 回归分析中,由于出生队列和年龄组相互重合,因此仅探讨出生队列与参军服役的交互效应,无法同时探讨与年龄组的交互效应。

三、 研究发现

离散时间 logit 风险模型估计了在控制其他自变量条件下参军服役分别对接受高等教育、进入初婚、入党这三个重要生命历程事件发生风险的净效应(见表 2)。由于本研究使用的是退伍军人和无参军经历男性的匹配样本,这两组人在服役前的已知特征上相似,可以假定他们之间在人生成就上的差异仅来自服役与否,因此我们只需关注参军回报的主效应。在表 2 中,针对每一个因变量,本研究先构造了一个初始模型,分别估计军人在义务兵服现役、志愿兵服现役、退伍这三种状态下相对于未参军/尚未参军的回报。由于这三种状态对因变量的影响并非都存在显著差异,为简洁起见,本研究接下来在初始模型的基础上,对效应相似(即统计上无显著差别)的服役状态进行了合并,对每个因变量又构造了一个最优的简化模型。

表 2　离散时间 logit 风险模型对参军服役经历作为接受高等教育、进入初婚、入党影响因素的主效应估计（男性匹配样本）

	高等教育		进入初婚		入党	
	初始模型	简化模型	初始模型	简化模型	初始模型	简化模型
未参军/尚未参军	Ref.				Ref.	
义务兵现役	0.379 (0.349)		−1.705** (0.214)	Ref.	3.404** (0.152)	3.755** (0.133)
志愿兵现役	0.724* (0.294)	0.405* (0.166)	0.101 (0.089)		4.092** (0.142)	
退伍	0.303 (0.207)		0.395** (0.075)	0.348** (0.075)	0.384* (0.163)	Ref.

注：括号中的数字为标准误；**p<0.01，*p<0.05；Ref. 表示参照类。本研究对每一个因变量构造了初始模型和简化模型。初始模型中，分别估计参军经历的三种状态相对于未参军/尚未参军的效应。简化模型根据初始模型对服役状态进行了类别合并。每个模型所包含的控制变量未展示在表格中，其中，不随时间变化的控制变量包括出生队列、12 岁时的户口、母亲的受教育水平、父母的党员身份（仅入党模型）。随时间变化的控制变量包括年龄、个人受教育年限（仅初婚模型和入党模型）、上一年的受教育程度（仅高等教育模型）、是否在婚（仅高等教育模型）、是否在学（仅初婚模型）。

1. 参军服役的教育回报。表 2 显示，相较于同等条件无参军经历的男性，现役军人和退伍军人更有可能接受高等教育；不过，只有志愿兵服役对进入大专院校学习才有显著的推动作用，现役义务兵和退伍军人在接受高等教育上的优势并不显著高于无参军经历的男性。将三种服役状态进行合并后的简化模型表明，现役或退伍军人在任何年份接受高等教育的风险比数（odds）仍要显著比无参军经历者大约高 50%（$e^{0.405} \times 100\%$）。

为了探讨在接受高等教育方面参军回报在不同社会背景、出生队列和生命历程阶段上的异质性，本研究在简化模型的基础上纳入户口出身、出生队列和年龄组与服役经历（包括服现役和退伍状态）的交互项。表 3 仅汇总和展示构造交互项后，不同户口出身、出生队列、年龄组中的现役和退伍军人在接受高等教育上相较于无参军经历者的风险比数比（odds ratios，即 e^{β}），以及对交互项本身是否显著的嵌套模型检验结果。在社会出身上，参军服役经历显著提升了农村（农业户口）出身男性上大学的风险，对城市出身（非农户口）男性接受高等教育的帮助则不显著，不过总的来说，户口出身与服役的交互项不显著。在出生队列差异上，虽然四个出生队列中参军经历均与上大学的风险呈正相关，但服役效应在不同的出生队列不同：1950—1959 年出生队列的参军教育回报显著较高，现役和退伍军人上大学的风险比数比无参军经历者高 135%；而在 1970—1979 年的出生队列中，现役和退伍军人上大学的风险比数仅比同一队列中无参军经历男性高 4%。这种变化可能是由于晚近的出生队列能够获得的教育机会更多，参军对他们来说不仅不再是接受高等教育的跳板，而且还可能耽误他们尽早接受高等教育。在生命历程阶段上，参军带来的高等教育机会对于 20 岁以下或 30 岁及以上的军人影响显著较大。一方面，入伍年龄较小的军人退伍时年龄尚小，仍处在报考大专院校的合适年龄，成家立业的压力也较小，他们更可能做出继续学业的选择。另一方面，对于 30 岁或以上仍在服役的军人或退伍军人，他们更可能是在晋升为军官或者转业成为干部之后获得成人高等教育。在中国，通过成人教育获得的大学文凭是一种"庇护性流动"（Li and Walder, 2001），为军官和干部提供成人高等教育的机会是组织对他们的进一步培养，他们之后更可能被提拔和重用。

表3　不同户口出身、出生队列和年龄组的现役与退伍军人(较未参军者)
接受高等教育的风险比数比

	12 岁时的户口性质				对交互项的模型检验	
	农业户口	非农户口			LR χ^2	df
现役/退伍	1.87**	1.11			2.44	1
	出生队列					
	1937—1949	1950—1959	1960—1969	1970—1979	3.09	3
现役/退伍	1.41	2.35**	1.43	1.04		
	年龄组					
	<20	20—24	25—29	≥30	10.97*	3
现役/退伍	2.56*	0.61	1.52	2.25**		

注:** $p<0.01$,* $p<0.05$;对不同组别(户口性质、出生队列、年龄组)的现役/退
伍效应是通过在交互模型中轮换该特征(户口性质、出生队列、年龄组)的不同
参照类来进行估计,其表示在该组别下现役/退伍军人相对于未参军/尚未参军
者在获得高等教育上的风险比数比(e^β)。其他控制变量的估计值略。

2. 参军服役的婚姻回报。表 2 显示,义务兵现役期对军人的初
婚有推迟作用,义务兵现役军人的结婚风险显著较低于未参军/尚未
参军者,而退伍则推动军人更快进入婚姻。这一发现符合生命历程
理论提到的角色冲突:现役的义务兵在部队中要服从严格的军事和
生活纪律,这与他们成为丈夫的角色要求有所冲突;而且不同于已成
为职业军人的志愿兵,义务兵的服役更类似一种临时状态,因此他们
不太可能在事业和人生前景还不明朗时结婚。而一旦退伍,退伍军
人身份和相关待遇让他们在婚姻市场上比其他方面条件相似的男性
更有优势,从而能更快找到对象和结婚。根据简化模型估计,退伍军
人进入初婚的风险比数是现役军人和未参军者(两者合并作为参照

类)的 1.42 倍(= e$^{0.348}$)

　　为了进一步佐证退伍军人在婚姻市场上的优势,表 4 比较了退伍军人和无参军经历男性的配偶社会地位。一般来说,同质婚是大多数社会所遵循的婚配原则,社会地位较高的男性更可能与社会地位较高的女性婚配。换言之,如果退伍军人配偶的地位高,也能间接反映退伍军人本人的社会经济地位。表 4 显示,与无参军经历男性的妻子相比,退伍军人的妻子往往拥有更高的学历和职业地位(ISEI)。她们更有可能是党员,更有可能出身于非农户口(鉴于参军的男性更有可能是农业户口出身,这样的婚姻匹配可视为男性向上婚),她们父亲的受教育程度也更高。由此可见,与同等条件无参军经历的男性相比,退伍军人能够找到个人和家庭条件更好的婚配对象。

表 4　已婚退伍军人和无服役经历已婚男性的配偶社会地位比较

	丈夫是否为退伍军人		
	是	否	F 值
妻子的特征			
受教育年限	6.72	5.35	33.59**
职业 ISEI(如妻子在业)	31.95	29.21	7.42**
党员	0.08	0.04	20.36**
12 岁时为非农户口(如丈夫为农业户口出身)	0.04	0.11	29.34**
父亲的受教育年限	1.81	1.40	6.10*
母亲的受教育年限	3.63	3.24	2.97

注: ** $p<0.01$, * $p<0.05$;F 值来自单因素方差分析,用于检验已婚退伍军人和无服役经历已婚男性两组人在妻子的各项特征上是否具有显著差别。

　　由于军人只有在退伍后才加速进入初婚,因此接下来对婚姻回报异质性的分析仅限于检验退伍状态与其他因素的交互作用。表5显示了不同户口出身、出生队列和年龄组条件下退伍军人和非退伍军人（包括现役军人和未参军男性）进入初婚的风险比数比。在户口出身上，退伍军人身份对农村户口和非农户口的男性进入婚姻均有显著的推动作用，这两个群体从参军中获得的婚姻回报相近。在出生队列的异质性上，退伍军人身份在较早的三个出生队列中显著提高了他们进入初婚的风险比数，其中出生于20世纪50年代的退伍军人回报最高。但到了70年代出生一代，退伍军人身份对初婚的推动作用已降低且变得不再显著。晚近出生队列的退伍军人在婚姻市场上优势的下降，很可能是由于80年代以来国家对企业的控制减弱，退伍安置工作遇到困

表5　不同户口出身、出生队列和年龄组的退伍军人（较现役军人和未参军者）
进入初婚的风险比数比

	12岁时的户口性质				对交互项的模型检验	
	农业户口	非农户口			LR χ^2	Df
退伍	1.54**	1.43*			0.16	1
	出生队列					
	1937—1949	1950—1959	1960—1969	1970—1979	2.98	3
退伍	1.38*	1.69**	1.60**	1.19		
	年龄组					
	<20	20—24	25—29	⩾30	12.41**	3
退伍	8.33	2.05**	1.44**	0.97		

注：** p<0.01，* p<0.05；对不同组别（户口性质、出生队列、年龄组）的退伍效应通过在交互模型中轮换该特征（户口性质、出生队列、年龄组）的不同参照类来进行估计，其表示在该组别下退伍军人相对于未参军/尚未参军者和现役军人在进入初婚上的风险比数比（e^β）。其他控制变量的估计值略。

难,导致了这一时期之后退伍的军人较之无参军经历男性,在经济和职业前景方面不再具有明显优势。在年龄的异质性上,退伍军人在婚姻市场的优势在 20—24 岁年龄组显著最高,在 25—29 岁年龄组的效应也显著,但已略有下降,该效应在 30 岁以上则不显著,这主要体现的是生命历程的特征:20—30 岁是大多数男性进入初婚的年龄,服役越早结束,就能越早进入婚姻市场并抢占先机。

3. 参军服役与入党。我们再次回到表 2 来看参军服役对入党的影响。表 2 显示,服现役和退伍状态都显著增加了入党的风险率,但现役义务兵和志愿兵入党风险比数均比退伍军人高得多。其中,义务兵现役期入党的风险比数是未服役者的 30 倍($= \mathrm{e}^{3.404}$),志愿兵入党的风险比数是未服役者的 60 倍($= \mathrm{e}^{4.092}$),而退伍军人的入党风险比数仅略高于未服役者,为其 1.5 倍($= \mathrm{e}^{0.384}$)。简化模型进一步估计了现役状态对入党风险的平均效应:现役军人(包括义务兵和志愿兵)比不在部队的人(包括未服役和已退伍者)入党风险比数高 42.7 倍($= \mathrm{e}^{3.755}$)。

由于服现役对入党的推动作用很强,因此检验参军在入党上的回报异质性时仅关注服现役(义务兵服现役和志愿兵服现役)与户口出身、出生队列和年龄组的交互作用。表 6 显示了不同户口出身、出生队列和年龄组的现役军人较之未服役和已退伍者(两者合并作为参照类)在入党上的风险比数比。从户口出身上看,虽然服现役增加了农业户口出身者和非农户口出身者入党的风险比数,但其对农业户口出身者增加了 54%,显著高于其对非农户口出身者的影响(46%)。这一结果佐证了汪建华(2011)的观点:服役期间入党有利于军人在军队中晋升、提干;与城市出身的军人相比,农村出身的军人在军队之外获得的机会相对较少,他们有更大的动力去争取留在部队的机会,因此他们的入党积极性特别高。在出生队列的异质性上,服现役对各个出生队列者的入党都有较强的推动作用,该效应并未体现出随时间推移而下降的趋势。其中,该效应在 20 世纪 50 年代出生的现役军人中最强,在 60 年代出生的军人中有所降低,但在 70 年代出生的军人中又再次提高。与教育和婚姻上的回报不同,参军在入党上回报的稳定性反映出军队是选拔忠诚党员的重要来源,也反映出在党绝对领导的领域,参军仍能够带来稳定的回报。最后,现役状态对入党的推动效应在所有年龄组均显著,并且与社会上入党高峰发生在 20 岁出头(Li and Walder, 2001)不同,在军队中入党的风险比数随着年龄增长而提高。这可能是由于已入党的士兵更有可能成为志愿兵或士官,因此服役时间更长,退伍更晚。

表 6　不同户口出身、出生队列和年龄组的现役军人(较退伍军人和未参军者)
入党的风险比数比

	12 岁时的户口性质				对交互项的模型检验	
	农业户口	非农户口			LR χ^2	df
现役	49.40**	22.60**			12.54**	1
	出生队列					
	1937—1949	1950—1959	1960—1969	1970—1979	6.24	3
现役	44.88**	51.68**	28.45**	42.78**		
	年龄组					
	<20	20—24	25—29	≥30	6.74*	2
现役	24.56**	38.47**	66.29**	—		

注:** $p < 0.01$, * $p < 0.05$;对不同组别(户口性质、出生队列、年龄组)的现役效应是通过在交互模型中轮换该特征(户口性质、出生队列、年龄组)的不同参照类来进行估计,其表示在该组别下现役军人相对于未参军/尚未参军者和退伍军人在入党上的风险比数比(e^β)。其他控制变量的估计值略。

4. 参军服役的远期经济和职业回报。前文提到，CFPS 对个人收入、职业和家庭房产只采集了调查时的截面数据，因此本文只能比较退伍军人和无参军经历男性在这些经济和职业方面的远期回报，并假定这些回报是相对稳定或长期积累的。表 7 展示了参军服役对 2009—2010 年个人收入、房产价值和职业 ISEI 影响的 OLS 估计值。控制变量包括受访者的出生队列、12 岁时的户口和最终受教育年限。由于使用的是匹配样本，表 7 仅展示重点关注的服役效应。其中，初始模型区分了参军经历对退伍义务兵或退伍志愿兵各自的影响；简化模型则将这两者合并，估计了参军服役的一般影响。

表 7　OLS 模型对参军服役经历分别作为当前个人收入、家庭房产价值、职业地位影响因素的主效应估计（男性匹配样本）

	个人收入（取自然对数）		房产价值（取自然对数）		职业 ISEI	
	初始模型	简化模型	初始模型	简化模型	初始模型	简化模型
未参军	Ref.	Ref.	Ref.	Ref.	Ref.	Ref.
义务兵退伍	0.103 (0.108)	0.255** (0.063)	0.218† (0.128)	0.263** (0.074)	1.104 (1.168)	2.315** (0.677)
志愿兵退伍	0.313** (0.071)		0.279** (0.083)		2.776** (0.768)	

注：括号中的数字为标准误；** p<0.01，* p<0.05，† p<0.10；Ref. 表示参照类。本研究针对每一个因变量构造了初始模型和简化模型。初始模型中，区分了义务兵退伍和志愿兵退伍的效应，参照类为无参军经历的男性。简化模型根据初始模型合并了义务兵退伍和志愿兵退伍两类。模型的控制变量包括出生队列、12 岁时的户口、最终受教育年限。这些控制变量的系数未在表中展示。

简化模型表明，与无参军经历的男性相比，平均而言退伍军人个人收入更高、家庭所拥有的房产价值更高、他们的职业地位也相对较高。初始模型显示,这些更高的远期经济和职业成就显著体现在从志愿兵阶段退役的军人(或转业军人)身上。与无参军经历的男性相比,转业军人的个人收入高 31%($=e^{0.313}$),房产价值高 28%($=e^{0.279}$),职业的 ISEI 得分高出 2.315 分。这些经济和职业上的优势很可能是通过转业后的就业安置带来的。尤其是如果在表 7 模型中加入党员身份和非农户口后,服役效应就不再显著(估计结果略),这表明参军带来的经济收入和财产的优势很可能是通过转业分配到城镇体制内工作带来的。

根据表 7 的简化模型,本文还分析了参军经历与户口性质、与出生队列之间对收入、房产和职业 ISEI 的交互影响。这些交互效应均不显著(故不在文中报告)。换言之,与非农户口和农业户口出身的军人在收入、房产和职业 ISEI 上的远期回报接近。可见,这些参军的远期回报没有体现出明显的出生队列差异。

四、 结论

本文全面检验了中国参军服役经历对男性人生成就的影响,包括接受高等教育、初婚、入党、个人收入、房产价值和职业地位一系列社会经济回报。在此基础上,本文还探讨了参军回报在不同社会出身、服役阶段、出生队列和生命历程上的异质性。

分析结果表明,参军服役对中国男性的教育、婚姻、政治、经济和职业成就均有显著的积极作用。不过,参军并非对所有人都带来同样高的回报。首先,本文的研究发现一定程度上支持了桥接假设,即参军对社会出身较低的男性实现向上流动的帮助相对较大,这主要体现在服现役对农村出身的军人入党之积极作用要显著大于城镇出身的军人，而入党是提干或进入体制内工作的重要条件。在获得高等教育和进入初婚方面，参军服役对农村出身者的积极作用更明确，相比于同样是农村出身的无参军经历男性，军人更具有优势；不过，农村出身的军人在这些方面的优势和远期经济和职业上的回报，没有显著高于城镇出身的军人。

其次，参军回报还受到生命历程阶段和历史时期的影响。生命历程阶段的影响体现在，一方面，服现役和退伍这两种状态会对不同结果产生不同影响。比如，志愿兵现役期对上大学有显著的正效应，这一正效应在义务兵现役期和退伍后则不显著。又比如，虽然军人在婚姻市场上有一定优势，但这种优势要等到他们退伍后才释放出来，正在服役的义务兵则更不可能在服役期间结婚。现役军人的身份对入党有显著的积极影响，这一影响在退伍之后则明显下降。造成上述差异的原因既包括与服役不同状态相匹配的待遇和机会不同，也源自参军服役事件与其他人生事件之间的张力。另一方面，生命历程的影响还体现在年龄阶段上。对20岁以下者，参军的教育回报最高；对20—24岁的人而言，参军的婚姻回报最高。对退伍时年龄较小的军人来说，他们拥有更多的时间去选择人生；对年龄更大的军人来说，他们在服役期间获得高等教育和入党机会上的优势很可能是因为他们升职为军官，因此留在部队的时间更长，而文凭和党员身份也可能是成为军官的原因而非结果。

在新中国成立以来的不同历史时期，参军回报发生了变化，这表现在出生队列的异质性上。总的来说，在高等教育机会和婚姻市场上，参军回报随出生队列推移有所下降。在1950—1959年的出生队列中，军人在上述方面的优势最大，他们大多数都是在"文化大革命"时期参军入伍,当时军人的社会声望达到了顶峰。到了 1970—1979 年的出生队列时,军人的这些优势已不再显著。这种变化与改革开放以来国家对企业和社会的控制下降不无关系。不过,由于党对军队的领导依旧稳固,服役带来的入党机会并未随着时代的推移而下降,即便在改革以后入伍的出生队列中,参军对入党的推动作用仍非常强。

美国过去二十年的大多数兵役研究表明,服役对退伍军人的人生成就有负面影响(MacLean and Elder, 2007),但本研究发现,在中国参军服役对男性来说仍是一个积极的人生转折点。究其原因,一种可能性是,中国军人上战场的情况并不普遍。众所周知,战场上留下的身体和心理创伤是服役带来消极人生后果的一个重要原因。与美国频繁开辟海外战场不同,中国自 1953 年抗美援朝战争结束以来,很少卷入大规模战争。① 另一种可能性是,社会主义国家对资源分配的控制力较强,能够动员各种力量确保现役军人和退伍军人的利益。在本文中可以看到,出生于 1950—1959 年的军人获得的社会经济回报最高,这是由于计划经济时期党和政府对社会的各个方面实行了强有力的控制,能够确保军人退伍后得到较好的安置。在市场经济改革后,政府退出了经济生活的某些领域,这让参军在婚姻、教育上的优势在随后的出生队列中有所下降。

戴蒙德(Diamant, 2009)在研究中国退伍军人时认为,1949 年后中国退伍军人的境况惨淡,为此,他收集了许多中国退伍军人上访和自杀的案例,以表明中国的退伍军人并没有得到真正的尊重和优待。戴蒙德继而将退伍军人的“境况潦倒”解释为退伍军人之间未能建立跨越

---

① 在 1953 年抗美援朝战争之后,中国参与的战争主要有中印边境自卫反击战(1962年)、中苏珍宝岛自卫反击战(1969 年)和对越自卫反击战(1979 年)。这些战争主要是边境冲突。

阶层、团结紧密的退伍军人组织联盟。在他看来,由于退伍军人大多来自农民阶层,他们难免遭受城市精英的歧视,即便参军也无法改变他们较低的社会地位,参军服役仅能给他们带来"最低限度的向上流动"(Diamant, 2009: 15)。尽管戴蒙德在研究中提供了退伍军人遭遇实际困难的定性证据,但他的论点却经不起因果推断中反事实(counterfactual)思维的推敲:如果这些出身于农村的退伍军人不曾参军入伍,那么他们的人生会怎样? 他们自己能否通过其他渠道实现向上流动或者获得他们后来的人生机遇? 对此,本研究通过匹配和比较具有相似背景的退伍军人与无参军经历男性,对参军回报或服役的平均效应进行了更准确的估计和检验。

不过,需要同时指出的是,参军回报的异质性对理解参军作为一个人生转折性事件来说也同样重要。戴蒙德(Diamant, 2009)在研究中讲述了一些退伍军人所遇到的困境,这些记述并非空穴来风。自 1949 年以来,解放军经历了多次大规模裁军,减少了部队人数,大量复员军人回到当地却无法获得满意的安置(Shichor, 1996)。相较之下,那些通过转业安置的退伍军官更有可能获得较好的职位。本文的发现也同样支持了这一点,即从志愿兵退伍比从义务兵退伍回报更高,前者可能已晋升为军官,享受转业安置的待遇,后者则是复员,即从哪里来,回到哪里去。所以参军结束后的境况实际上与退伍前的表现和职级有关。

总之,参军服役对当代中国男性来说仍是一条向上流动的通道。即便参军不一定能保证更好的生活前景,但它仍然提供了许多资源和机会,尤其对社会阶层出身相对较低的男性而言,这是他们为数不多的人生转机。而在参军带来的人生机遇面前,那些能够留在部队成为职业军人或提拔为军官的佼佼者,能够更好地利用他们这段人生经历改变命运,实现个人的向上流动。

参考文献

汪建华,2011,《参军:制度变迁下的社会分层与个体选择性流动》,《社会》第 3 期,第 138—154 页。

Aldwin, Carolyn M. , Michael R. Levenson, Avron Spiro. 1994. "Vulnerability and Resilience to Combat Exposure: Can Stress Have Lifelong Effects?" *Psychology and Aging* 9: 34-44.

Angrist, Joshua D. 1990. "Lifetime Earnings and the Vietnam Era Draft Lottery: Evidence from Social Security Administrative Records. " *American Economic Review* 80: 313-336.

Angrist, Joshua D. , Alan B. Krueger. 1994. "Why Do World War Ⅱ Veterans Earn More than Nonveterans?" *Journal of Labor Economics* 12: 74-97.

Bian, Yanjie, Xiaoling Shu, John R. Logan. 2001. " Communist Party Membership and Regime Dynamics in China. " *Social Forces* 79: 805-841.

Blau, Peter M. , Otis Dudley Duncan. 1967. *The American Occupational Structure*. New York: John Wiley and Sons.

Bouffard, Leana A. 2005. "The Military as a Bridging Environment in Criminal Careers: Differential Outcomes of the Military Experience. " *Armed Forces & Society* 31: 273-295.

Broom, Leonard, J. H. Smith. 1963. "Bridging Occupations. " *British Journal of Sociology* 14: 321-334.

Browning, Harley L. , Sally C. Lopreato, Dudley L. Poston. 1973. "Income and Veteran Status: Variations among Mexican Americans, Blacks and

Anglos. " *American Sociological Review* 38: 74−85.

Call, Vaughn R. A. , Jay D. Teachman. 1996. "Life-Course Timing and Sequencing of Marriage and Military Service and Their Effects on Marital Stability. " *Journal of Marriage and Family* 58: 219−226.

Cohany, Sharon R. 1990. "Employment and Unemployment among Vietnam-Era Veterans. " *Monthly Labor Review* 113: 22−29.

Cooney, Teresa M. , Dennis P. Hogan. 1991. "Marriage in an Institutionalized Life Course: First Marriage among American Men in the Twentieth Century. " *Journal of Marriage and the Family* 53: 178−190.

Diamant, Neil J. 2009. *Embattled Glory: Veterans, Military Families, and the Politics of Patriotism in China, 1949 − 2007*. Lanham: Rowman & Littlefield.

Duncan, Otis D. , David L. Featherman, Beverly Duncan. 1972. *Socioeconomic Background and Achievement*. New York: Seminar Press.

Elder, Glen H. , Jr. , 1987. "War Mobilization and the Life Course: A Cohort of World War II Veterans. " *Sociological Forum* 2: 449−472.

——. 1995. "The Life Course Paradigm: Social Change and Individual Development. " in P. Moen, G. H. Elder, Jr. , K. Luscher (eds.), *Examining Lives in Context*. Washington, DC: American Psychological Association.

——. 1998. "The Life Course as Developmental Theory. " *Child Development* 69: 1−12.

Featherman, David L. , Robert M. Hauser. 1978. *Opportunity and Change*. New York: Academic Press.

Fischer, Claude S. , Michael Hout. 2006. *Century of Difference: How America Changed in the Last One Hundred Years*. New York: Russell Sage

Foundation.

Fredland, J. Eric, Roger D. Little. 1985. "Socioeconomic Status of World War II Veterans by Race: An Empirical Test of the Bridging Hypothesis." *Social Science Quarterly* 66: 533-551.

Gazeboom, Harry B. G., Paul M. De Graaf, Donald J. Treiman. 1992. "A Standard International Socio-Economic Index of Occupational Status." *Social Science Research* 21: 1-56.

Gimbel, Cynthia, Alan Booth. 1994. "Why Does Military Combat Experience Adversely Affect Marital Relations?" *Journal of Marriage and the Family* 56: 691-703.

Goldscheider, Frances K., Linda J. Waite. 1986. "Sex Differences in the Entry into Marriage." *American Journal of Sociology* 92: 91-109.

Hogan, Dennis. P. 1978. "The Effects of Demographic Factors, Family Background, and Early Job Achievement on Age at Marriage." *Demography* 15: 161-175.

Li, Bobai, Andrew G. Walder. 2001. "Career Advancement as Party Patronage: Sponsored Mobility into the Chinese Administrative Elite, 1949-1996." *American Journal of Sociology* 106: 1371-1408.

MacLean, Alair, Glen H. Elder Jr. 2007. "Military Service in the Life Course." *Annual Review of Sociology* 33: 175-196.

National Bureau of Statistics of China. 2011. Communiqué of the National Bureau of Statistics of the People's Republic of China on Major Figures of the 2010 Population Census (No. 2). Available at www. stats. gov. cn/english/newsandcomingevents/t20110429_402722516. htm, accessed June 30, 2013.

Oliver, Melvin L., Thomas M. Shapiro. 1995. *Black Wealth/White Wealth: A*

New Perspective on Racial Inequality. New York: Routledge, Inc. /Taylor & Francis, Inc.

Oppenheimer, Valerie Kincade, Matthijs Kalmijn, Nelson Lim. 1997. "Men's Career Development and Marriage Timing during A Period of Rising Inequality." *Demography* 34: 311-330.

Rosenbaum, Paul R., Donald B. Rubin. 1984. "Reducing Bias in Observational Studies Using Subclassification on the Propensity Score." *Journal of the American Statistical Association* 79: 516-524.

Sampson, Robert J., John H. Laub. 1996. "Socioeconomic Achievement in the Life Course of Disadvantaged Men: Military Service as a Turning Point, Circa 1940-1965." *American Sociological Review* 61: 347-367.

Segal, Mady W. 1986. "The Military and the Family as Greedy Institutions." *Armed Forces & Society* 13: 9-38.

Shichor, Yitzhak. 1996. "Demobilization: The Dialectics of PLA Troop Reduction." *China Quarterly* 146: 336-359.

Spiro, Avron, Paula P. Schnurr, Carolyn M. Aldwin. 1994. "Combat-Related Posttraumatic Stress Disorder Symptoms in Older Men." *Psychology and Aging* 9: 17-26.

Teachman, Jay D. 2007. "Race, Military Service, and Marital Timing: Evidence from the NLSY-79." *Demography* 44: 389-404.

——. 2011. "Are Veterans Healthier? Military Service and Health at Age 40 in the All-Volunteer Era." *Social Science Research* 40: 326-335.

Treiman, Donald J., Harry B. G. Ganzeboom. 1990. "Cross National Comparative Status Attainment Research." *Research in Social Stratification and Mobility* 9: 105-127.

Walder, Andrew G., Bobai Li, Donald J. Treiman. 2000. "Politics and Life

Chances in a State Socialist Regime: Dual Career Paths into the Urban Chinese Elite, 1949 to 1996. " *American Sociological Review* 65: 191−209.

Walder, Andrew G. , Songhua Hu. 2009. "Revolution, Reform, and Status Inheritance: Urban China, 1949−1996. " *American Journal of Sociology* 114: 1395−1427.

Wu, Xiaogang, Donald J. Treiman. 2004. "The Household Registration System and Social Stratification in China: 1955−1996. " *Demography* 41: 363−384.

Xie, Yu. 1992. "The Socioeconomic Status of Young Male Veterans, 1964− 1984. " *Social Science Quarterly* 73: 379−396.

Xie, Yu, James M. Raymo, Kimberly A. Goyette, Arland Thornton. 2003. "Economic Potential and Entry into Marriage and Cohabitation. " *Demography* 40: 351−367.

Xie, Yu, Jingwei Hu. 2014. "An Introduction to the China Family Panel Studies (CFPS). " *Chinese Sociological Review* 47: 3−29.

Xie, Yu, Yongai Jin. 2015. "Household Wealth in China. " *Chinese Sociological Review* 47: 203−229.

图书在版编目 (CIP) 数据

比较视野下的制度生成及影响 / 张静主编 . — 北京：
商务印书馆 , 2022
（未来社会科学丛书）
ISBN 978–7–100–21740–8

Ⅰ . ①比… Ⅱ . ①张… Ⅲ . ①政治社会学 Ⅳ .
① D0–05

中国版本图书馆 CIP 数据核字（2022）第 174545 号

权利保留，侵权必究。

未来社会科学丛书
比较视野下的制度生成及影响
张静　主编

商　务　印　书　馆　出　版
（北京王府井大街 36 号　邮政编码 100710）
商　务　印　书　馆　发　行
南 京 鸿 图 印 务 有 限 公 司 印 刷
ISBN　978–7–100–21740–8

2023 年 1 月第 1 版　　　开本 880×1240　1/32
2023 年 1 月第 1 次印刷　　印张　10

定价：59.00 元